死が映す近代

19世紀後半
イギリスの自治体共同墓地

久保洋一
Youichi Kubo

昭和堂

死が映す近代——一九世紀後半イギリスの自治体共同墓地

目次

アイルランド島とグレート・ブリテン島の主な都市と本書で頻出する都市

序章

一九世紀イギリスの墓地

――先行研究・法・本書の構成――

ロンドンのシティ・ロード・チャペルにあるジョン・ウェズレーの墓
上の版画：ハルのH. オーウェン（Owen）による1856年の作品
下の版画：J. メイソン（Mason）による1850年頃の作品
出典：Duncan Sayer, 'Death and the Dissenter: Group Identity and Stylistic Simplicity as Witnessed in Nineteenth-Century Nonconformist Gravestones', *Historical Archaeology*, 2011, vol.45, no.4, p. 120.

はじめに――一九世紀のイギリスと共同墓地――

一九世紀のイギリス社会にとって墓地を研究する意義はどこにあるのか。まずは基本的な事実を確認しよう。イングランドおよびウェールズにおける死者数は、一八世紀末期から二〇世紀初頭まで常に増加した。つまり五年毎の死亡数は、一八世紀末期には一〇〇万人を超過し、一八四八―五二年に二一一万人と二〇〇万人を突破し、一八九八―一九〇二年に二八〇万人の頂点に達し、この時期以降に減少に転じた。[1] すなわちイギリスの歴史において、一九世紀は最も死者が多い一〇〇年であったと言える。特に、センサスによると一八五一年に都市人口が農村人口をイギリス史上初めて超過したため、この時期には都市の墓地ではこれまでの農村に根ざした墓地つまり教会墓地と異なるものの構築を迫られることになった。[2] 一方で死亡数と同様に出生数も一九世紀を通して増加し、二〇世紀初頭に転機を迎えた。つまり五年毎の出生数は、一八四三―四七年に二七三万人と二五〇万人を突破し、一八六三―六七年には三七四万人と三五〇万人を越え、一九〇三―〇七年には四六八万人の頂点に達し、この時期以降に減少に転じた。[3] いわばイギリス史における一九世紀は、死を迎える者と生を受ける者がともに最も多い多産多死の世紀であった。その結果として人口は一八〇一年九〇〇万人、一八五一年一八〇〇万人、一九〇一年三二五〇万人へと急増した。[4] 当然のことながら、多産多死の傾向は死者の年齢構成にも影響を与えた。例えば、一九世紀の全ての死者のうち四分の一は、最初の誕生日を迎えるまでの乳児であった。[5] しかも死産児を除く乳児が最初の誕生日を迎えるまでの死亡率は、一九〇〇年になっても一八四〇年と同じ一〇〇〇人当たり一五四人のままであり、乳児死亡率の改善は二〇世紀を待たなければならなかった。[6]

このように一九世紀は死者が多い一〇〇年であった。加えて社会のなかで死の意味が現代と異なった。社会学者ジェフリー・ゴーラーによると、二〇世紀は「死と喪の禁忌化」が進んだ時代であった(7)。では「死と喪の禁忌化」が進んでいない一九世紀はどのような時代であったのか。イギリスにおける死の歴史に関する初の通史として、分担執筆された論文集で、一九世紀後半の章を執筆したパット・ジャランドは、死の作法に関して「一九世紀と現代の文化的精神的な断絶」を指摘している(8)。

死の社会的な意味が二〇世紀と異なる一九世紀のイギリスでは、都市を中心に多くの共同墓地(cemetery)が建設された。本書では、死の社会的な意味を考えるためにヴィクトリア期の記念碑重視主義(Victorian monumentalism)が投影された共同墓地を取り上げる(9)。共同墓地は、それに先行した教会墓地と対照的な点が多い。共同墓地は、教会墓地が都市内に点在したのに対して郊外に立地し、面積も教会墓地に比べて広かった。共同墓地は、初期の民間によるものと、それに続く自治体によるものとに二分できる。自治体共同墓地は一八五二年の改正首都埋葬法(10)と、同法を全国に適用した五三年の改正全国埋葬法(11)によって一気に建設された(以下では両法を併せて埋葬法と略記)。以下の本章では、一九世紀のイギリスにおける墓地に関する近年の研究を共同墓地を中心に把握したい。

1　ラグに至る研究

近代イギリス史研究において墓地は、エドウィン・チャドウィックによる公衆衛生改革の文脈でしばしば論じられてきた。チャドウィックの伝記を著したアンソニー・ブランデイジによる以下の分析が典型的である(12)。福祉国家イギリスの開拓者とされるチャドウィックは、社会改革の一環として一八四〇年代に公衆衛生改革に取り組んだ。そこにおいて墓地はその不衛生さが問題にされた。つまり、都市における人口急増を背景に、墓地で受け入れるべき遺体が増加し、遺体に溢れた墓地が出現したのである。それらの墓地は、景観を損なうだけでなく、ミアズマ論という当時優勢だった医学理論が援用されることでコレラの発生源ともされた。問題となった墓地への対策としてチャドウィックは、墓地だけではなく葬儀までも含んだ、国家により管理運営される埋葬制度の導入を提言した報告書を一八四三年に公刊した。しかしこの提言は第二次ピール内閣によってあまりに中央集権的な改革であるとして採用されなかった。いわば未完に終わった改革の一例として墓地問題は論じられるに留まる。

チャドウィックと墓地問題との関連を、ブランデイジ以上に敷延、特に衛生上の問題に留まらずチャドウィックの都市空間認識にまで敷延した見市雅俊は、チャドウィックが「死の床から墓地までの全過程を公的管理のもとにおこう」とし、さらには彼による墓地の改革が「田園的墓地」を理念として展開していたという。[13]

チャドウィックと墓地との関係が主に衛生改革ないし都市空間との関係から、言い換えれば遺体の物質的な処理という側面から議論されてきたのに対して、一九世紀の墓地に関する近年の研究においてはそれとは異なる視点からの墓地への言及が見られる。例えば、戦没者追悼墓地や著名人の追悼儀礼の経時的変化を辿る研究が挙げられる。[14]記憶史研究の隆盛を受けたこれらの研究は、埋葬後の遺体の霊的側面への関心を反映している。とりわけ公的な遺体の霊的側面への関心を反映した研究と言えよう。

では非公的＝一般的な遺体の霊的側面についての研究はどうか。先に言及した墓地問題は、チャドウィックの提言に比べれば、議会によってより穏健な形で対応された。それが「はじめに」で言及した埋葬法である。埋葬法を含む、一九世紀初頭から二〇世紀初頭まで数度にわたって制定された埋葬に関連する法について論じたのは、デボラ・ウィギンズである。ウィギンズによると一九世紀の初頭から末葉にかけて国教会は、教区教会墓地、そして共同墓地でも埋葬の特権（①埋葬儀礼の執行は国教会の牧師のみ②埋葬地は国教徒しか埋葬できない聖別地として設定）を法律上は漸次喪失していった[15]。この過程を押し進めたのが一九世紀に増加したプロテスタント非国教徒である。彼らは、国教会の非国教化を中心に、各種の宗教上の差別撤廃を求めた。ウィギンズは一九世紀前半、特にチャドウィックが活躍した時期に限定されていた墓地に関する議論を世紀後半にまで拡大し、同時に分析視角に衛生だけではなく、宗教をも取り込むことで、一般的な遺体の霊的側面に関する議論を展開した。

教会墓地とともに墓地の大半を占めた共同墓地は、一九世紀後半に埋葬法を利用して自治体によって建設されただけでなく、世紀前半に民間によっても多数建設された。自治体によるものであれ、民間によるものであれ、共同墓地と資本主義との関係を論じたのがトマス・W・ラカーである。彼の研究によると、教会墓地と比較して共同墓地は、墓地の立地、墓の位置、墓石の質、一定区画に埋葬される人物の共通性などが経済力で決まることから、資本主義により適合した墓地であった[16]。しかしながらラカーが取り上げている共同墓地は、一九世紀前半に多数建設された民間共同墓地に専ら限定され、世紀後半に建設が本格化した自治体共同墓地には十分な考察が加えられていない。この選択の偏りは、利益を追求する傾向が自治体共同墓地に比べて強い民間共同墓地が、ラカーの立論上有利であったためであろう。彼は別稿でも教会墓地と共同墓地を比較し、共同墓地が教会墓地に比べてより自由な墓地であり、死の現代化に寄与したとする[17]。しかし、ここでも共同墓地として取り上げられたのは、ロンドンのハイゲートやケンザル・グリーンなど著名な民間共同墓地が多い。ラカーはさらに別な論稿でも、「葬儀、より軽度には埋葬の場所が、貨幣という一九世紀に社会的な立場を決する有力な要因のはっきりとした表象となった」と言う[18]。とりわけ教区が費用を負担する、貧民葬儀もしくは貧民埋葬を、資本主義社会における落伍者として生前の故人が評価されたものとして捉えた。ラカーは、共同墓地に加えて、貧民葬儀においても資本主義の徹底した浸透を指摘した[19]。

民間共同墓地を含め、ヴィクトリア期における死者追悼文化を広く論じたのは、ジェームズ・スティーブン・

カールである。彼は先駆的に一九七二年にその成果となる研究書を著し、二〇〇〇年にも一九七二年の書物と同名のタイトルで大幅に改稿した研究書を公表した[20]。ただし二冊の書物に関して、それらの内容は断絶というより連続する傾向が強い。二〇〇〇年の書物を書評したジュリー・ラグは、カールが共同墓地に関する新しい研究成果を摂取していないと批判した上で、「一九七二年の書物の読者に馴染みある畝を耕している」と評した[21]。実際二冊の書物でほぼ同様の内容を確認できる。これらの二冊でカールは、図版を活用することで建造物としての墓地の特質解明に努めた。逆の言い方をすれば、図版が多数残っている、著名な民間共同墓地が中心的に取り上げられている。しかもカールは自身が建築史家であるために、その建築様式へと関心を集中させている。

共同墓地が事業として水道やガスと同じ特徴を持つと考えたのは、A・J・アーノルドとJ・M・ビッドミードである[22]。彼らが引き合いに出したJ・フォアマン＝ペックとR・ミルワードは、一九世紀のイギリスの都市で導入が進んだ水道やガスの事業を、巨額の初期投資、画一的なシステム、第二次市場（second-hand market）の不在といった特徴を持つ「ネットワーク技術事業」と呼んだ。その上、これらの事業の運営主体が、一九世紀前半の民間から世紀後半の自治体へと移行したのは、民間による事業運営が高くつき、それ故にその利用者が支払う費用も高額であったことに政府が反発したためであると指摘した。フォアマン＝ペックとミルワードが挙げる、これらの特徴と運営主体の移行に、共同墓地事業も適合すると主張したのがアーノルドとビッドミードであった。アーノルドとビッドミードも民間共同墓地に自治体共同墓地よりも利益を追求する側面を読みとっていることから、この点ではラカーと同様である。しかも彼らが、民間共同墓地として紹介したのは、いずれもロンドンの著名な民間共同墓地ばかりである。

こうして著名な民間共同墓地を中心に墓地研究が相次ぐなかで、民間共同墓地に網羅的な分析を加えたのが、先にカールの研究書を書評したジュリー・ラグである[23]。一九九二年の書物でラグは一九世紀前半に民間共同墓地の大半を運営した株式会社を取り上げた。最初の共同墓地株式会社が設立された一八二〇年から、自治体による共同墓地の設置を規定する改正全国埋葬法が制定される一八五三年にかけて、株式会社は、グレート・ブリテン島にある人口三万人以上の都市で墓地を追加した五三の組織のうち四二も占めたことから、墓地を提供する代表的な組織であった。[24] 同時期にグレート・ブリテン島で一一三の共同墓地株式会社が設立され、それらの会社が六〇を越す共同墓地を開設した。[25] この数は当時グレート・ブリテン島に立地した民間共同墓地の大半に相当する。ラグは一一三の共同墓地株式会社から、会社設立、つまり墓地の建設を求めた主因を八九の会社で特定し、主因として、宗教上の不満解消、衛生改善、投機の三つを挙げる。[26] これらの主因のうち、実際に墓地を建設できた割合が最も高かったのは、宗教上の不満解消であり（会社数が二一社と墓地数が二〇箇所）、この場合には墓地を建設できた割合は九割を越した。宗教上の不満解消は、教区教会墓地の埋葬地が国教徒専用の埋葬地である聖別地に限定されたことと、そして国教会の聖職者による埋葬料独占とに起因していた。次いで墓地を建設できた割合が高かった主因は、衛生改善を目的とした場合（会社数が三七社と墓地数が二五箇所）であった。衛生改善を目的とした会社の約七割が民間共同墓地を建設できたということは、前述したチャドウィックが一八四三年の報告書において民間共同墓地を不衛生だとして批判したことに対して疑問を抱かせる。むしろ民間共同墓地は衛生を重視していたのではないか。墓地を建設できた割合が最も低かった主因は投機であり（会社数が三〇社と墓地数が一一箇所）、建設できた割合は四割に満たない。株式会社は、利益のみを求める場合には墓地建設が困難、つまり株の売却による建設資金確保という形での支持を確保することが難しかった。ラグは、主因別に、株式会社による墓地建設の成功例だけでなく、失敗例まで分析したため、墓地の設置者たる株式会社と、株購入者を含む、会社の支持者すなわち墓地建設支持者の関係にまで考察を深めた。

ラグはさらに、会社が設立された全期間で墓地建設の主因に次ぐ副因として、遺体保全と文化施設化の二つにも言及する。[27] 遺体保全はそれが求められた時期により二分される。つまり、医学目的の解剖用の遺体への需要が高まることで、盗掘の対象となった遺体を人々が守ろうとした一八二〇年代から三〇年代初頭[28]と、遺体が過剰埋葬される墓地で遺体が粗雑に扱われることに人々が抗した一八四〇年代である。副因として遺体保全と並べてラグが言及した文化施設化は、共同墓地の墓石の碑文がそれを読んだ訪問者に抱かせる教化・啓蒙作用と、共同墓地が公園や植物園の機能を代替することであった。

こうして株式会社による共同墓地設立は、一つの要因によるのではなく、複数の要因によって実現したと判明する。したがってラグ以降の研究は、民間共同墓地の全体が、直ちに資本主義と親和性があると想定できなくなり、どの民間共同墓地の、より一般的にはどの墓地の、どのような点を分析するかが問題となる。[29]

2　民間共同墓地の研究

共同墓地、特に民間共同墓地は、具体的なモデルとしてパリのペール・ラシェーズ共同墓地をしばしば掲げた。ただしペール・ラシェーズでは「散策路が多すぎ、ベンチと建造物も多い」ことから人工物が多すぎ、さらに「木々と常緑の灌木が乏しい」ことから自然が希薄でもあったと指摘するのはウィリアム・テーラーである。[30] テーラーによると、これらの傾向はフランスで優勢な整形式庭園の伝統に由来した。むしろイギリスでは風景式庭園の伝統があったために、民間共同墓地は、埋葬されている故人を前に訪問者が自問自答し、自己修養する場であること、かつ一定の自然が維持されることを求められた。テーラーは、その具体例としてロンドンにある「壮麗な七つの共同墓地」の一つアブニー・パーク民間共同墓地を挙げる。[31]

共同墓地のモデルとしてペール・ラシェーズ共同墓地を掲げたのは、アブニー・パーク民間共同墓地があるイングランドに限らなかった。スコットランドにおいてペール・ラシェーズ共同墓地をモデルとしたのは、グラスゴー・ネクロポリス民間共同墓地である。グラスゴーのペール・ラシェーズとして、この墓地が成功していく過程を論じたのはロナルド・デーヴィッド・スコットである。[32] スコットによると、一八三三年に設立されたグラスゴー・ネクロポリスはスコットランド初の共同墓地であった。スコットランドにおける宗教改革に寄与したジョン・ノックスを追悼する記念碑が一八二五年に据えられた頂きから裾野までの丘陵が、この墓地の敷地であった。スコットランド最大の都市グラスゴーの都心に位置し、[33] かつ丘陵を占めたために市街地を睥睨できるグラスゴー・ネクロポリスは、かつての公園（pleasure garden）の跡地であった。周囲に住んでいた中流階級が郊外に移住したために、その跡地の再開発の一環として、土地の所有者である商工会議所（Merchants' House）によってグラスゴー・ネクロポリスは設立された。[34] これらの先駆性と立地のよさから、この墓地は単に埋葬先として利用されただけではなかった。墓地に関連する複数のガイドブックが刊行され、多くの人がスコットランドのみならずイングランドから、さらにはヨーロッパ大陸からこの墓地を訪れたために、訪問者数が一八七八年の一年で一〇万人を超過するなど、グラスゴー・ネクロポリスはグラスゴーを代表する観光地へと成長した。[35] この墓地は、一八四四年に刊行されたあるガイドブックではグラスゴーを代表する六つの訪問先に挙げられ、[36] さらにはこの人気を反映して墓地開設から一四年後の一八四七年には、墓地を運営していた商工会議所は墓地建設に伴う借入金を完済できた。[37] いわば民間共同墓地のなかでも特に成功したものがグラスゴー・ネクロポリスであった。

アブニー・パークやグラスゴー・ネクロポリスといった立地の良さと優れた景観を特徴とした民間共同墓地には、当然のことながら多くの富者が埋葬されたであろう。埋葬者に関してこれと対照的な傾向を示す墓地が、一八五二年に開設されたブルックウッド民間共同墓地である。この墓地は、墓地運営会社がサリ州に確保した土地二二〇〇エーカーのうち五〇〇エーカーを墓地の敷地とした[38]。ロンドンの死者を一手に引き受けようと広大な面積を占めたブルックウッド民間共同墓地は、設立時には世界最大の広さの共同墓地であり[39]、二〇〇六年の時点でもイギリスにおいて最も広い共同墓地であった[40]。アガサ・ハーマンによるとこの墓地は、多くの民間共同墓地と同様に顧客として中流階級と上流階級を志向し、顧客の望みに沿うべく田園共同墓地を目指した[41]。しかしながらこの墓地は、グレーター・ロンドン内に立地せず、ロンドン中心から二五マイルとあまりにも遠方に位置したため、鉄道会社にロンドンの中心から直通の鉄道を敷設してもらったにも関わらず[42]、中流階級や上流階級ではなく、貧民が多く埋葬されることになった。教区教会墓地を中心に教区当局によって管理された墓地が一八五〇年代に埋葬を停止していたために、貧民は教区当局が墓地運営会社と契約することでブルックウッド民間共同墓地に確保した埋葬地に埋葬された。貧民は、この墓地に埋葬された者の総数に対して二〇世紀初頭で八割をも占めた。埋葬された者に貧民が多かったことから、ハーマンはこの墓地を「貧民共同墓地」と呼ぶ。ロンドンの死者を全て受け入れる墓地として、そして田園共同墓地としての理想を追求したにもかかわらず、この理想を支持した人々は埋葬されずに、経済的な理由からこの墓地以外に選択肢を持たなかった労働者階級を中心とした人々が埋葬された。理想を支持した人々、つまり経済力のある中流階級と上流階級の人々は、この墓地よりも居住地に近く、アクセスの容易なグレーター・ロンドン内の「壮麗な七つの共同墓地」と言われる著名な民間共同墓地を中心とした墓地に埋葬された。いわば理想と現実の差が顕著な墓地がブルックウッド民間共同墓地であった。

ロンドンやグラスゴーという大きな都市では、複数の共同墓地が設置可能であった。つまり一つの都市に共同墓地が複数存在したことは、共に景観を特徴としたアブニー・パークやグラスゴー・ネクロポリスのように、そして「貧民共同墓地」となったブルックウッドのように、共同墓地がそれぞれ違った方向に特化することを可能にした。これに対して、都市内に一つしか共同墓地がなかったことを活用したのがスーザン・バックマンである。[43]バックマンが取り上げたヨーク市は一八四一年のセンサスによると人口二万九〇〇〇人の地方都市であった。ヨーク市の民間共同墓地は一八三七年に開設され、五四年には市内の多くの教会墓地が埋葬を停止することで、市内の埋葬をほぼ一手に引き受けた。そのためこの墓地はヨーク市の社会全体を写し出す鏡となった。ヴィクトリア期に立てられ現存する一三〇〇基余りの墓石を分析したバックマンは、これまでの研究者が想定した要因が墓石にはさほど反映しなかったと指摘する。つまり、故人と追悼者が属す階級に対応するようには墓石のデザインや質が選択されなかったこと、特定の様式ないし質の墓石と、特定宗派との関連も希薄だったことを指摘する。ただし一九世紀末期にかけて子供用の墓石が採用されることが多くなったため、義務教育の普及、核家族化による子供の領域の成立が、数十年の遅れを伴いつつ墓石にも生じたという。

バックマンは別稿で墓石の形と装飾を図説したパターン・ブックと、実際の墓石とを比較し、墓石の制作者と購入者との関係を考察している。[44]パターン・ブックは共同墓地の管理人が編纂し、墓石の購入者が閲覧した。そこに掲載された墓石例には、管理人がイギリスの墓地から収集した例、ヨークとその周辺の建築家が作成した例、さらにはキャムデン協会が公表した例までが含まれた。二〇〇点以上に及ぶ墓石を記したパターン・ブックは、図柄に加えて、装飾的な特徴や共同墓地での設置例などに言及した解説文も並記された。頁の順序には内容上の規則性がなかったために、全頁を墓石の購入希望者が通読するよう促された。価格も記載されておらず、石工ないし管理人と、墓石の購入希望者との交渉によって価格が決まったものと思われる。実際に設置された墓石と、パターン・ブックにおける該当例との間には違いがあり、価格による変更があったものと推測される。

墓石や墓地を選択する側の事情に関して、現存している墓石を中心にバックマンが分析したのに対して、マイケル・スミスは文書史料を中心に研究を行った(45)。スミスは、特定の民間共同墓地ではなく、都市墓地を網羅的に取り上げ、一九世紀におけるその変遷を分析している。スコットランドにおいて、「首都」であり、かつグラスゴーに次いで人口の多いエディンバラでは、スコットランドの体制教会であるスコットランド国教会が、教区の教会墓地（kirkyard）を一手に提供することで墓地を一八四〇年頃まで独占した。「死の門番」と評されたスコットランド国教会が、墓地に加えて独占した慣習として、棺を覆う死布がある。もともと棺の代用品として利用された死布は各ギルドが独自のものを有した。徒歩葬列の視覚的な効果に注目が集まる中でスコットランド国教会の各教区が それらの死布を 次々に買収したために、一九世紀初頭にはサイズ、布地、模様で区分された一つの死布の体系が構成されるほどにまでなった。

しかしながらスコットランド国教会による「死の門番」としての地位が一八四〇年代から崩れ始めた。まずイングランドと同様にスコットランドでも一八三二年に適用された解剖法は、貧民埋葬の対象となる遺体を引き取り手がない場合に解剖用に提供でき、かつ解剖後の遺体の埋葬費用を解剖実施者が負担すると定めた。しかし解剖用の遺体の需要が地元エディンバラでの供給能力を越え、解剖を実施する学校が必要な遺体をエディンバラ以外の地域から一八六四年から七六年にかけ数度移送した。エディンバラで解剖用の遺体の供給が低迷した理由は、スコットランド国教会が貧民埋葬の遺体を解剖用に提供するのを主たる信徒たる労働者への配慮から躊躇したため、さらには労働者も解剖を恐れて貧民埋葬を避けるべく、友愛協会、特に埋葬協会に加入することで労働者自身が埋葬を実施したためであった。こうして貧民埋葬を通じた労働者とスコットランド国教会との結びつきが弱体化し始めた。

一八四〇年代にはエディンバラ共同墓地株式会社を嚆矢とする五つの株式会社が六つの民間共同墓地を開設し、スコットランド国教会による墓地独占はさらに揺らいでいく。民間共同墓地は、教会墓地との差異を強調した。

例えば、遺体の適切な埋葬を中心とした公衆衛生への十分な配慮、故人の追悼に訪問者が専念できる静謐な墓前空間の設置、そして個人所有墓の確保である。民間共同墓地は、これらに加えて、規格化された葬送を提供することで、葬儀当日に遺体を収めた棺が故人宅を出発し墓に埋葬されるまでの全過程を統制した。この規格化された葬送では、水平に横たえた梯子に棺を載せる梯子葬列や棺を肩まで担ぎ上げる肩葬列が採用された伝統的な徒歩葬列ではなく、霊柩馬車を利用した葬列を民間共同墓地は提案した。霊柩馬車の利用は、遺体のある故人宅から墓地までの葬列の移動時間を短縮するだけではなく、この道程における葬列の行進の視覚効果を減じた。徒歩葬列の抑制は徒歩葬列による視覚効果を当てにした死布の利用価値も低下させたために、民間共同墓地のなかには死布の利用を許可しない場合もあった。民間共同墓地は日曜埋葬を許可することで、スコットランド国教会が管理する教会墓地と異なる見解を示した。スコットランド国教会は、安息日の遵守のため、医学的な理由ないし家族墓における追加埋葬を除き日曜埋葬を一八四〇年には禁じていた。さらには民間共同墓地は教会墓地では実現できなかった宗教差別の撤廃を試み、この点でも教会墓地との差異の提示に努めた。エディンバラ共同墓地株式会社は、カトリックの司教とカトリック専用埋葬地確保に関する成功には至らなかったが交渉を行い、そしてプロテスタント非国教徒による自宗派の葬儀の挙行を認めた。

スコットランド国教会が提供する教会墓地との差異を強調した民間共同墓地は、一八六〇年代には教会墓地を埋葬数で凌駕するまでになった。エディンバラにおける一八六三年の埋葬数は民間共同墓地が二八二四件に対して教会墓地が二五九六件であった。一方で同年における最下級の墓での埋葬数は、民間共同墓地が一〇三五件であるのに教会墓地が二二四二件であったために、労働者を中心とした貧しい者は民間共同墓地より教会墓地を墓として選択していたことが判明する。彼らが教会墓地に引きつけられた理由は、教区内に立地する教会墓地の近さのため、さらには民間共同墓地で「詰め込み埋葬」が一九世紀末期まで頻繁に実施されたためであった。

イングランドで一八五〇年代に埋葬法が成立したように、エディンバラを含むスコットランドを対象とした同様の法律が一八五五年に成立した。このスコットランド版の埋葬法もイングランドの埋葬法と同様に、教会墓地を中心とした既存墓地での埋葬停止と自治体共同墓地の設置を規定した。そこで、エディンバラでも教会墓地における埋葬停止が衛生医務官のヘンリー・ダンカン・リトルジョンの後押しで一八六〇年代から七〇年代にかけ相次いだ。しかしながら後継の墓地となったのはイングランドで開設が相次いだ自治体共同墓地ではなく、民間共同墓地であった。民間共同墓地は、エディンバラでは一八四〇年代に六つ開設されたのに続き一八七八年から九八年にも六つ開設された。エディンバラで自治体共同墓地が開設されなかった理由としては、スコットランド国教会を中心に開設支援が希薄だったためである。

エディンバラにおける教会墓地から民間共同墓地への墓地の移行を論じたスミスは、エディンバラという限られた都市空間における墓地の「全体史」を描いたと言える。このようにラカーからスミスに至るまで共同墓地に関する研究としては、民間共同墓地を中心に研究が積み重ねられている。その大まかな傾向は、著名な民間共同墓地を中心に断片的な情報から総合化を図っていた研究から、個別の墓地の建設要因を網羅的に調査し、総合化したラグの研究で頂点に達し、その後は個別の墓地の特性解明に向かっている。テーラー、スコット、ハーマンは特定の目的に特化した墓地の特徴を論じた。都市全体の墓石や墓地の選択事情を把握するために、バックマンはヨークにおける墓石を選択する利用者の問題を考察し、スミスはエディンバラにおける墓地の選択を究明したと言える。研究対象時期は一九世紀前半に集中している。一九世紀後半に多数建設される自治体共同墓地に関する研究は不足している。

3　自治体共同墓地の研究

自治体共同墓地に関する数少ない研究として、一九九〇年に刊行されたシルヴィア・M・バーナードによる研究がある。[46] バーナードはリーズに開設された自治体共同墓地であるベケット・ストリート共同墓地を取り上げた。この墓地は、一八五〇年代に埋葬法が成立する以前に、つまり個別に法律を議会に一八四二年に制定してもらうことで一八四五年に開設された。[47] リーズには、民間共同墓地であり、一八三三年に開設された一般共同墓地もあった。一般共同墓地には、その埋葬地が聖別されていなかったために、プロテスタント非国教徒が主に埋葬されていた。国教徒用の聖別された埋葬地を求めてリーズ市議会によって開設されたのが、ベケット・ストリート共同墓地であった。この墓地は埋葬地として非聖別地に加えて聖別地を設定した。ベケット・ストリート共同墓地と一般共同墓地とは、一九世紀中葉の教会墓地における埋葬停止後には、リーズにおける主たる墓地としてより一層埋葬がなされた。ベケット・ストリート共同墓地における、墓地開設から一九九〇年頃までの埋葬者の累計値は約一八万人にも達した。年間埋葬者数は、聖別地と非聖別地を合わせて約三千人に達した一九〇〇年頃に最も多かった。[48] それ以降は埋葬者数が減少し始め、二〇世紀後半には、聖別地と非聖別地を合わせても五〇〇〇人程度しか埋葬されていないため、この時期にはベケット・ストリート共同墓地は埋葬先としての役割を終えたようである。一九世紀における埋葬者数は、一九〇五年までの埋葬者の累計値が聖別地において約八万六〇〇〇人で、非聖別地において約五万五〇〇〇人であった。一八四五年の墓地開設から二〇世紀初頭に至るまでの年間埋葬者数は、聖別地の人数が非聖別地の人数を常に上回った。埋葬地が非聖別地のみであった一般共同墓地が対応できなかった聖別地への需要を、ベケット・ストリート共同墓地は取り込んだのである。墓地における墓の種類は、個別墓と共同墓に二分された。[49] 個別墓と共同墓における埋葬者数の比率は一九世紀に関しては概ね一対四で推移した。ベケット・ストリート共同墓地で目を引くのは、共同墓において通常は個人では設置しない墓石が立てられたことである。一九世紀末期に導入されたギニー墓（Guinea graves）と呼ばれるこの墓石は、希望者が一定額を支払うことで立てられた。一八九一年には全埋葬者のうち約二割がこの墓石を選択したために、同一サイズの墓石が相当数並ぶ独特の景観が出現した。

このような概略を持つベケット・ストリート共同墓地に埋葬された故人の生前の活動をバーナードは丁寧に追究した。バーナードの書物の二章から九章までは、労働者（二章）、信仰状況（三章）、死因としての事故（四章）、慈善活動（五章）、経済界の中心人物（六章）、兵士（七章）、芸術家（八章）、犯罪者（九章）である。二章から九章のいずれも、墓地に埋葬された故人についての各議論が展開される。墓地を中心とした議論は、墓地の建設事情を論じる一章と、墓地の現状を記す終章の一〇章のみに留まる。バーナードはベケット・ストリート共同墓地の歴史ではなく、そこに眠る埋葬者の列伝を著したと言える。

自治体共同墓地が聖別地と非聖別地を設定する点に着目した研究はダンカン・セイヤーによるものである。セイヤーは一九世紀に非国教徒が、特に主流を占めたメソジストが選択した墓石について考察を加える。[50] 彼が取り上げたのは、イングランドのバークシァとグロスタシァの二州にあるメソジズムの教会に付属する墓地一一箇所から一七八基の墓石と、さらにはバークシァの地方都市レディングに一八四三年に設置された自治体共同墓地から一一四四基（国教徒の墓石が六一八基と非国教徒の墓石が五二六基）の墓石である。[51] セイヤーによると、一九世紀には、一般に墓地では国教徒でも非国教徒でも墓石の設置が増加し、一八八〇年頃にピークを迎えた。国教徒と非国教徒では採用する墓石に違いがあった。つまり一八八〇年に埋葬法が改正されるまで非国教徒は、教区教会墓地つまり国教会の教会墓地において信仰する宗派の葬儀を実施できなかったために、宗教上の差別を受けていた。

一八八〇年以前の彼らの墓石は、メソジズムの教会に付属する墓地であれ、共同墓地の非国教徒用の埋葬地であれ、装飾を欠いた一つの石から成るシンプルな墓石が優勢であった。非国教徒がシンプルな墓石を非聖別地に立てていた一方で、同じ共同墓地の国教徒用埋葬地つまり聖別地では、国教徒が装飾に富む複数の石から成る墓石をしばしば採用した。非国教徒は、装飾の凝った墓石を立てることが可能な場合でも、敢えてシンプルな墓石を採用することで、自分たちの埋葬地の美的な統一を図ったと言える。シンプルな墓石は、メソジズムの宗祖ジョン・ウェズレーの墓を描く一九世紀中葉の二葉のイラストでも、人と同程度のスケールを与えられることで実物以上に強調された(本章の扉図を参照)。つまり実際の墓石のみならず、これらのイラストでも意識的に採用されるシンプルな墓石は、シンプルであることを尊ぶメソジズムの宗教的なアイデンティティが投影されたものだった。ようやく非国教徒に対する宗教差別が一八八〇年の埋葬法の改正で撤廃された後に、非国教徒もシンプルな墓石から、国教徒と同様に装飾に富む複数の石から成る墓石を立てるようになった。

民間共同墓地でも自治体共同墓地でも、共同墓地に関するこれらの研究は都市を中心としている。この研究状況に新たな領域を加えることで共同墓地の歴史に修正を迫っているのがK・D・M・スネルである。スネルは、都市ではない地域つまり農村(rural)における共同墓地の研究意義を強調している。[52] イングランド中部の隣接する二つの州レスタシァとラトランドに位置する墓地ほとんど全てに相当する五五六箇所を取り上げたスネルは、教区教会墓地の埋葬地拡張と埋葬停止、さらには共同墓地の設置について、一八五〇年から二〇一〇年までの長期間における実施件数を把握した。

二つの州にある二三四箇所の教区教会墓地のうち三八パーセントで実施された埋葬地拡張は、一八五〇年から二〇一〇年までほぼ途切れることなく実施された。この期間で埋葬地拡張の件数が多かった時期は、一八七五年から一九三〇年までであり、特に一八九五年から一九〇五年までが最多であった。しかも同じ一八五〇年から二〇一〇年までの期間において、一八六〇年代を頂点として山型に実施回数が増減した教区教会の修復と、教区教会墓地の埋葬地拡張との間には相関関係が見いだせなかった。つまり教区教会が修復されたために併せて埋葬地が拡張されたのではなかった。

教区教会墓地は、埋葬地が拡張されたものがある一方で、埋葬が停止されたものもある。スネルによると、教区教会墓地における埋葬停止の数は、一九世紀後半には一八八〇年代を頂点とする山型で増減し、二〇世紀前半にはほぼ皆無となり、そして一九六〇年代から二〇一〇年代までの時期には一九八〇年代を頂点とする山型で増減した。しかも教区教会墓地における埋葬停止の総数は一九世紀後半よりも二〇世紀後半の方が多く、教区教会墓地が墓地として選択されなくなる傾向は一九世紀後半より二〇世紀後半の時期により強まった。ただし国教会の教会に付属する墓地における埋葬停止の割合は、国教会以外の宗派の場合と比べると低かった。一八五〇年から二〇一〇年までに埋葬を停止した割合は、教区教会墓地が五三パーセントであったのに対して、国教会以外の宗派の教会墓地では八八パーセントにも上った。教会墓地における埋葬停止は、その割合の比較から、国教会に比べて非国教会の宗派が先行していた。国の法に従い埋葬を停止したのは、国教会の教会墓地ではなく、国教会以外の教会墓地であった。

イギリスの他の地域と同様にレスタシァとラトランドの二州においても共同墓地が建設され、スネルによるとその数は一二〇箇所に達した。建設数は、一八五〇年代の埋葬法施行直後に急増し、一八五〇年以降一九七〇年代まで漸減を続け、一九八〇年代には増加に転じて二〇一〇年に至った。一九八〇年以降に設置された共同墓地は、木々を多く植えた緑化共同墓地（Green cemetery）であり、一八五〇年から一九七〇年代までに設置された、多くの記念碑に覆われた共同墓地とは区別された。緑化共同墓地では、ヴィクトリア期の記念碑重視主義が否定されとたスネルは述べる。レスタシァとラトランドの二州に設置された共同墓地のうち、レスターなど人口五〇〇〇人以上の都市に立地するものが三六箇所に留まったのに対して、人口が五〇〇〇人を下回る農村に立地したものは七九箇所に上った[53]。レスタシァとラトランドの共同墓地は、設置された数に注目するならば、都市の墓地というよりは農村の墓地であり、加えて民間の墓地というより自治体の墓地であった。しかしながら、前述したように、これらの二州において埋葬地が拡張された教区教会墓地があったことからわかるように、埋葬の需要を満たす選択肢は共同墓地だけではなかった。ではどのような要因によって農村において共同墓地は設置されたのか。スネルは、設置に至る要因として、教会ないし住居を中心とした定住形態、一定の規模と密度を擁した人口、広すぎない共同体の面積、発達した産業、一定規模の人口流出、そしてプロテスタント非国教徒の存在を挙げる[54]。共同墓地と教会墓地が共存していたことをレスタシァとラトランドの二州においてスネルは示したと言える。

スネル以上に地域を限定して共同墓地と教会墓地の共存状況を考察したのがラグである[55]。ラグは北ヨークシァの農村における教会墓地の埋葬停止と埋葬地拡張、そして共同墓地の建設について、一八五〇年から二〇〇七年までを対象時期として考察した。ラグによると、一八五〇年から二〇〇七年までに北ヨークシァの農村で墓地を開設ないし維持した定住地は二七七箇所に及び、墓地の総数は三五二箇所に達した。これらの墓地のうち共同墓地の数は一八五〇年にはゼロであったが、一八九四年には二二箇所、二〇〇七年には四三箇所へと増加した。共同墓地のこの増加傾向はイギリスの都市における増加傾向と同様であった。北ヨークシァにおける共同墓地の運営組織は一八九四年の二二箇所の共同墓地であれば、二〇箇所が自治体、二箇所が民間であり、二〇〇七年の四三箇所の共同墓地では、三九箇所が自治体、一箇所が民間、三箇所が不明であった。北ヨークシァの農村に立地する共同墓地は自治体が運営する墓地が圧倒的に多かった。

北ヨークシァにおける二七七箇所の定住地のうち一八五〇年に墓地が存在しなかった定住地が四三箇所、非国教徒用の教会墓地のみであった定住地が四箇所、非国教徒用の教会墓地と国教会の教会墓地が共にあった定住地が一五箇所、残る二一四箇所では国教会の教会墓地のみであった。ここに墓地市場における国教会の教会墓地の優位性を指摘できる。これらの国教会の教会墓地の開設時期は約九割が一八〇〇年以前であり、残る一割が一九世紀前半であった。墓地市場における勢力拡大に一九世紀前半においても国教会は努めていた。

墓地市場における優位性を誇った国教会の教会墓地を含む教会墓地は一九世紀中葉には多くの都市で枢密院が発令した埋葬停止令によって埋葬を停止した。北ヨークシァでも同様の傾向があり、この地域に一九世紀後半に二五回の埋葬停止令が発令された。しかしラグが強調したのは埋葬停止令が強制ではなく任意で発令されたこと、また埋葬停止令では家族の追加埋葬を中心に例外的な埋葬が容認されたことであった。

教会墓地での埋葬が可能という側面をラグは教会墓地の埋葬地拡張を指摘することでさらに強調した。一八五〇年から二〇〇七年までに北ヨークシァの一五四箇所の教会墓地で累計二五六回に達する埋葬地拡張が実施された。同時期に北ヨークシァで共同墓地が増加していたことは前述した。ラグは教会墓地の埋葬地拡張と共同墓地の開設を比較し、前者が後者に比べて法的な手続きが簡素であったこと、税負担も軽かったことを指摘することで、定住地が教会墓地の埋葬地拡張を共同墓地の開設よりしばしば好んだことを強調した。

一九世紀中葉の共同墓地の出現で教会墓地は共同墓地に取って代わられたわけではなかった。埋葬が可能な教会墓地は北ヨークシァでは一八五〇年に二六九箇所（国教会の教会墓地が二四三箇所と非国教徒用の教会墓地が二六箇所）、一八九四年に二九四箇所（国教会の教会墓地が二六八箇所と非国教徒用の教会墓地が二六箇所）、二〇〇七年に二八六箇所（国教会の教会墓地が二七三箇所と非国教徒用の教会墓地が一三箇所）へと推移した。北ヨークシァでは教会墓地は共同墓地ほどには増加していないものの、減少はしていない。

北ヨークシァの農村ではこのように教会墓地と共同墓地は共存した。しかもラグによると、共存した二種類の墓地は外観が次第に区別しにくくなり、地元の人ですらその識別が困難になっていった。その理由として墓の利用方法の変化と芝生墓地化をラグはあげた。

墓の利用方法の変化に関しては、永代使用を前提とした個人ないし家族ごと、つまり私的所有の墓が共同墓地で普及し、この習慣が教会墓地に持ち込まれた。その結果、教会墓地では定期的な改葬という数世紀の伝統ある行為が廃れ、墓の絶え間ない設置のために埋葬地がしばしば拡張されるようになった。一九世紀後半から二〇世紀前半にかけ教会墓地は一定の埋葬地で墓が循環的に再利用される静的な墓地から、拡張が繰り返される埋葬地に墓が設置され続ける動的な墓地へ転換していった。

共同墓地と教会墓地の外観が類似した要因として、墓の利用方法の変化と共にラグが挙げた要因は、二種類の墓地が二〇世紀後半に芝生墓地化したことであった。芝生墓地化の理由として、反記念碑重視主義、埋葬停止令、そして火葬をラグは挙げた。反記念碑重視主義とは、二〇世紀後半に葬送の簡素化が広まる中で墓石にも及んだ簡素化の傾向である。この傾向は、一九世紀後半から二〇世紀初頭に記念碑重視主義にもとづき相次いで設置された墓石を撤去するというかたちで表れた。反記念碑重視主義に次ぐ埋葬停止令に関しては、一九世紀の埋葬停止令が衛生問題を解消するために発令されたのに対して、二〇世紀後半の埋葬停止令は国教会の組織再編と連動していた。すなわち都市における人口増加と農村における人口減少によって聖職者と教会が担当する信徒数が都市では過多になったのに対して、農村では過少となったのである。北ヨークシァの農村では信徒数の減少から聖職者が都市に転出し、教会には信徒が集まらなくなった。その結果、管理することが困難になった教会が遺棄され、同様に管理が困難になった教会墓地は埋葬停止令を受け入れることで管理者を国教会から自治体へと変更した。北ヨークシァの農村における二〇世紀の埋葬停止令の発令回数は一九〇〇年から七二年が六回に対して、七四年から九〇年は一〇回であった。発令回数の増加には、発令手続きを簡素化した一九七二年に改訂された地方自治法も寄与した。共同墓地と教会墓地が芝生墓地化した第三の理由は火葬である。イギリスでは一九世紀末から火葬が実施され始め、二〇世紀中葉には埋葬方法として土葬を初めて上回った。北ヨークシァでも一九三六年に最初の火葬炉がハロゲートの共同墓地に設置された。ハロゲートの火葬炉で生じた遺灰は当初火葬炉のある共同墓地の埋葬地に埋葬されたが、次第に近隣の教会墓地に埋葬される事例が増え、北ヨークシァのほぼ全ての教会墓地で遺灰は埋葬されるまでになった。埋葬停止令をかつて受けた教会墓地であっても、必要な埋葬地の違いから土葬に比べると遺灰の埋葬は容易であった。

北ヨークシァの農村における共同墓地と教会墓地は墓地として基本的な役割を果たすことに特化し、共同墓地と教会墓地としての個性が見えにくくなった。農村では墓地の規模が小さく、共同墓地であれ、教会墓地であれ、都市では表面化する墓地の個性を喪失してしまうようだ。

都市だけではなく農村を含むレスタシァとラトランドの二州を考察地域としたスネルと、北ヨークシァの農村のみを取り上げたラグはともに一九世紀中葉から二一世紀初頭までを分析する時期として設定した。スネルとラグが約一五〇年を分析時期として設定したことは一九世紀に限定されていた共同墓地研究の研究対象時期を広げ、同時にその時代区分にも再考を迫っている。スネルとラグが強調したように、共同墓地は、特に自治体共同墓地は農村では教会墓地に取って代わったというよりは、教会墓地と共存した。

おわりに——法と本書の構成——

本章では、一九世紀イギリスにおける墓地に関する研究、特に共同墓地を中心とした研究の近年における動向を整理した。これらの研究から判明しているのは、共同墓地が都市から農村へと広がっていったこと、また共同墓地が教会墓地を継承したこと、もしくは教会墓地と共存したことである。共同墓地は、教会墓地と比べると新しいタイプの墓地でありかつ規模が大きかったために、社会的な注目度が高かった。特に一九世紀前半における民間共同墓地への社会的な注目度の高さは、同時代の記録状況の多さだけではなく、民間共同墓地が自治体共同墓地と比べて多くの先行研究で取り上げられたことにまで反映している。しかしながらこのことは、民間共同墓地が自治体共同墓地に比べて重要であったことを意味しない。二種類の共同墓地の数的な広がりを考慮するならば、スネルが取り上げたレスタシァとラトランドの二州では、またラグが取り上げた北ヨークシァの農村では自治体共同墓地が民間共同墓地を個数の上では むしろ圧倒した。

墓地はそれぞれ面積が異なるために遺体の収容能力に差がある。墓地の種類が同じものであれ異なるものであれ、墓地の数を比較することで議論を展開することは各墓地の特性を見えにくくする。したがって本書では個別の墓地に主に注目する。特に民間共同墓地に比べて研究が手薄な自治体共同墓地に注目する。特定の自治体共同墓地が立地する社会、特に都市とどのような関係を結んでいたのかを検証する。

自治体共同墓地を検討する上で重要なのが法である。一九世紀のイギリスにおける主たる法源は判例法と制定法である。判例法は国王の諸裁判所および大法官裁判所が発展させてきた。国王の諸裁判所が発展せてきた判例法をコモン・ローと、大法官裁判所が発展させてきた判例法を衡平法と呼ぶ[56]。国王の諸裁判所と大法官裁判所が一九世紀後半に統合・再編成された後にも、二系統の判例法は裁判所の救済措置の違い、高等法院の所轄部が異なるといった区別を残した。

判例法と共に法源を構成する制定法は首位立法と従位立法に分けられる。首位立法は議会制定法であり、一般法と個別法に細分類される[57]。一般法は国民一般に適用される。個別法はさらに地域法と個別法（狭義の個別法と以下では記して、一般法と対になる個別法と区別）に細分類される。地域法が自治体や会社に適用されるのに対して、狭義の個別法は個人の財産（囲い込み、相続など）に適用される。

議会制定法たる首位立法に従う従位立法は三分できる。従位立法のうちまず挙げられる委任立法は、議会制定法により行政機関に委任されて制定される細則立法である。従位立法のうち二番目に挙げられるのは枢密院が国王大権を根拠に発する枢密院令である。一九世紀中葉に相次いで出された埋葬停止令は枢密院令の一つである。従位立法のうち三番目に挙げられるのは自治体による条例である。このようにおおまかに三分できる従位立法は二〇世紀の中葉に確立するものの、一九世紀においてもその原型が見られる。

本書における法は議会制定法である。一九世紀における法の数はどうなっていたのか。一八〇〇年から一八八四年までに制定された法の数は、一般法が九五五六に対して、個別法はその二倍の一万八四九七であった[58]。法の数では一般法を個別法が上回った。

埋葬法は議会制定法のなかの一般法に属す。しかし個別法にも埋葬に関する法がある。一九世紀を通じて共同墓地が関わる法は個別法から一般法へと推移した。

前述したように、共同墓地のうち一九世紀前半には民間共同墓地が主に建設され、一九世紀後半には主に自治体共同墓地が建設された。これら二種類の全ての共同墓地で法が必要だったわけでは無い。埋葬地に聖別地がない、つまりは埋葬地が非聖別地のみの共同墓地では法は不要であった[59]。したがって埋葬地が非聖別地だけの民間共同墓地は法の取得に必要な経費が不要であるために資本金が千ポンドに満たないことがあった。つまり聖別地を設定するために法が、正確には個別法のなかの地域法が必要な民間共同墓地では資本金が数千ポンドから数万ポンドであったのと比べると、非聖別地のみの民間共同墓地の資本金は安価であった[60]。しかし聖別地のみを埋葬地とする民間共同墓地も建設された。例えばこれに該当する墓地がリヴァプールに一八二九年に開設されたセント・ジェームズ共同墓地である。[61] 国教徒の埋葬を目的としたこの墓地は、一八二五年に開設され、埋葬地が非聖別地であったために非国教徒を多く埋葬したネクロポリス共同墓地と対立関係にあった。

民間共同墓地が聖別地を介して法と関わったのに対して、自治体共同墓地では聖別地が常に設定されたために法が常に必要とされた。一八四〇年代に建設された自治体共同墓地は民間共同墓地と同様に地域法を制定してもらった。

このタイプの自治体共同墓地のうち早期の例が一八四五年にリーズに開設されたベケット・ストリート共同墓地であった。バーナードが論じたこの墓地に関しては、一八四二年にリーズの市議会がウェストミンスターの議会に地域法に属す法を制定してもらった。[62] ベケット・ストリート共同墓地は九一条からなるこの法を利用して建設された。リーズ町区用のベケット・ストリート共同墓地に加えてリーズ市議会は同法を利用することで、リーズ市内のハンスレット町区用のウッドハウス・ヒル共同墓地も一八四五年に開設した。

一八四三年にはサウサンプトンの市議会が法を取得した。[63] 取得された法は一〇一条からなる地域法であった。市議会は共有地であるサウサンプトン・コモンの一画に自治体共同墓地を建設し、一八四六年には埋葬を開始した。

一八四四年にはコヴェントリーの市議会が法を取得した。[64] 同法は墓地に関する条項と巡回裁判の裁判官の住居提供に関する条項から成る地域法であり、一九六条もの多くの条項を有した。コヴェントリーの自治体共同墓地は一八四八年には埋葬を開始した。

一八四八年にはレスターの市議会が法を取得した。[65] 同法は四八条から成る地域法であった。一八四九年に埋葬を開始したレスターの自治体共同墓地は当初はプロテスタント非国教徒が主導する民間共同墓地として計画された。しかし衛生問題、そして都市環境整備問題までが墓地建設に関わることで当初の主導者であるプロテスタント非国教徒が扱える範囲を超えたため、市議会によって墓地は建設された[66]。

一八四〇年代の自治体共同墓地と先行した民間共同墓地で必要とされた地域法の制定経験から、共同墓地に必要な地域法を簡素化するための一般法が一八四七年に制定された[67]。制定された共同墓地条項法は条項法（Clauses Acts）と総称できる一般法の一例である[68]。条項法は共同墓地に限らず、会社設立、鉄道敷設といった時代のブームとなっていた項目で必要とされた地域法を簡素化するために制定された。

共同墓地条項法の効果は共同墓地の地域法に確認できる。前掲した共同墓地の地域法では、一八四二年のリーズでは九一条、一八四三年のサウサンプトンでは一〇一条、一八四四年のコヴェントリーでは一九六条に対して、一八四七年に制定された共同墓地条項法を利用した、一八四八年のレスターでは四八条と条項数が大幅に減った。この傾向は埋葬に関する一般法の制定でさらに促進された。

一八五五年にはハダズフィールドに自治体共同墓地が建設された[69]。ハダズフィールド町区の中心地を管轄したのは改良委員会である。イングランドで改良委員会は、道、下水、上水、警察といった都市に顕著な問題の解決に努力し、その設立数は一八三〇年には三〇〇程度に上った。改良委員会は、一八三五年に制定された都市法人法で権限を拡充した市議会などの都市法人に次第に代替され、役割を終える。ハダズフィールドでは中心地区のハダズフィールド町区の行政を改良委員会が担い、傘下の共同墓地委員会に墓地を設立させた。ハダズフィールドの自治体共同墓地では三八条からなる法が制定された[70]。共同墓地条項法を利用した同法は同様の措置を経たレスターの法の四八条以上に条項数が少ない。加えてハダズフィールドの墓地は、一八四八年の公衆衛生法で設立された総合衛生局に法案の作成と現地調査の実施を行ってもらった。ハダズフィールドの法が地域法としてではなく、一般法として分類された理由は総合衛生局の関与であろう。

ハダズフィールドの自治体共同墓地に総合衛生局が関与したことから明らかなように、中央集権的な衛生問題として墓地を扱う流れがあった。一八五〇年に制定された首都埋葬法はこの流れの一環である。同法は公衆衛生の改善に貢献したチャドウィックが制定に尽力した。(71) 前述したように、チャドウィックが一八四三年に公表した報告書の提言は政府によって採用されなかった。同じく首都埋葬法も法としては短命であった。首都埋葬法は中央集権的な埋葬制度をロンドンに設けようと試みたが、一八五二年には改正首都埋葬法によって廃止された。(72) ハダズフィールドの自治体共同墓地に関与した総合衛生局も一八五八年には役割を終えた。自治体共同墓地は中央集権的な衛生問題として扱えなくなった。では一八五二年に制定された改正首都埋葬法はどのような法であったのか。

改正首都埋葬法の二条、改正全国埋葬法の一条を受けて都心を中心に多くの墓地で埋葬が停止された。その数は一八七五年までに教会墓地を中心に三〇〇〇を越えたため、代替墓地の必要性が高まり始めた。(73) 改正首都埋葬法の一〇条から四二条、四四条、五〇条、五一条、五二条、またそれらの条項の全国への拡大適用を求めた改正全国埋葬法の七条を受けて、代替墓地たる自治体共同墓地の建設が始まり、一八七六年までに六一九にも達した。(74) 先にラグが一九九二年の書物で掲げた六〇という民間共同墓地の個数と比較すると、自治体共同墓地の六一九という数は絶対数において比較にならない。自治体共同墓地は、ほとんどの都市に少なくとも一つ以上は建設された。

自治体共同墓地のこの普及を支えたのは、その建設・運営を担う埋葬委員会（burial board）であった（改正首都埋葬法（以下略）、三八条）。埋葬委員会は一九世紀後半に都市に相次いで設置された、水道やガスの供給など、特定の目的を遂行する公的な委員会の一例である。(75) 複数の教区が連合して一つの埋葬委員会を構成することも認められた（二三条）。ただし通常は、埋葬委員会は一つの教区会のもとにあり、教区会によって任命された三人から九人の人物で構成された（一一条）。教区会とは教区民が参加し、各教区における行政上の取り決めを論議、決定する集会であった（五二条）。

埋葬法では、教区ないし複数の教区の連合体が埋葬委員会を設置できると定められた。しかし埋葬法の五二条では、独立した貧民監督官を擁し、かつ貧民を独立して扶養している、つまり救貧制度が独立して機能することが教区の成立条件となっていた。そのため救貧制度が独立して機能していない教区は、埋葬法が規定するところの教区ではないため、埋葬委員会を設置することができなかった。換言すれば、教区より大きな行政単位でも、小さな行政単位でも、救貧制度が独立して機能すれば、それらの行政単位は埋葬法が規定する教区となり、そこに埋葬委員会が設置できた。ここから、教区の統治にとっての救貧制度の重要性、さらには埋葬委員会の設置の柔軟性が窺える。埋葬法におけるこの規定のため、自治体共同墓地、さらには埋葬委員会の設置母体は、教区を中心としつつ、市、教区連合、そして教区より下位の行政単位（分教区、町区など）という場合も生じた。本書では、これらの設置母体を総称するために自治体（municipality）という言葉を使う。これは、前述した水道やガスの供給事業が「自治体による事業（municipal enterprise）」と呼称されているのに準拠した言葉である。[76]自治体が設置者となる共同墓地を自治体共同墓地と呼ぶ。

この何を設置者とするのかということの柔軟性が、民間共同墓地を上回る数の自治体共同墓地の建設を可能とした要因である。しかも自治体による墓地の建設・運営であったために、住民の意向を取り入れることにも埋葬委員会は配慮する必要があった。自治体共同墓地は量において拡大するだけでなく、そこには住民の墓に関する考え、広くは死に関する理念が投影された。著名な民間共同墓地に関する議論以上にその裾野は広い。この裾野の広がりのために、一九世紀後半における死の意味を検討する有力な一助となるのである。

以下の各章は、自治体共同墓地の建設から運営に関する議論へと緩やかに展開する。大まかには第一章と第二章が建設に、第三章は建設を主体としつつも、運営にも関わる。続く第四章、第五章、第六章は運営に関わる。

第二章が全国を対象に、他の章は個別地域を取り上げる。全ての章でデータベース「イギリスの新聞一六〇〇—一九〇〇年」（British Newspapers 1600-1900）を中心に新聞記事を史料として多用する。これらの記事には自治体での議事が広く採録されたからである。各章で取り上げる複数の地域を重ねることで、自治体共同墓地を支えるシステムを析出したい。

第1章
リヴァプール教区における自治体共同墓地の建設

リヴァプール教区の自治体共同体墓地

銅版画商のロック商会が1864年に刊行した銅版画集「リヴァプールの風景」（*Views of Liverpool*）に収録された一枚。尖塔を有す三つのチャペルは左からカトリック教徒用、国教徒用、非国教徒用の各チャペルである。チャペルの間にある低い建物はカタコンベ上部の回廊である。この銅版画はその右隅に1864年5月14日とあるため、1863年5月の開設から一年を経たリヴァプール教区の自治体共同墓地の景観図である。銅版画の下には、タイトルとしてAnfield Park Cemetery Liverpoolの筆記体が添えられている。この銅版画は墓地というより公園の側面を強調している。

なおLiverpool Record Officeが所蔵している*Views of Liverpool*をMenugeは利用している。

出典：Adam Menuge, *Ordinary Landscapes, Special Places : Anfield, Breckfield and the Growth of Liverpool's Suburbs*（Swindon, 2008）p.51.

はじめに——リヴァプール教区と自治体共同墓地——

本章ではリヴァプール教区における自治体共同墓地の建設について論じる。本章で取り上げる都市リヴァプールは、一二〇七年に自治都市（borough）となった。一六九九年には独立した教区として法で認可された。[1]一九世紀の初頭においても市と教区の境界が一致していたリヴァプールであったけれども、その境界線を発展した都市域が越境していた。そこで一八三五年の都市法人法で市の領域は拡大され、教区リヴァプールの領域と一致しなくなった。この拡大により、市のリヴァプールの面積は一八六〇エーカーから倍以上に拡大し、人口は一六万五〇〇〇人から二〇万五〇〇〇人へと増加した。[2]この拡大以降、一九世紀において市のリヴァプールの領域がさらに拡大するのは一八九五年の一度だけであった。

このように一九世紀に行政上の管轄区域が二度拡大したリヴァプールにも埋葬法が適用された。つまり都心の墓地で埋葬が停止され、郊外に共同墓地が建設されたのである。一八九七年の時点でリヴァプール市内の五教区、リヴァプール、カークデール、エバートン、ウェスト・ダービーそしてトックステス・パークの五教区が、それぞれ埋葬委員会を設置し、各埋葬委員会が共同墓地を運営していた。すなわち、リヴァプール教区とカークデール教区はウォルトン教区に共に共同墓地を、エバートン教区はファザカーリー教区に共同墓地を、ウェスト・ダービー教区とトックステス・パーク教区はそれぞれの教区内に共同墓地を建設した。[3]共同墓地を埋葬委員会に運営させたどの教区も、一八三五年から一八九四年までの領域のリヴァプール市に位置した。都心にある墓地が埋葬を停止し、それを代替するため郊外に共同墓地を設置した事例がリヴァプール教区、カークデール教区とエバートン教区であった。残りのウェスト・ダービー教区、トックステス・パーク教区の場合は都市郊外の発展に対応して各教区内に共同墓地が設置された。

本章で扱うのは、リヴァプール教区の埋葬委員会が一八六三年に開設した自治体共同墓地である。前述した五つの自治体共同墓地のうち、トックステス・パーク教区の共同墓地に次いで開設された。リヴァプール教区は、一八三五年に拡大した市のリヴァプールに領域の広さで抜かれたとはいえ、前述した人口規模からわかるように、リヴァプール市の中心を占めていた。一八四一年以降も同様の傾向は続いた。センサスによると、リヴァプール教区の人口は一八四一年に二二万人、五一年に二六万人、六一年に二七万人、七一年に二四万人、八一年に二一万人　九一年に一六万人であった。六一年が教区の人口のピークであった。一方、市の人口は一八四一年に二九万人、五一年に三八万人、六一年に四四万人、七一年に四九万人、八一年に五五万人、九一年に五一万人であった。八一年が市の人口のピークであった。本章で主に扱う一八六〇年前後は、教区の人口がピークに達すると共に、市の人口に対する割合を六割から五割へと低下させていく時期でもあった。都心から郊外へ人口が流出し始めていた。

本章では以下において、このリヴァプール教区にどのように自治体共同墓地が建設されたかを、地元新聞『リヴァプール・マーキュリー』を主たる史料として論じたい。

第1節　埋葬委員会設置

改正全国埋葬法が制定されたのは一八五三年であった。同法を受けてイングランドとウェールズの全域で多くの自治体共同墓地の建設が進んだ。リヴァプール教区での建設も、この全国的な動向と重なる。リヴァプール教区で自治体共同墓地の必要が論じられ出すのは一八五六年の八月であった。内務大臣ジョージ・グレイは各地の墓地に埋葬停止を求めたのと同様に、リヴァプール教区内のセント・マーチン教会の埋葬地にも埋葬停止を求めた。(4)これを受けて代替墓地の建設をリヴァプール教区の教区会が検討し始めた。具体的には、数人の納税者が連名で、特別教区会の開催を求める陳情を二名の教会委員（ジョン・ウッドラフ、チャールズ・ライト・ショウ）に宛てて提出した。開催される特別教区会での議題としてその陳情は、埋葬法の定める墓地、つまり自治体共同墓地を建設すべきかどうか、さらには建設が決まったなら、建設に到る一連の準備作業を担う埋葬委員会の委員を任命するよう記していた。(5)

この陳情を受け取った教会委員は、八月二六日にセント・ニコラス教区教会にて特別教区会を開催した。(6)多くの参加者を迎え、この地域における注目を集めた特別教区会では、教区牧師（rector）のオーガスタ・キャンベルが司会を勤めた。教会委員のウッドラフが特別教区会開催に到る経緯を説明することから始まった議論では、まずリヴァプール教区での墓地の近況が明らかとなった。つまり、主教を補佐し、かつ教区牧師を管理する大執事が、埋葬に不適であるとして一八四七年にセント・マーチン教会の埋葬地の埋葬停止を決定した。この決定を受けて、市参事会は、リヴァプール教区会に教区の外に墓地を建設するように要求した。これに教区会は応じて、埋葬地の全てが一八五一年に聖別された――つまり国教徒用の埋葬地となった――共同墓地をウォルトン教区に設けた。しかし、セント・マーチン教会の埋葬地での埋葬は継続していた。というのもウォルトン共同墓地がその建設に二、三年要しただけでなく、聖別後も埋葬を開始しておらず、リヴァプール教区にセント・マーチン教会の埋葬地以外に公的な墓地がなかったためである。セント・マーチン教会の埋葬地の埋葬継続は一八五四年にロンドンから埋葬停止の要求が出されたにも関わらず続き、今回の特別教区会開催時も続いていた。前述した五六年の内務大臣ジョージ・グレイによる埋葬停止令は、四七年と五四年の二度に及ぶ埋葬停止命令を無視したこの埋葬地に対して出されたものだった。このような墓地の近況を踏まえて、特別教区会での議論は、ウォルトン共同墓地をもっと活用できないかまず議論された。しかし埋葬法の規定では一エーカーにつき一六〇〇の遺体しか埋葬できないため、この規定に照らすと、二七・五エーカーのウォルトン共同墓地では三、四年しか遺体の埋葬ができないと判明した。さらに埋葬地は全て聖別地であることからプロテスタント非国教徒やカトリックの埋葬が困難であるとの見解が示された。こうしてウォルトン共同墓地に加えて、新たな埋葬地を準備するための埋葬委員会の設置が必要であるとの見解が特別教区会の意見として採用された。

続いて議題が埋葬委員の選出に移るなか、委員の候補者氏名がサミュエル・ベネス・ジャクソンによって提案された。候補者に司会を勤めていたキャンベル教区牧師が入っていないことが議論となった。教区会での議論の最中に、当のキャンベル教区牧師が所用のため退席し、司会を教会委員のウッドラフに譲った。二人の参加者が埋葬委員の候補者一人に代えて牧師を埋葬委員にするようそれぞれ提案しただけでなく、埋葬委員の候補者三人も自分ではなく牧師に委員に就任してもらうよう各自が申し出た。これらの提案、申し出からは牧師の埋葬委員会での重要性が窺える。しかし、新たな墓地でも埋葬に際しキャンベル教区牧師がその聖職上の地位から一定の金額を受け取ることになっていたため、受取人自身がその金額を決定する埋葬委員会に加わることには、ジャクソンやJ・R・ジェフリーらが反対した。さらに、「埋葬委員会に少なくとも初年度は教区牧師が関わってはならないとする大原則がある」とまでジャクソンは述べた(7)。結局、教区会での決議事項として埋葬委員にキャンベル教区牧師は任命されず、ジャクソンの示した候補者九人が任命された。任命されたのは、既出のジャクソン、ジェフリー、ショウ、ウッドラフの四人と、W・B・ベアストウ、C・J・コーバリー、ロバートソン・グラッドストン、J・J・スティット、サミュエル・ソーネリーの五人であった。このうち役職、身分とその該当者が判明するのは、共に教会委員のウッドラフとショウだけである。他は、貧民監督官が一人、リヴァプール市参事会員が二人、特別教区会に関与しているジェントルマンが四人いるものの、それぞれが誰に該当したかは不明である。埋葬委員はリヴァプールの公職に就任、関与する者が就く傾向があったとは言えよう。

埋葬委員に任命されなかったキャンベル教区牧師はこの任命人事に不満であったようだ。というのも、特別教区会が終わって間もない九月の初頭に彼は、特別教区会での司会者に通常求められる議事録への署名を拒否したのである。その理由としては、当日の会合を途中退席し退席後の議事運営に責任を持てないこと、そして退席後の議事運営に違法箇所があることを挙げた。特に後者に関連すること、つまり埋葬委員として候補に挙がった教区牧師が参加者による挙手で敗れ、その直後の投票でも敗北したことに関して、その投票が日を改めて行われず、当日の特別教区会に参加した納税者だけでなされたことを、牧師は違法だとしたのである(8)。しかしその違法性を、地元の新聞『リヴァプール・マーキュリー』は否定し、同様の事例でも合法の判決が出ていると指摘した(9)。さらには、当日の特別教区会で牧師から司会を引き継いだウッドラフも、自分の議事運営の合法性を主張し反論した(10)。

キャンベル教区牧師は埋葬委員会とさらに対立した。牧師は、議事への不満という方向で問題を拡大するのではなく、自身の職権を活用して対立を深めた。牧師はセント・マーチン教会の埋葬地で埋葬を停止し、さらにウォルトン共同墓地で葬儀の司式をする、つまり埋葬を開始するよう配下の牧師W・H・デニーに命令を出した。しかし埋葬委員会は、ウォルトン共同墓地を排水が悪く、埋葬も実施が困難であるといった理由から、現状では埋葬に不向きであるとした。そこで当座はセント・マーチン教会の埋葬地で、埋葬を停止せず、継続するつもりであった。したがって九月八日に開催された埋葬委員会の会合では、キャンベル教区牧師の行動への不満を各埋葬委員は相次いで表明した。ただしその行動を阻止できる法的な権限は埋葬委員会にないことが判明した。そのため当座の埋葬地として、リヴァプール教区内に位置し、国教徒用の墓地である民間のセント・ジェイムズ共同墓地や、他教区の墓地が利用できないか調査中であり、加えて新たな共同墓地の建設が可能かも調査するとされた。埋葬委員会は共同墓地建設のための土地を購入したいとの広告を直ぐ新聞に掲載した。(11) 埋葬委員会による対決姿勢に、キャンベル教区牧師の代理として埋葬委員会と交渉していたデニー牧師は、キャンベル教区牧師からの命令実施を延期すると表明することで、対立の緩和に努めた。

土地を購入したいとする埋葬委員会の広告には多数の申し出があった。(12) 埋葬委員会も適切な土地がないか、また既存の墓地の再活用ができないか調査をした。そして有力な案が幾つか挙がってきた。それは、ニューシャム・ハウス・エステートの一画を購入し、そこに共同墓地を建設する案、民間のネクロポリス共同墓地を埋葬委員会が購入して活用する案、そしてウォルトン共同墓地を埋葬委員会の管理下に移し活用する案の三つであった。埋葬委員会は一八五七年の五月の会合で今後は毎月会合を開催すると決定し、活動が本格化し始めた。翌年の一〇月くらいまでその活動の多くをこれらの案の妥当性の検討に費やすことになった。

リヴァプール教区の東にあるニューシャム・ハウス・エステートは、リヴァプール市が公園予定地として購入していた。一九世紀の中葉から末期にかけ、イギリスの多くの都市で住民のアメニティ改善の措置として公園の設置が相次いだ。(13) 公園用としてこの土地もリヴァプール市によって購入された。リヴァプールの都心から遠方で地価が安価なため、購入費用が抑えられると埋葬委員会は予想し、その一画を墓地用に購入できないか市に打診し、市はそれを受け入れる意向を示した。(14) しかしリヴァプール市の技師ジェームズ・ニューランズに依頼した調査から、土質が埋葬に不向きで、排水施設の敷設が高額になることから埋葬地として適さないとの結果が、五七年一二月の埋葬委員会の月例会で示された。(15)この調査結果を受けて埋葬委員会はこの土地の購入を断念した。

民間のネクロポリス共同墓地は一八二五年にリヴァプールに設立された。(16)設立時は五エーカーの広さを有し、設立地の名称を取ってロウ・ヒル共同墓地と呼ばれた。その埋葬地は聖別されなかったため、宗派を問わず遺体を埋葬できた。(17)したがって、その原則から国教徒も非国教徒も埋葬が可能であった。しかし国教徒は国教徒用の埋葬地である聖別地に埋葬されることを望み、非国教徒は非聖別地への埋葬を望むため、ネクロポリス共同墓地には非国教徒が多く埋葬された。この墓地は、特に一九世紀の中葉には、国教徒以外の多数を占めたプロテスタント非国教徒が埋葬された墓地として広く知られた。多くの遺体が埋葬されるなか遺体の管理が不十分であると一八五七年の初頭に判明した。これをきっかけとして、内務省の埋葬部門査察官P・H・ホランドの介入もあり、管理団体が変更された。つまり、ネクロポリス共同墓地の管理は、管理委託者（trustees）から、一〇人からなる合同委員会に移されることになった。合同委員会の内訳は、土地所有者（proprietors）から五人、墓を所有するが土地所有者でない人から三人、埋葬委員会から二人であった。五九年の二月には定員一〇人の委員が決定した。(18)この変更を「埋葬委員会は、ネクロポリス共同墓地の埋葬委員会への完全な譲渡より好ましいと考えていた」。その理由としては、「共同墓地を決めるさいに議会法での拘束から埋葬委員会が完全に自由であり、その一方でネクロポリス共同墓地の経営に発言し目を光らすことは、将来できる共同墓地を埋葬委員会が管理するさいに人々の信頼を得ることに繋がるためだ」とした。(19)ネクロポリス共同墓地の運営に関与できる立場を得た埋葬委員会は、定期的に埋葬委員会の会合でその現状を報告し、問題点の検証と改善に努めた。

ウォルトン共同墓地を埋葬委員会の管理下に移し活用する案はどうだったのか。前述したように、セント・マーチン教会の埋葬地の埋葬停止とウォルトン共同墓地での埋葬開始は一時猶予された。しかし、五七年にはセント・

マーチン教会の埋葬地は埋葬が停止された。同年ウォルトン共同墓地は埋葬を開始し、リヴァプール教区当局の所有する唯一の埋葬可能な公的墓地となった[20]。したがって、この墓地を埋葬地を拡大するなどして活用することは、まず現実的な対策として検討された。この活用に関してはキャンベル教区牧師や教会委員の関与が必要となった。というのもウォルトン共同墓地という名称にも関わらず、この墓地は法的には教区教会墓地であったことにその理由がある。そもそもウォルトン共同墓地は、貧民の遺体を埋葬することに設立の主目的を置いていた。この目的はほぼ遵守されたようで、一八九七年の時点でその埋葬地二〇エーカーの半分が貧民の埋葬に充てられた。この墓地は一八四八年に建設時の費用とした税も、教会法に従って、貧民の埋葬を目的として徴収されていた。この墓地は一八四八年に土地が購入され、五一年に聖別され、そして国教会の財産を管理する教会委員会に付託された[21]。これらの経緯から、埋葬法を受けて五六年に設置された埋葬委員会がウォルトン共同墓地に関与するには、キャンベル教区牧師や教会委員といった国教会の関係者の協力が必要であると埋葬委員は想定した。しかし、埋葬委員会の初年度の委員には前述したようにキャンベル教区牧師は就いていなかった。そのためウォルトン共同墓地に関する議論が活発化するのは、埋葬委員会の設立二年目から、つまりキャンベル教区牧師が埋葬委員に就任する一八五七年の八月以降であった。

埋葬法の規定で、毎年三人の委員が任期を終え、後任三人が就任することになっていた。入れ替え対象の三人は、埋葬委員会設立から一年目は全員から抽選で選ばれ、二年目も就任二年目の六人から抽選で選ばれ、三年目以降は就任三年目の三人であった。この規定に従い、リヴァプール教区でも埋葬委員の入れ替えが毎年八月の教区会で実施されることとなった。最初の埋葬委員の入れ替えは、一八五七年八月の全体教区会の会合で実施された。入れ替え対象となる委員三人が抽選で選ばれた。選ばれた者のうち教会委員ショウが再任を受けることを辞退し、代わりにキャンベル教区牧師を推薦し、牧師はそれを受け入れた。ショウ以外の二人は再任された。

さらに同じ八月にはある法案がウェストミンスターの議会で審議中であった。それが法として成立すれば、ウォルトン共同墓地の埋葬委員会への譲渡が容易になり、その活用がしやすくなると埋葬委員は期待した。(22)キャンベル教区牧師がしばらく埋葬委員会の会合を欠席したため、牧師が譲渡を支持するとの見解が明らかになったのは、五七年一二月の埋葬委員会月例会で紹介された本人からの手紙であった。この会合では埋葬委員ジャクソンは、譲渡に法的な問題がないなら必要な措置を執るべしとの動議を、次回の埋葬委員会の会合でキャンベル教区牧師と教会委員の同席の上で提出したいとの意向を示した。居合わせた法律事務係（law clerk）も法的問題はないとの判断を示した。(23)結局この動議は、キャンベル教区牧師と教会委員が出席した五八年三月の埋葬委員会の会合で提出された。牧師はこの動議を、自分と自分の後任が埋葬料の一部を得る権限がウォルトン共同墓地の埋葬委員会への譲渡後も認可されることを条件に、受け入れると表明した。しかし議論のさなかに、牧師が埋葬料を得る事と譲渡の両方が法的に可能か確認する必要があると先の法律事務係と異なる見解を埋葬委員会の事務係が示したため、埋葬委員会は専門家に問い合わすことになった。これを受けてジャクソンは提出した動議を撤回する。(24)その後、専門家がどのような解答を示したのかは不明である。ただし、ウォルトン共同墓地の埋葬委員会への譲渡は実現せず、一九世紀の末においてもこの墓地は法的には教区教会墓地のままであった。(25)専門家による判断は譲渡に否定的であったのだろう。こうして埋葬委員会がウォルトン共同墓地に関与することは困難なままであった。

埋葬委員会は設立から二年近くの歳月を主にニューシャム・ハウス・エステート、ネクロポリス共同墓地、ウォルトン共同墓地の件に費やした。確かに、ネクロポリス共同墓地を管理する合同委員会に二名の委員枠を確保するなど、埋葬委員会が墓地運営の実績を積む機会を確保したことから、一定の成果はあった。しかし自治体共同墓地の建設は未だ実現していなかった。ニューシャム・ハウス・エステートでの事例で見たように、そもそも土地の確保が困難であった。閉塞感の漂うなか、埋葬委員会は土地捜しに奔走する。

第2節　土地取得とデザイン決定

一八五八年六月の埋葬委員会の会合でジョン・スチュアートからの手紙が紹介された[26]。手紙にはリヴァプールの北、ウォルトン教区の土地が共同墓地用に購入できるかもしれないとあった。直ちに、スチュアートは購入交渉にかかるようにとの決議がなされた。一〇月には埋葬委員会が七〇エーカーのこの土地の購入交渉権を確保し、将来は周囲の土地の購入で一〇〇エーカーにまで拡大できると予想された[27]。五九年二月には埋葬委員全員がスチュアートと共にこの土地を訪れ、三時間かけて調査し、満足いく結果を得た。さらに埋葬委員からキャンベル教区牧師とジャクソンが、土地購入に関する専門の委員に二月の埋葬委員会の会合で任命され、スチュアートによる購入交渉を支援することになった[28]。

こうして埋葬委員会の全面的な支援によりこの土地の購入交渉は進められ、埋葬委員会はこの土地の購入を教区会に認可してもらうためのレポートも作成した。それをキャンベル教区牧師が司会を務めた八月の全体教区会で埋葬委員ジャクソンが提出した[29]。ジャクソンは四つの原則（好立地、良好な土壌、十分な広さ、十分見合う投資）を満たす土地であり、調査した二〇の候補地のなかで最善のものであると説明した。約一〇〇エーカーの土地購入価格は約五万二〇〇〇ポンドを予定し、この土地購入の提案を教区会は了承した。さらに、土地の造成と必要な建物の建設などに必要な約二万五〇〇〇ポンドの支出認可要請も、教区会は了承した。

自治体共同墓地の建設予定地が決定し、土地購入資金案と土地の造成、建物の建設資金案が決定したので次は資金確保が検討され始めた。当初予定していた七万七〇〇〇ポンドから、七万五〇〇〇ポンドに確保すべき資金は圧縮され、交渉がなされた。埋葬委員会は九月にまずリヴァプール市に教区の救貧税を担保に七万五〇〇〇ポンドの借用を申し込むも、それを断られた。そこで資金の貸付人を新聞での広告で公募した。(30)公募に応じた者のうち、「経済」協会（'Economic' Society）なる団体の貸付案が最も好条件だった。これは、救貧税を担保とする年利四パーセントで、土地代五万二〇〇〇ポンドと他の費用二万三〇〇〇ポンドを分けて貸付ける案だった。この貸付案に対して、六〇年二月の全体教区会で、現在の納税者が将来の納税者に比べて返還する額が大きく不平等であるという指摘と、土地代の五万二〇〇〇ポンドと他の費用二万三〇〇〇ポンドに分けた貸付金のうち、後者は必要に応じて貸付を受けるべきとの指摘が埋葬委員ジェフリーからあった。これら二つの指摘に基づき変更が加えられた。つまりまず土地代の約五万二〇〇〇ポンドの貸付を受け、初年度の貸付金の五パーセントに相当する二六〇〇ポンドを毎年返済する契約を交わし、他の貸付は必要に応じて受け、その返済額は同様の方法で算出するとした。(31)これらの変更された貸付案の受け入れが全体教区会で認可され、その案を貸付人も了承した。

資金確保が検討されるのと同時期に、墓地のデザインも検討された。墓地デザインのコンペティションによる公募記事を埋葬委員会は全国紙の『タイムズ』などに掲載してもらった。(32)五九年九月の『タイムズ』に掲載された公募記事によると、九〇エーカー超の墓地全体の平面図とその見積額をコンペティション参加者は、六〇年二月一四日までに埋葬委員会まで提出するよう求められた。提出に際しては以下の三つの条件に沿うことを求められた。①「道、歩道、植物・木を植えるスペース、複数のチャペルの位置、墓地全体の境界線、埋葬地内の仕切り、排水管、ロッジの位置、石材置き場、事務所、共同墓地の適切な運営に必要なもの」を平面図に示し、②「表土の再整備に必要な土木工事と、排水管・下水管の深さ、勾配、寸法」を各区画ごとに示し、③「コンペティション参加者が埋葬委員会に必要と考える情報、指針」を示すことであった。賞金は一位一〇〇ポンド、二位五〇ポンド、三位三〇ポンドであった。但し書きには「受賞者のデザインは埋葬委員会の所有物となる。埋葬委員会は建設作業を実施するためにコンペティション参加者を雇用することは必ずしも義務ではない」とある。

二月一四日のデザイン公募の締切間際である二月初頭の埋葬委員会の会合で、条件が追加された(33)。つまり、国教徒、カトリック、プロテスタント非国教徒の各埋葬地がそれぞれ三〇エーカー、一五エーカー、一五エーカーを占めること、そして平面図には三つのチャペルの位置も示すことであった。さらに同じ会合で墓地の正式名称が「ウォルトン、アンフィールド・パーク、リヴァプール共同墓地」(The Liverpool Cemetery, Anfield Park, Walton) に決まった。

提出された墓地デザイン案がデザイン決定の参考のため一般に公開されることが、三月の埋葬委員会の会合で決まった(34)。四月の初頭には公募の結果を埋葬委員会は公表した(35)。一位はリヴァプールのT・D・バリー、二位はロンドンのG・H・ストークス、三位はロンドンのJ・ウィンブルであった。しかし埋葬委員会は提出された墓地デザイン案のいずれも希望に沿わないため、建設しないと決定した。この決定に一位の建築家バリーは抗議の意を建築雑誌『ビルダー』上で表明したが、決定が覆ることはなかった(36)。

では墓地デザインは誰が作成したのか。六〇年の春には埋葬委員会は埋葬委員二人を調査に派遣した。二人はコヴェントリー、バーミンガムなど各都市の共同墓地、さらにロンドンの複数の共同墓地を調査して多くの共同墓地に関する知識を入手し、そのレポートを五月の埋葬委員会の会合に提出した。このレポートを参考に、埋葬委員会は測量士を公募し、応募者四〇人のなかから、共同墓地建設に関する経験を高く評価された測量士ウィリアム・ゲイを選出し、雇用した。ゲイは墓地デザインを作成し、それを埋葬委員会は高く評価し採用した(37)。

六〇年九月には葬儀用の三つのチャペル、正門など墓地の敷地に立つ建築物デザインのコンペティションによる公募も開催された(38)。賞金は墓地デザインの場合と同様一位一〇〇ポンド、二位五〇ポンド、三位三〇ポンドであった。この公募に二四件の応募があった。一二月には提出されたデザイン案がデザイン決定の参考のため一般に公開されることになった[39]。公募の結果は一位バーケンヘッドのルーシー&リトラー、二位バーケンヘッドのウォルター・スコット、三位グレート・モールヴァンのジェイムズ・シップウェイであった[40]。建築家の二人が提携したルーシー&リトラーによる案が建設されることになり、しかも本人たちが建設の監督をするよう六一年一〇月には依頼された[41]。墓地のデザインでは一位のバリーの案が建築されなかったが、建築物では埋葬委員会は違う判断を下すことで独自性を示したのである。

墓地予定地に関して、埋葬委員会は土地の選定、土地購入予定額も決定し、資金も確保し、さらには墓地デザイン、チャペルなどの主たる建築物のデザインも決定した。こうして自治体共同墓地の建設は完成に向けて順調に進んだ。ただし、土地の購入、追加、変更で埋葬委員会はさらに交渉を重ねた。

先に調査に派遣された埋葬委員二人によるレポートが、六〇年五月の埋葬委員会の会合に提出された[42]。このレポートで紹介されたレスターでは、当局がある貴族に所領の売却を強制することで自治体共同墓地用の土地を確保していた。リヴァプール教区の埋葬委員会も売却の強制という手法を使えないか検討し採用した。というのも、共同墓地予定地のなかでプロテスタント非国教徒用のチャペルが立つ予定の土地一帯に対して法外な価格を提示され、埋葬委員会はその土地を購入できずにいたからである。一〇月には、議会法を利用することで合理的な価格で売却を強制することに成功した。土地購入費用は二万二〇〇〇ポンドであった[43]。

当初予定していた自治体共同墓地用の土地に加えて、将来の墓地拡張用に三つの土地が三人の地主から購入された。購入資金を確保すべくさらなる貸付人も公募された[44]。これらの追加購入した土地は、すぐに共同墓地の敷地として取り込まれる必要はなかったため、賃貸に出された[45]。その収入は自治体共同墓地の建設資金に充てられた。

土地に関して別の問題も発生した。ロンドン・北西鉄道会社が、墓地予定地の「最も貴重な部分」を横断する路線敷設の計画を六〇年の秋に発表したのである。この計画に埋葬委員会は反発し、鉄道会社と交渉に入った。その結果、共同墓地建設予定地から八エーカーを鉄道会社に売却し、そこを通過するよう路線を変更してもらった[46]。

追加の土地購入と鉄道会社への土地売却によって共同墓地予定地はその形を変えた。そこで墓地デザインを修正する必要があると認識した埋葬委員会は、その必要性を記したレポートを六一年八月二九日の教区会に提出した[47]。

この八月の教区会では更なる問題が生じた。修正の必要が生じていたとは言え、墓地のデザインは一度は決定していた。このデザインを多くの人が目にしていた。また埋葬委員会による墓地建設に向けての活動も人々に知られるようになった。この広く知られるようになった墓地デザインと埋葬委員会の活動に再考を迫ったのが、この八月の事件である。

六一年八月二九日の教区会で事務弁護士（solicitor）W・K・タイラーが二つの問題を取り上げ、国教徒の利益が守られていないと主張した[?]。一つめの問題は、建設される自治体共同墓地での埋葬地の配置であった。計画中の墓地デザインにおいて埋葬地は国教徒、カトリック、プロテスタント非国教徒にそれぞれ割り振られた。各埋葬地の配置は国教徒の埋葬地を中央に置き、その左右に隣接して他の二宗派の埋葬地を配した。墓地の全体は、これらの三つの埋葬地が凹型のフロンテージ（Frontage: 埋葬地と道を隔てた土地）の窪みにはめ込まれていた。全体の四辺のうち、一辺は国教徒の埋葬地を中心に両隣にカトリックとプロテスタント非国教徒の埋葬地、さらに両隣にフロンテージが並んだ。この一辺のみが農地に面しており、他の三辺のフロンテージは道に面した。門はこの三辺に設置された。したがって、埋葬地のなかで左右に配されたプロテスタント非国教徒とカトリックの埋葬地が、ほぼ専用のフロンテージと門を持つのに対して、国教徒の埋葬地は、必ずしもフロンテージと門が他の埋葬地ほどには専用と言えず、共用の度合いが高かった。このことをタイラーは問題とした。二つ目の問題は埋葬委員の宗派に偏りがあり、それによって国教徒の利益が軽視されていたことである。つまり、埋葬委員九人の宗派は国教徒が三人、プロテスタント非国教徒が五人、カトリックが一人であった。タイラーは、埋葬委員会が教区会によってではなく、市参事会によって設立されるべきと要求し、リヴァプール市の人口四四万人のうち国教徒が三分の二を占めたため、埋葬委員に国教徒をもっと増やすよう求めた。

タイラーが取り上げた二つの問題に埋葬委員は反論した。国教徒の埋葬地は、墓荒らしから高額なモニュメントを守るべくより安全な中央に配されたこと、中央の埋葬地は目立つこと、フロンテージに利点があるとは考えていなかったことなどを挙げ、国教徒の優位性が守られていることを主張した。さらに埋葬委員の構成については、キャンベル教区牧師の同意なしに国教会に影響のある措置は取られなかったこと、ウッドラフやグラッドストンといった埋葬委員の中心的人々が国教徒であり、国教徒に不利になるようには埋葬委員会は機能していないことなどを挙げ、埋葬委員会は国教徒の利害を損なっていないと主張した。しかし埋葬委員会とタイラーの主張は平行線のままであった。

そこでタイラーは埋葬委員の候補を擁立するという強行に出た。前述したように埋葬委員は毎年三名が入れ替えられる。入れ替えを実施するのが八月末の教区会である。初年度の埋葬委員にキャンベル教区牧師が就任できず問題になったことは前述した。通例では埋葬委員の交代ないし再任を受けるに際して問題が発生することは滅多になかった。ほとんどの埋葬委員は再任という形で留任した。埋葬委員個人の事情で埋葬委員を継続して勤めることが困難な場合には、交代を希望し事前に予定されていた者に後任になってもらった。

ところがこの八月の教区会でタイラーは三人の国教徒を対立候補として擁立した。交代ないし再任を予定している埋葬委員はコーバリー、ソーネリー、ジャクソンの三人であった。コーバリーがカトリックで他はプロテスタント非国教徒で、三人はいずれも再任される予定であった。しかしタイラーが国教徒三人を擁立し、予定していた三人にいずれも勝利した。(49) 敗れた候補者の支持者はこの結果に異議を唱え改めて埋葬委員を選出するための投票を求め、それが九月四日に実施されることになった。

タイラーが八月の教区会で取り上げた二つの問題に埋葬委員会はその場で反論しただけでなく、九月二日の埋葬委員会の会合でも同様の反論をした。(50) さらに地元新聞『リヴァプール・マーキュリー』も、読者からの投稿記事と論説でタイラーが取り上げた問題は根拠が弱いと報じた。(51) 埋葬委員会による反論、さらに地元新聞による反論のなかで次第にタイラーのある立場が明らかになった。彼は、墓地予定地に隣接した土地を持っており、当初は墓地建設で土地の価格が下落することを危惧した。そこで自分の土地に小屋を建て、墓地の周囲に家屋があってはならないとする埋葬法の規制を利用しようとするなど墓地建設に反対していた。しかし墓地の実現可能性が高まると、結局その土地を埋葬委員会に売却した。しかも、売却後の土地を一定期間無料で借用しようとするも、埋葬委員会から同意を得られなかった。埋葬委員会も『リヴァプール・マーキュリー』も、このタイラーの事情を埋葬委員の独自候補を擁立した一つの隠された理由として暴露した。

投票が九月四日に実施された。投票の参考になるように、建設予定の共同墓地の平面図が投票が終了するまで投票所に掲示された。(52) 投票の行方は初日にほぼ大勢が判明した。(53) タイラーの候補者三人が三二五票前後を得た。一方、コーバリーら三人はそれぞれ一二三〇票前後を得た。タイラー一派の敗北は明らかである。しかし、対立候補を擁立したタイラーが擁立を撤回する申し出をしない限り投票は終了しないと法が定めているとの理由で、二日目も投票所が開かれた。(54) 初日の結果に敗北を悟ったのであろうタイラーがここを訪れた。彼は、対立候補の擁立を撤回し、コーバリーらへの反対を撤回し、個人的な立場で行動したわけでもないと自己弁護した。投票所はタイラーの発言を受け、彼が現れてから三〇分投票がなかったため現場責任者の判断で投票受付を終了した。

タイラーによる一連の動きをどう考えるべきか。埋葬委員会と『リヴァプール・マーキュリー』が論じたタイラーの隠された理由というものに基づき彼は行動したのだろうか。もしくは、彼が取り上げた二つの問題を真に問題として認識したため彼はこれらの行動をとったのか。どちらの動機がタイラーを行動させたのかは定かではない。しかしタイラーの動機は別にして、自治体共同墓地における各宗派の埋葬地の配置、そして埋葬委員と宗派の関係は、国教会を中心にしているように見えるが、必ずしもそうとは断言できない脆弱な基盤の上に成立していることが明らかになったとは言えよう。この脆弱さゆえにタイラーによる主張が一定の力を持ったとも言える。

第3節　墓地建設

リヴァプール教区の自治体共同墓地の建設工事はどのように進んだのか。一八六一年八月初頭には、三つのチャペルを建設する業者を公募する記事を埋葬委員会は新聞に掲載した。[55] これに応募したヒュー・イェーツが九月には三つのチャペルの建設契約を交わした。[56] さらに別な業者と三つのチャペルに暖房施設を設置する契約を埋葬委員会は結んだ。少なくとも、チャペルだけが他の建築物などと別に扱われているという点で、共同墓地における優先順位が高かったようだ。

九月末には測量士ゲイが退職した。一〇月に後任のランドスケープ・デザイナーのエドワード・ケンプが就任した。前節で言及したように、八月二九日の教区会に提出されたレポートでは墓地デザインの修正の必要が記されていた。この修正を担ったのがケンプであった。ケンプが修正したデザインに埋葬委員会は高い評価を与え、それを採用した。一〇月四日には、共同墓地に隣接した土地に小屋と建物を建てる業者を公募する記事を埋葬委員会は新聞に掲載した[57]。これらの建物は建築作業に従事する人々が利用したのだろう。公募案提出の締切は一〇月一五日であった。前節で言及したように、一〇月七日には、チャペルを含む建築物を建てる監督に建築物のデザイン・コンペティション公募で一位になったルーシー＆リトラーが任命された。同月、石切工や建築業者が使う仮設道路が作られた。石切工は建設現場から産する良質な石材を切り出すために雇用された。その石材の多くは墓地の建築物に利用された。建設工事はこの頃に始まったようだ。ウォルトン当局との交渉で墓地の境界線も適切に設定され、墓地の囲いが入口を除いて立った[58]。三つのチャペルは各埋葬地の中心に位置することになった。そのうち、一つのチャペルは六二年一月にはかなり建設は進み、他の二つもすぐに同様の域に達するとされた[59]。本格的な墓地の整地作業は六二年二月以降なので、チャペルが建つ土地はさほど整地の作業は必要なく、すぐ建設に取りかかれたようだ。

ルーシー＆リトラーは、六二年一月に正門の墓地側の敷地に固まって立つ予定の事務所、複数の住居、時計塔のデザインを埋葬委員会に提出した[60]。複数の住居とは聖堂管理人（sextons）もしくは庭師の四つのロッジと、埋葬委員会などが利用する事務所と役員が利用する住居を組み合わせた独立した大きな建物であった。これらの建築物は全てこの墓地の建設現場から産出した石材を利用することになった。三つのチャペルと同じくゴシック様式を採用し、建築物の調和に配慮した。これらの建設物の建築契約はチャペル同様ヒュー・イェーツが獲得した。

一方、墓地の土地整備作業は本格化した。二月には「道・歩道作り、整地、土地の調整、深い溝掘り、穴掘り、排水路作りなど」の土木作業を担う総合請負業者（general contractors）を埋葬委員会は公募した[61]。作業案提出の締切は二月一九日であった。公募で選出されたアブラハム・トマスが三月二五日に全般的な土木工事に関する契約を埋葬委員会と交わした[62]。契約には「工事作業は貧民による労働で一部肩代わりされること」との条件が記されている。

共同墓地建設作業が当局による失業者対策として考えられだしたのは、六一年一二月の埋葬委員会の月例会であった。[63] このときリヴァプール市参事会は「天候が悪く、職工や他の人々が失業する場合、埋葬委員会が彼らに共同墓地建設の仕事を提供してもらえないか」と埋葬委員会に提案した。このときは建設契約の問題があるとして埋葬委員会は判断を留保した。六二年三月初頭の会合でも埋葬委員会は、リヴァプール教区における失業者救済用の労働テストを実施するのを手助けするよう教区会から要請を受けた。[64] 労働テストとは教区当局による救済を受ける代わりに被救済者が従事する就労のことである。[65] この要請を教区当局が働く人々の時間を管理し給与を支払うことを条件に埋葬委員会は受け入れた。この受入に伴い、土木作業に関する先の入札を一旦停止し、ケンプがこれらの人々を雇用する調整をした。この調整の結果、一日数百人の仕事を提供できることとなり、就労者には一日当たり、一シリング、パン一塊、家族手当が労働日の午後に提供された。就労者はリヴァプール教区に定住している必要があった。

埋葬委員会は、被救済者たる貧民に日雇い労働を提供することで、貧民監督官、教区会に援助することができ満足していた。労働テストを利用した者の数は一日当たり二七人から五〇〇人にも及んだ。最少の二七人とは労働テストがこの共同墓地建設において実施された最終日の六月六日の人数であった。[66] つまり六月の初頭までは大規模な土木工事が行われていたと考えられる。

こうして土木工事がある程度進行すると建築物の建設も始まった。ルーシー&リトラーによってデザインされた事務所、複数の住居、時計塔の建設が始まった。巨大な階段に似たテラス、約三〇〇〇ものレンガ製の墓ないし納体堂(vault)を、ヒュー・イェーツが建設契約を得て、建設した。国教徒用チャペルの近くのカタコンベを、ソーントン兄弟がその建設契約を確保し建設した。カタコンベの上部には回廊(sorridors)が設置された(本章扉図参照)。こうして主たる建築物の建設も進み、九月五日の教区会に埋葬委員会が提出したレポートでは、埋葬委員会は墓地のオープンを六三年一月初頭と予想した。[67]

しかしその後の工事は少し遅れた。六三年二月末の埋葬委員会の会合で事務所、チャペルなどで使う家具の納入業者がようやく決定した。[68] この頃に建築物の建設工事が完了し、それから家具調度品の設置であった。最終的に三つのチャペル、カタコンベ、正門のロッジ、事務所などが完成したのは三月末から四月初頭だった。[69] 土木工事も同じ頃までかかった。

いよいよリヴァプール教区の自治体共同墓地の完成である。墓地全体の完成を告げる除幕式は行われなかった。それに代えて実施されたのは、四月末から五月初めにかけての、国教会、カトリック、プロテスタント非国教派向けの各埋葬地がオープンする際の式典である。国教会とカトリックの場合は埋葬地での埋葬を可能にする聖別式であり、プロテスタント非国教派の場合は、埋葬地は聖別されないため埋葬地のオープニング・セレモニーであった。三つの式典は国教会が四月二七日（火）、カトリックが四月二八日（水）、プロテスタント非国教派が五月四日（月）に実施された。それぞれ見ていこう。

まず国教会の聖別式である。[70] 司式はリヴァプールを管轄下に置くチェスター主教が担った。聖別式が挙行された四月二七日は強風にもかかわらず多数の参加者があった。集合場所の国教徒用のチャペルは満員であった。集ったのは聖職者、埋葬委員、教区会の関係者、ジェントリ、農場経営者などであった。参加者の多くは完成した墓地を口々に誉めた。正午にはチェスター主教がリヴァプール市長の馬車に乗って墓地の正門に到着した。同行したのは、市長が公務で不在であったため、市長代理のウィリアム・プレストン市参事会員である。主教はチャペルで大勢の出迎えを受けた。聖別式の儀式の様子を地元新聞は以下のように伝えた。

いつもの礼拝は省略された。式は埋葬地を聖別するための通常の祈祷に制限された。祈祷文が読み上げられる前に、主教と聖職者は行列を作り埋葬地用に設定された場所を行進した。一行はチャペルに戻ると、キャンベル教区牧師が主教に埋葬委員会からの請願書を提出した。埋葬委員会の印章が押された請願書は主教による聖別を願い出ていた。この請願書が読み上げられると、主教は続けて聖別の文を読みだした。一行はこの間ずっと立っていた。その後、通常の短い祈祷が祝祷と共に続いた。儀式は終了した。(71)

それから一行は昼食会に臨んだ。主催者は埋葬委員ジェフリーであった。会場は墓地正門にある建物のなかの一つ登録係の事務所であった。ただし参加人数が多かったため、一行は二つに分けられた。つまり、主教、市長代理、埋葬委員が階下の部屋を利用し、他の聖職者は食事室を利用した。食事の際は相互に乾杯を繰り返して、互いを称賛しあった。

国教会の聖別式に続いてカトリックの聖別式を取り上げよう。(72) 司式はカトリック教会のリヴァプール司教区の二代目司教アレクサンダー・ゴスが担った。リヴァプール司教職が一八五〇年に設けられたのに対して、国教会がそれに対応するリヴァプール主教職を設けるのは三〇年後の一八八〇年であった。(73) アイルランド移民の多かったリヴァプールにはイギリスでもカトリック信者が多く、カトリック教会のリヴァプールへの熱意が窺える。聖別式が挙行された四月二八日は昨晩の降雨にもかかわらず、埃が舞う曇りがちの天候だった。一二時が式典が始まる時間だが、それ以前に集まった人だかりはカトリック用チャペルの収容人数の二倍を越えるほどであった。「昨日の国教会の質素な儀式と対照的な」カトリックに特有の華やかな儀式を見物に多くの人が集まったようだ。見物人は別にして、参加者は聖職者と信徒であった。聖別式の儀式を紹介しよう。

一二時に聖別予定地に向かう行列が出発する。その行列は、十字架を持った下級聖職者が先導し、その両脇に従う若者はサープリスを着て、灯のついたランプを持っていた。ランプの一つは強風で消えんばかりだった。行列で続いたのは、香を持つ者、聖職者の一団であった。彼らは後の聖別儀礼に参加する。行列の最後は司教であった。「衆人の注目の的」たる司教は聖職服で正装し、司教冠を被り、右手に司教杖を持ち、その服の裾を若い侍者に持たせた。この順番で行列はチャペルに面する聖別予定地まで進む。聖別予定地に着くと小さい白い十字架が地面に立てられた。その前方に、司教と司教座聖堂参事会長のための、ビロードで覆った椅子とクッションが置かれた。ここで礼拝が長時間行われた後、行列は聖別予定地を行進し、その後に見物人が続く。司教は行進の際に聖水を撒いた。(74)

チャペルに戻った司教は聖別式を祝祷で終わらせることができたにも関わらず、長い演説を行った。というのも聖別式は本来私的なものだけれども、埋葬委員会が公開を求めたため、演説の機会でもあると司教は考えたからである。その演説で司教は、トックステス・パーク教区の自治体共同墓地では採用されなかった、カトリックの聖別地を設けて埋葬地を三分するという方法を採用した埋葬委員会に謝意を表した。さらにリヴァプールの平和のために異なる宗派との共存が必要なこと、今回の儀礼にもきちんとした意味があり嘲笑の対象とすべきでないこと、イギリス人の生得権としてカトリックにも適切な権利が付与される必要などを論じた。

聖別式の後に司教と聖職者は埋葬委員と共に昼食会に臨んだ。主催者はやはり埋葬委員ジェフリーであった。会場は国教会の場合と同様、登録係の事務所の食事室であった。ただし参加者数が国教会の場合ほどには多くはなく、部屋は食事室の一室のみであった。ここでも埋葬委員と聖職者が相互に乾杯を繰り返して、互いを称賛しあった。

カトリックの聖別式に続いて五月四日に挙行されたプロテスタント非国教徒の式典を取り上げよう。(75) 非聖別地には、原理としてはどの宗派の人でも、さらには無宗派の人ですら埋葬可能であった。しかし、国教徒とカトリックはそれぞれが聖別された埋葬地、聖別地への埋葬を望んだ。一九世紀のイギリスでは国教徒とカトリックを除くと、残るのはほとんどプロテスタント非国教徒であった。したがって非聖別地に埋葬されるのはプロテスタント非国教徒ばかりとなった。そこで彼らが非聖別地のオープニング・セレモニーを企画した。プロテスタント非国教徒は、国教徒やカトリックと違い一つの宗教権威を共有する信徒ではなかった。そのため一つの宗教権威によって埋葬地を聖別することは不可能であった。また式典を開催するには、プロテスタント非国教派諸宗派間の事前調整が必要となった。その調整のきっかけを埋葬委員会が提供した。埋葬委員会は墓地の完成が近い三月初頭に国教会とカトリックに属さない全宗派の牧師――事実上プロテスタント非国教徒の諸派の牧師――に新聞広告で埋葬委員会との会合に参加するよう呼びかけた。[76] 会合では非聖別地での葬儀について議論する予定であった。この呼びかけに応じて、三月九日にプロテスタント非国教徒の諸派の牧師一七人が埋葬委員会との会合に臨んだ。[77] 非聖別地での埋葬についての説明を埋葬委員ジェフリーから聞いたあと、牧師たちはプロテスタント非国教徒牧師委員会を設立し、そこで今後の行動について論じ、埋葬委員会にレポートを提出することになった。後日提出されたレポートによると、牧師達はバプティスト派の牧師C・M・バーレルを委員会の書記に選出し、さらには二人の牧師が非聖別地での葬儀を司式することに同意した。[78]

この委員会が非聖別地での式典も先導した。式典を司式したのは委員会の書記バーレル牧師であった。国教会、カトリックに比べて式典の開催期日が翌週にずれ込んだのはバーレル牧師の都合がつかなかったからだ。三つの式典のなかで「最も質素な」この式典には、プロテスタント非国教派の諸宗派の牧師が参加し、チャペルは人で満員であった。主たる参加者は埋葬委員と聖職者などであった。非聖別地での式典の冒頭を紹介しよう。

式は賛美歌「おおヤコブ、その御手で」の斉唱で始まった。それをグリフィス博士が楽譜を見て歌った。つづいて、ウェズレー派のM・C・オズボーン牧師が創世記二三章、コリント人への第一の手紙一五章、テサロニケ人への第一の手紙四章から適切な聖書の引用を読み上げた。[79]

以後の式典はバーレル牧師による長い演説、長老派牧師グリトン博士による祈祷、二度目の賛美歌斉唱と続き、バプティスト派牧師ヒュー・ストーエル・ブラウンによる祝祷で終わった。

注目すべきはバーレル牧師による演説であった。牧師はここ数十年に都心の教会墓地で埋葬が停止され郊外の共同墓地が新設され、墓地の大きな移行が起きたことを紹介した。ただしリヴァプールでは教区民用の共同墓地が今ようやく完成したと、その完成を祝した。またプロテスタント非国教徒は自由を旨とする点で共通するも、各宗派で信仰形態は多様であり、埋葬にもいろいろな方法があり、今回建立された共同墓地のチャペルを葬儀で使わない人もいるとした。埋葬地の聖別については土地は既に神のものであるため聖なるものであり、聖別は不要とした。

式典の後は昼食会である。主催者はやはり埋葬委員ジェフリーであった。会場は国教会、カトリック同様、登録係の事務所の食事室であった。参加者数は国教会の場合ほど多くはなく、カトリックと同じく会場は食事室の一室のみであった。ここでも埋葬委員と聖職者が相互に乾杯を繰り返して、互いを称賛しあった。

三宗派の埋葬地のオープンを祝うこれらの式典の式次第は共通であった。聖別式ないしオープニング・セレモニーの後、昼食会である。しかし、聖別式ないしオープニング・セレモニーには各宗派の特色が出ていた。プロテスタント非国教派の埋葬地の式典が済み次第、墓地で遺体の埋葬を始めるとの告知を埋葬委員会は新聞に掲載した。(80) そして埋葬が始まった。

完成した自治体共同墓地のデーターを紹介しよう。将来の埋葬地拡大に備えたため、購入した土地は約一九〇エーカーにもなった。そのうち埋葬地の広さは七〇エーカー、内訳は国教会が三五エーカー、カトリックが二〇エーカー、プロテスタント非国教派が一五エーカーであった。国教会とそれ以外で分けると埋葬地の面積は同じである。三つのチャペルの収容人員は、国教会用が四〇〇人、カトリック用が二五〇人、プロテスタント非国教徒用が二〇〇人であった。国教会とそれ以外でほぼ等分されている。土地代、建築物の建設費など総支出額は約一四万ポンドにも膨らんだ。(81) 九割近くは借入金で支払い、残りは救貧税と土地の賃貸料収入で賄った。自治体共同墓地が建設されるまで要した期間は、埋葬委員会が設置された一八五六年八月二六日からプロテスタント非国教徒の埋葬地がオープニング・セレモニーを迎えた六三年五月五日までの六年八ヵ月であった。

自治体共同墓地に関してリヴァプール教区とトックステス・パーク教区とを比較するとどうなるか。いち早く自治体共同墓地の建設が完了したトックステス・パーク教区は、約三〇エーカーの墓地を約二万六千ポンドで建設していた。(82) 一エーカー当たり約八六六ポンドである。リヴァプール教区の場合は約一九〇エーカーを約一四万ポンドで建設したのだから、一エーカー当たり約七三六ポンドである。一エーカー当たりの平均支出額にはさほど差がない。しかし面積はリヴァプール教区の自治体共同墓地が約六倍近くも上回った。

おわりに――リヴァプール教区の自治体共同墓地における宗派性――

本章ではリヴァプール教区における自治体共同墓地の建設過程を追うことで、墓地の特性について考察した。自治体共同墓地は建設過程において国教会が脆弱ではあるが中心的な役割を果たすと判明した。具体的には、教区という国教会の組織を活用して埋葬委員会が設置されたこと、それ故に教区牧師が埋葬委員会で重要な役割を果たしたことに表れた。しかし、教区教会墓地という国教会の墓地とは違い、自治体共同墓地では教区牧師の影響力は埋葬法によって限定された。同時に埋葬委員会の権限も限定され、教区教会墓地に干渉することができなかったのはウォルトン共同墓地の件で確認した。教会墓地と自治体共同墓地という二つの墓地が教区牧師を通じて関係を持つなか、教区牧師を委員とした埋葬委員会は、ネクロポリス民間共同墓地の経営への関与、全国の共同墓地に関する調査などによって墓地に関する経験を積み、活動の効率改善に役立てる。こうして埋葬委員会は、墓地デザインでは一位を獲得した建築家の案を採用しないなど、墓地の専門家集団として成長していった。

建設途上の自治体共同墓地ではチャペルのデザイン、建設が優先され、この墓地におけるチャペルの地位の高さが判明した。完成した自治体共同墓地の三宗派の埋葬地は、教会中心に墓地が隣接する教会墓地と同じ構造を持った。つまり、自治体共同墓地の三宗派の埋葬地は埋葬地の中心にチャペルを置いたのである。この構造の同質性は自治体共同墓地が教会墓地から連続している点を示していると言えよう。しかし、教会墓地では墓地が教会の付属物であるのに対して、自治体共同墓地ではチャペルが付属物であり、主従関係が逆転した。さらに三宗派の埋葬地の配置では国教会が優先された。ただし埋葬委員会における国教会の立場と同様、自治体共同墓地の埋葬地においても国教会の埋葬地は絶対的に優位ではなかったのはタイラーの一連の動きから明らかであろう。

さらにイギリスのなかでもカトリックが多いリヴァプールならではの対応を埋葬委員会は実施した。つまり、カトリックの司教によって聖別された埋葬地を、リヴァプール市で最初の自治体共同墓地であるトックステス・パーク教区の墓地が設置しなかったのに対して、リヴァプール教区の場合は設置した。これは、アイルランド移民の急増を背景に勢力を増すカトリック信者へのリヴァプール教区の埋葬委員会による配慮であった。

三宗派の埋葬地の面積は国教会用が三五エーカーであり、他の二宗派も三五エーカー（カトリック教徒用が二〇エーカー＋プロテスタント非国教徒用が一五エーカー）と等しかった。チャペルの収容人員も国教会用が四〇〇人、それ以外が四五〇人（カトリック教徒用が二五〇人＋プロテスタント非国教徒用が二〇〇人）とほぼ等しい。国教会とそれ以外が埋葬地の面積とチャペルの収容人員でほぼ等分になるように分けられていた。これらのことが何を意味したのかを、次章で全国の自治体共同墓地の建設過程と共に検討したい。

第2章
自治体共同墓地建設

ロンドンのセント・メリルボーン教区が有する自治体共同墓地での聖別式で、国教徒用チャペルに向かう一行。
出典　*The Illustrated London News*, vol.25, no.732, 1855, p.245.

はじめに――墓地の史料としての『ビルダー』――

本章ではイングランドおよびウェールズにおける自治体共同墓地の建設過程に注目する。前章で確認できた事柄との関わりを意識しつつ、宗教の形、並びに宗教と公権力の関係について独自の視点を示したい。

史料として全国新聞『タイムズ』に加えて、建築雑誌『ビルダー』を本章では主として用いる。『ビルダー』は建築史の研究以外では史料として利用されているとは言えないので解説しておく。

『ビルダー』は週刊の建築雑誌である。一八四三年に創刊されたこの雑誌を一流の建築雑誌に育て上げたのは、一八四四年から八七年まで編集長を勤めたジョージ・ゴドウィンであった。この期間の『ビルダー』は、都市における衛生と住宅の改善を積極的に主張した雑誌として知られている。特にゴドウィンによる同様の記事には大きな反響があり、彼は後にその内容を基とした三冊の書物を公表した(1)。つまり、この時期の『ビルダー』は、新たな建築物や建築技術に関する報告を行う専門雑誌というだけでなく、社会改良までも視野に入れた雑誌であった。このように専門家が専門雑誌を通じて社会改良を訴えたことは建築の世界だけに限らない。一九世紀中葉の医学の分野でも『ランセット』、『英国医学雑誌』といった専門雑誌が社会改良に大きく貢献した(2)。建築や医学といった技術が社会制度を改良する目的で、とりわけ都市行政に採用されたのがこの時期である。

一九世紀中葉にこのような大きな影響力を持ったことに加えて、『ビルダー』は同時期の建築物の実状を知らせてくれる「貴重な情報源(3)」である。高い利用価値は記事だけでなく、図版にもある。利用者への便宜をはかるべく、ゴドウィンが編集長を勤めた時期にほぼ対応する期間に『ビルダー』に掲載された図版の総索引が刊行されている(4)。

『ビルダー』に掲載された図版に研究者が注目するのは何故なのか。それを知るためにはこの時期における図版のメディアとしての位置を考える必要がある。『パンチ』や『イラストレイテッド・ロンドン・ニュース』といった、文章より図版を主眼にした雑誌が刊行され隆盛を誇ったのが一九世紀中葉である。図版を主体とした雑誌は一九世紀のポピュラー・メディアと言えよう。『イラストレイテッド・ロンドン・ニュース』の成功を踏まえ、図版を重視するスタンスを掲げ『ビルダー』もほぼ同時期に創刊された。(5) 創刊号の副題の冒頭には「イラストレイテッド・ウィークリー・マガジン」とある。(6)

統治と緊密な関係を持つ社会改良までも視野に入れた幅広い報告記事、並びに大衆向け出版物の特徴である図版という二つの一九世紀中葉の出版物の特徴を代表するのが『ビルダー』である。その記事内容は、「当時掲載されていたと現在の建築雑誌からは夢にも思われないだろうトピックにまで」広がっているために研究者の耳目を集めるのである。(7)

このような特徴を持つ『ビルダー』は、自治体共同墓地の建設を検討する本章にとって極めて有益である。それは同誌が自治体共同墓地の建設過程と完成形に関する情報、つまり建築の専門雑誌が報告する情報だけではなく、建設に付随する周辺の情報までも報じたからである。さらには建築物そのものの図版も利用できる。

第1節　自治体共同墓地の建設準備

埋葬法を受けて多くの既存の墓地で埋葬が停止された。埋葬を停止した墓地は、内務省の報告によると、一八五三年から七五年まで、ロンドンで三二〇に上った。(8) 同様に一八五四年から七五年までロンドンを除くイングランドおよびウェールズで二八四八に上った。[9]埋葬法施行直後はどうか。同じ報告によると、埋葬を停止した墓地の数は一八五三年のロンドンだけで二一三に上った。またイングランドおよびウェールズでは五四年だけで九〇〇に上った。墓地の総数が不明なため、墓地全体に対する埋葬停止墓地の割合はわからないものの、これらの数からその影響の大きさが窺える。とりわけ、埋葬法施行直後の埋葬停止墓地の数の多さは目を引く。

埋葬停止措置は基本的に内務省の命令によった。ただし常に一方的に命じたわけではなかった。内務省に対して各地域から特定の墓地における埋葬停止の申請がなされ、それに基づき内務省が埋葬停止命令を出すこともあった。例えば一八五二年の九月から五四年二月まで、ロンドンでは、教区会、貧民監督官、埋葬委員会、住民グループや個人までも埋葬停止を内務省に申請した。[10]公的な組織や公的な職に就いている人だけでなく、一住人までもが申請したのである。

多くの墓地で埋葬が停止されたため、各地域で墓地不足が生じ、墓地の建設が促された。『ビルダー』にも、教会墓地での埋葬停止と自治体共同墓地の建設を求める記事が多く掲載された。グロスタシァのセント・ジョージズの牧師は「教区教会墓地は二年前から遺体でほぼ一杯であった」と説明して、墓地での埋葬停止を求めた。また彼は、その結果生じる墓地不足に対応すべく「共同墓地を提供するための方策」を教区会に要求した。[11]コーンウォルのウェスト・ルーでも教区教会の牧師補が、遺体で溢れた教区教会墓地での埋葬停止と墓地の新設を求めた。さらに彼は「腐敗した遺体から生じる汚染されたガスのため、神聖なる教会が人々の礼拝にふさわしい場ではなくなっている」と語った。つまり、教区教会の運営に、併設した墓地が妨げとなっていたのである。[12]二人の教区教会の聖職者は教区教会墓地の管理者として過剰埋葬の現実に直面していたために、これらの記事を寄稿したようだ。

遺体が多く埋葬された墓地における埋葬停止を受けて、多くの地域で自治体共同墓地の建設が求められた。しかし墓地の新設要求には、墓地の埋葬停止を直接の要因としない場合もあった。リヴァプール教区の埋葬委員会は、自治体共同墓地への埋葬をリヴァプール教区に住む教区民だけに限定した。そのため、埋葬を拒否されたリヴァプール教区の近隣教区に住む人々は、複数の教区で連合を組み、自前の自治体共同墓地を建設した[13]。この事例では、自治体共同墓地に埋葬される人は墓地を所有する教区民のみに限定された。この教区民の埋葬の権利が、ある墓地での非教区民の埋葬拒否と、さらなる教区民用の墓地新設を促したのである。

これらの具体例で示したように、既存墓地での過剰埋葬、教区教会墓地に遺体が多く埋葬され併設した教区教会の運営に支障を来したこと、そして教区民の埋葬の権利といった理由で自治体共同墓地の設立が要求された。要求に対応すべく埋葬委員会が教区会を主とする組織によって設置された。

教区会において教区教会の聖職者が議論をリードし、埋葬委員会の設置に尽力することもあった。ロンドンのロザハイト地区のセント・メアリ教区では、牧師が提出した墓地新設の動議を受け入れて教区会は以下の意見を採択した。「本教区会の意見として、ロザハイトのセント・メアリ教区に住む人々の利害を考慮し、教区民が使用する公的な埋葬地を提供する措置が取られることが望ましい[14]」。

さらに教区会によって設置された埋葬委員会でも目立つのは、聖職者のイニシアチブであった。イングランド北東のビショップ・オークランドで設置された埋葬委員会の委員長は、教区教会の牧師補であった[15]。

このように教区教会の聖職者は教会墓地での埋葬停止、さらには埋葬委員会の設立、運営に積極的に関与した。この積極的関与の一つの理由は、彼らが、教区民の葬儀の司式と埋葬から収入を得るという経済的な利害を、教会墓地と自治体共同墓地に有していたからだろう。前章のリヴァプール教区でも教区牧師が設立後間もない埋葬委員会で積極的な役割を果たした。

もっとも教区教会の聖職者は、教区会という教区の自治を担う機関で高い地位にしばしば就いていた。例えば教区教会の聖職者が教区会の議長となることは一九世紀中葉には広く見られた。[16] したがって教区教会墓地での埋葬停止、さらには埋葬委員会の設立・運営に積極的に教区教会の聖職者が関与したのは、聖職者自身にとって墓地が必ずしも経済的に重要であったからだけとは言えまい。教区の自治において伝統的に大きな役割を果たしてきたために教区教会の聖職者は、リーダーシップを発揮せざるを得なかったとも言える。ただし、多くの地方団体が特定の目的のために設立されたために、教区の自治機関としての教区会が職務の多くを失い、総合統治体(general government)ではなくなったという指摘もある。[17] かつて教区会で自治に積極的に関わった教区教会の聖職者は失った地位を取り戻すべく、埋葬委員会などに積極的に参加したとも考えられる。

こうして教区教会の聖職者は、経済的な必要性から、また教区の自治における役割から埋葬委員会の設立と運営を主導することが多かった。設立された埋葬委員会はまず土地の確保に努めた。土地を確保する一般的な方法は購入であった。ハーフォードシァのリクマンズワースでは埋葬委員会が、故ロンドン主教の受給聖職者領地から二エーカーの土地を購入した。[18] 土地の購入取得に時間を要することもある。ロンドンのニューイントンの埋葬委員会は土地探しに一〇年も要した。[19] 土地を確保するには、購入以外にも、寄贈を受けたり、土地の用途を墓地に転用するという手段もあった。イングランド北部ランカシァのダーリントンは地元の名家ピース家から土地を寄贈された。その土地は「労働者が、大変な出費と不便を伴う、遠方での埋葬を強いられないように」と語ったジョゼフ・ピースの意向を汲んで、彼の死後、息子が寄贈したものである。[20] 土地の用途を墓地に転用したケースとして、ハーフォードシァ南西部の町では、何の用途に充てられていた土地であったか明記されていないが、教区が所有するその土地からの利益で教区教会をこれまで修復してきた。その土地を建設予定の自治体共同墓地に転用することが検討された。[21]

土地を確保する前であれ、後であれ、埋葬委員会が自治体共同墓地の候補地を地元住民に公表することで問題が発生したこともある。ロンドンのハムステッドやクロイドンでは自治体共同墓地の候補地が住居に近すぎるとして近隣住民が反対した。(22)このような候補地における住民と埋葬委員会の対立の仲裁を試みたのは、内務省の医埋葬部門査察官であった。前述のハムステッドで実施されたように、医学査察官が現地調査を行い、問題の解決を試みた。現地調査で問題を仲裁できない場合は、報告書を作成し、それを内務省に提出し、問題の判定を仰いだ。

土地確保と近隣住民への対応と並んで埋葬委員会が取り組んだのが墓地のデザインの決定であった。デザインは埋葬委員会の委員が作成する場合と、(23)埋葬委員会による建築家を主な対象とした公募で選定される場合に分けられた。前者の場合、その作業は埋葬委員会の内部で完結したのに対して、後者の場合、内部で完結しなかった。つまり、新聞などに掲載したデザイン募集の知らせ、それに応じた人々からのデザイン案の提出、そして公募結果の公表など、その作業には埋葬委員会の委員以外の人が多く関与することになった。そのことは史料にも反映している。デザインを埋葬委員会の委員が作成する場合に比べ公募する場合の方がより多くの情報、記事を史料として入手することができた。

デザイン公募では、公募に応じて提出された作品から一位の作品が採用されるとともに一位から二位ないし三位ぐらいまでは賞金が与えられた。(24)前章で言及したように、一位に一〇〇ポンド、二位に五〇ポンド、三位に三〇ポンドの賞金を一八六〇年に与えたのは、一〇万ポンドの墓地建設費用を予定したリヴァプール教区の埋葬委員会であった。(25)

デザインの公募に際してしばしば問題が発生した。まずは公募基準、特に設定された工費の上限が守られないという問題があった。ロンドンのセント・メリルボーン教区では、公募で採用された案の建築が、公募時に示された上限額を超過した工費を要すると工事の見積もり段階になって判明した。(26)公募参加者の参加資格の問題もあった。オーバー・ダーウェンの自治体共同墓地のデザイン公募で、三一もの応募作品から一位に選ばれたのは、応募作品の採否を決定する埋葬委員会の委員でもあった測量技師の作品であったため、公募の公平性が疑われた。(27)

このようにデザイン公募に関しては、工費の上限額超過や公募の公平性への疑問などの問題の存在が判明する。問題の頻発は、公募という方式が自治体共同墓地のデザインを決定する際に多用されていたことに一因があると言えよう。この多用が次の記事で問題視された。安価な自治体共同墓地を求めた埋葬委員会によるデザインとその建設業者の公募が、建築家に過剰な競争を強いているという一八五五年の埋葬委員会批判の記事である。(28)確かに建築家がその技術を競うだけなら公募にも利点はあろう。問題は、一定の予算の範囲内、しかもより安価な工費で墓地を建設することを埋葬委員会が望んだことであった。特にこの記事が掲載された一八五五年は、前述したように各地の既存墓地で埋葬が停止された埋葬法施行後間もない時期であった。そのため墓地不足に対応すべく墓地の建設が相次ぎ、建築家は多忙を極めたであろう。そして多忙のあまり、デザイン作成時の工費見積もりと、実際の建設時の工費との間に看過できない差額が発生するなどの問題が生じたのではないか。

デザイン公募の多用に加えて、自治体共同墓地の敷地が広く、その上に複数の建築物が建ったことは、デザイン作成の分業を促した。デザインは墓地の全体を対象とする場合もあれば、(29)その敷地、(30)さらには個々の建物を対象とすることもあった。(31)では自治体共同墓地はどのように構成されていたのか、次節で検討しよう。

第2節　自治体共同墓地の建設

自治体共同墓地の構成、並びに建設経緯はどのようなものであったか。墓地のデザインが決定した後に埋葬委員会が取りかかるべきは、建築業者の選定であった。選定は競争入札によることが多かった。バーミンガムでは、一一社の入札参加社のうち最低価格を提示したある会社が工事を落札した。[32] またサセックスのイースト・グリンステッドでは、七社の入札参加社の入札額が公開され、最低価格を提示したある建築業者が工事を落札した。[33]

工事は落札した建築業者が受注したけれども、現場監督にはデザイン作成者が埋葬委員会によって任命されることが多かった。先に言及したバーミンガムの事例ではデザイン作成者が現場監督となった。[34] 前章で言及したように、リヴァプール教区の自治体共同墓地の建設では、埋葬委員会がデザイン作成者を現場監督に任命しなかったことを、慣例に反していると当のデザイン作成者が批判した。[35]「デザイン公募で勝利した私は、私のデザインを建築するさいに私が監督をするよう、埋葬委員会がいつものやり方に従って命じると強く期待していた」。しかしデザイン採用案の建築に現場監督として取りかかるよう埋葬委員会が命じたのは、デザイン公募で敗れた人物であった。この任命をデザイン作成者は「最初で、最後であって欲しい」と強く反発した。これらの批判からは、デザイン作成者が現場監督に任命されることが当然であったという認識を読みとることができる。

現場監督が決まり、建設業者も決まると自治体共同墓地の建設が始まった。建設中の一つの節目がチャペルの定礎式であった。チャペルは埋葬前の遺体を安置し、葬儀を行う場として自治体共同墓地には常に併設された。墓地の定礎式は行われず、そこに建設されるチャペルの定礎式が挙行された。しかも礎石を置いたのは、例えば、バーミンガムでも、ダーリントンでも市長であった。[36] 常にチャペルの定礎式を市長など自治体の長が主催したと断言はできないが、チャペルが自治体共同墓地にとっていかに重要であったかを示していたと言えよう。

建設工事完了後の自治体共同墓地にとっての節目は聖別式であった。ロンドンのハムステッド教区に建設された墓地での聖別式を伝える記事を紹介しよう。

昨日の午後、ハムステッド教区用の新共同墓地が通常の儀式でもってロンドン主教によって公式に聖別された。主教は、主教付のチャプレン、主教区登録官を従え、墓地の正門で出迎えを受けた。出迎えたのは、教区教会の牧師補（シェラード・バーナビー牧師）、埋葬委員会委員長（P・ル＝ブルトン氏）、分教区の教会の聖職者、聖歌隊、多数の教区民であった。一緒になった一行は、墓地の中央にある南側のチャペルへ向かった。チャペルでは墓地の聖別の請願書が主教に手渡された。請願書は主教区登録官によって読み上げられた。主教、聖職者、集まった信徒は聖別予定地に向かった。そこでは聖歌隊が詩篇の第一六篇と第四九篇を歌った。それから主教は祈祷文を読み上げた。それはロンドン主教区の儀式に従った『教会墓地ないし共同墓地の聖別の文言集』からの祈祷文であった。いつもの午後用の礼拝がその日のため続けて実施された。そこでは、その日のための特別な詩篇と日課が通常の詩篇と日課に代えられた。それからハムステッド聖歌隊によって賛美歌が歌われた。(37)

この記事から明らかなように、聖別式は主教が司式をした。主教はチャペルで聖別の依頼を受け、聖別予定地で聖別式を執行した。『教会墓地ないし共同墓地の聖別の文言集』が作成されていたことから、聖別式には一定の形式があったようだ。聖別式の参列者は、教区教会の聖職者、埋葬委員会の委員、教区民などであった。同じロンドンのセント・メリルボーン教区の聖別式でも主教が司式し、ほぼ同様の人々が参列した(38)（本章の扉図参照）。聖別式に参加した教区教会の聖職者は、前節で論じたように、埋葬委員会と共に自治体共同墓地の建設を主導した。聖別式では、教区教会の聖職者だけでなく、埋葬委員会の委員までも参列し主教の権威に服した。主教の権威の大きさが窺える。

聖別式には、教会法、議会法のいずれの歴史的経緯からも正当性がないという批判が、埋葬法の施行直後からあった(39)。にもかかわらず聖別式が常に実施されたのは、埋葬法と国教会が自治体共同墓地に持つ影響力の大きさによるのだろう。この儀式によって、国教徒用の埋葬地たる聖別地が成立する。そして聖別地で国教徒の遺体の埋葬が始まる。聖別式を司式したのは主教であるが、その主教は該当する自治体共同墓地が立地する主教区の主教であることが通例であった。サリ州のエプソムに新設された自治体共同墓地の聖別式は、サリ州も管轄するウィンチェスター主教区の主教が司式した。[40] 先に引用したロンドンのハムステッドではロンドン主教が司式した。[41] しかしアクスブリッジの自治体共同墓地では、当該主教区の主教たるオックスフォード主教が病気欠席のため、近隣のロンドン主教が代わりに司式した。[42] 当該主教区内の下級の聖職者による司式ではなく、他の主教区であっても、やはり主教が司式をする点に、聖別式の宗教儀礼上の高い位置付けが見て取れる。

主教が聖別式に持つ権力の大きさは次の事件が例証する。ハーフォードシァの町リクマンズワースには、主教による聖別式が終われば埋葬を開始できる自治体共同墓地があった。[43] 埋葬委員会は聖別地の境界線の囲いとして「幅二〇フィートの砂利道」を設置した。しかし墓地の立地する主教区の主教であるロチェスター主教は、この囲いを不十分として聖別式の司式を拒んだ。彼は、代わりの囲いとして「石、フリント石、煉瓦、鉄のいずれかによる塀」の設置を埋葬委員会に求めた。しかし要求を埋葬委員会は拒否し、主教と対立した。

デヴォン州のティヴァートンの埋葬委員会による自治体共同墓地も、埋葬開始まで主教の聖別式を待つだけであった。[44]「高さ一フットの小さな塀」が聖別予定地を囲っていた。しかし、この塀が「十分な高さではない」として主教は聖別式の司式を拒否し、「十分な高さの塀」を設置するよう埋葬委員会に要求した。この要求を埋葬委員会は拒否し、主張の正当性を巡って主教との裁判に到った。

リクマンズワースでもティヴァートンでも、その後どのような結末に到達したかは残念ながらわからない。ただし、これらの対立は容認されていた慣行に主教が異議を唱えたため発生したように思える。つまり、聖別地の境界線としては、二人の主教が求めた高さのある囲いではなく、「幅二〇フィートの砂利道」などの道、ないし「高さ一フットの小さな塀」などの低い囲いが広く容認されていたのであろう。実際、先のリクマンズワースの埋葬委員会は、近隣の幾つかの自治体共同墓地における聖別地の境界線の囲いを事前に調査し、十分だとして「幅二〇フィートの砂利道」を設置していた(45)。また聖別地の境界線の囲いが道であった事例は多い(46)。境界線をはっきりさせないという慣行に、二人の主教は反発したと言える。

聖別地の境界線の明示に固執した二人の主教は、慣行に反しつつも要求実現のため聖別式の司式を拒否するという強硬策に出た。そもそも自治体共同墓地の建設、運営を担うべき埋葬委員会が主教の意向で活動を停止したことをどう理解すべきか。一九世紀において国教会は国家から制度上切り離されていった。その間に国教会は多くの権限を喪失する。出産、結婚、死亡の登録に関して国教会は、一八三六年に成立した登録法によって独占的地位を喪失した(47)。つまり同法により、出産、結婚、死亡の登録を国教会の聖職者が専権的に引き受ける必要はなくなった。それらの登録は、非国教会の宗派の聖職者ないし登録法で導入された登録官が担うことも可能になった(48)。

自治体共同墓地を含む共同墓地に関するラカーの研究も、共同墓地の新しさに注目し、共同墓地と、国教会ひいては宗教との断絶を強調した。つまり彼は教会墓地を国教会と深い結びつきを持つとする一方で、共同墓地を国教会と結びつきから解放されたものとして理解した(49)。

しかし自治体共同墓地が国教会、宗教の影響力を一掃したという理解は有効であろうか。そもそも自治体共同墓地の起点は墓地全体の開設を告げる除幕式ではなく、主教による聖別式であった。聖別地の成立には聖別式が不可欠であるのに対して、除幕式は実施されることが稀であった(50)。聖別式によって自治体共同墓地は埋葬の場として利用が始まった。自治体共同墓地は国教会によって生み出されたのである。

自治体共同墓地が聖別式を経過しても、その敷地全体が聖別地となるわけではなかった。埋葬地のうち一部が聖別地となるだけであった。残りの埋葬地は聖別をされていない非聖別地として残った。非聖別地は聖別地のように特定の宗教的儀式を経ることはなかった、いやできなかった。聖別地が、国教会という一元化された宗教的権威を持つ国教徒を埋葬の対象としたのに対して、非聖別地は、共通の一元化された宗教的権威を持たない、非国教徒を埋葬の対象としたからである。非聖別地での非国教徒の埋葬は起点が曖昧である。[51]前章で取り上げたリヴァプール教区では、埋葬委員会による連絡によって、プロテスタント非国教徒の諸派に属す牧師が召集された。彼らは協議の後に、主にプロテスタント非国教徒が埋葬される非聖別地でのオープニング・セレモニーを挙行した。同じリヴァプール教区の自治体共同墓地ではカトリック専用埋葬地も設定された。しかしリヴァプール市で最初の自治体共同墓地であるトックステス・パーク教区の墓地では、カトリック専用埋葬地が設定されなかった。聖別地が主教による聖別式を経て成立するのに対して、他の埋葬地の設立経緯は曖昧である。

一九世紀中葉における教派別の人口比はどのようになっていたのか。それを知る一つの手がかりが一八五一年のセンサスである。それによると、調査日〔一八五一年三月三〇日（日曜日）〕の朝、昼過ぎ、夕方における礼拝出席者数は、イングランドおよびウェールズにおいて、教派別に多い順に、約四九四万人〔礼拝出席者の中の比率（以下略）、約四七パーセント〕が国教徒、約四八六万人（約四七パーセント）がプロテスタント非国教徒、[52]約三七万人（約四パーセント）がカトリック教徒、約二六万人（約二パーセント）が諸派であった。[53]礼拝出席率の問題はあるものの、一九世紀中葉には、国教徒に匹敵するほどの数のプロテスタント非国教徒がおり、第三の勢力たるカトリック教徒はまだ極めて少なかったというおおよその目安は立つ。また礼拝出席者数を基準にする限り、プロテスタント非国教徒、カトリック教徒、諸派などを含んだ非国教徒の数（約五四九万人）は国教徒の数（約四九四万人）を上回った。

自治体共同墓地の埋葬スペースを分ける聖別地と非聖別地に関して、それぞれの面積はどのような関係にあったのか。一八五五年から五九年までにイングランドおよびウェールズで四二五箇所の自治体共同墓地が建設された。[54]面積は、三五六箇所の墓地で聖別地が非聖別地を上回り、五八箇所の墓地で聖別地と非聖別地が均等であり、八箇所の墓地で非聖別地が聖別地を上回った。他には、聖別地と非聖別地の存在を確認できるけれど、それぞれの面積が不明である墓地が三箇所あった。聖別地と非聖別地の面積では、国教会優位は明らかである。これは直接的には、墓地の建設に教区教会の聖職者や主教が主体的に関与したことの一つの結果であろう。より巨視的には国教会の他宗派に対する優越を保証する国教会体制に負っていたのだろう。しかも国教会とは異なり、非国教徒の諸宗派の聖職者の関与は表に出て来にくい。それは、非国教会の諸宗派の聖職者が共通の一元化された宗教的権威を持てないことが一因である。

この国教会優位体制において、聖別地と非聖別地の面積が均等な墓地が建設されたことをどう考えるべきか。聖別地が非聖別地を上回った三五六箇所の墓地は四二五箇所の新たな墓地の約八割強を占めた。しかし、先に述べたように、一八五一年のセンサス調査日におけるイングランドおよびウェールズにおける礼拝出席者数は非国教徒が国教徒を上回った。それなら、非聖別地が聖別地を面積で上回る墓地の数が八箇所では極めて少ないのではないか。もっと多く建設されてもいいのではないか。したがって、教派別の人口比に応じて墓地は建設されなかったのだろう。聖別地と非聖別地の面積が均等な五八箇所の墓地は、もっと別な理念を表しているようだ。つまり、自治体共同墓地において、国教徒の墓地と非国教徒の墓地が共に遜色なく並立しあうという試みが、極端な形で表れたのではないか。前章で取り上げたリヴァプール教区の自治体共同墓地でも、三宗派の埋葬地の面積は国教会の聖別地が三五エーカーに対して、他の宗派が利用する非聖別地も三五エーカー（カトリック専用埋葬地二〇エーカー＋プロテスタント非国教徒を主に埋葬する埋葬地一五エーカー）と等しい。リヴァプール教区でも、国教徒の墓地と非国教徒の墓地が共に遜色なく並立しあうという理念が埋葬地の面積に関して実現した。

聖別地の境界線の囲いでも、前述したように、道ないし低い囲いによる境界線が一般的であった。このような聖別地は非聖別地との差が強調されないだろう。聖別地の境界線のあり方も国教徒の墓地と非国教徒の墓地を遜色なく並立さす試みの一環のようだ。つまり、埋葬スペースにおいて、聖別地と非聖別地という埋葬スペースが共に設定されただけでなく、聖別地に道ないし低い囲いで境界線を設けることで聖別地と非聖別地との差を打ち消し、両者の同質性までも示したのである。

自治体共同墓地での国教徒の墓地と非国教徒の墓地の並立を考える上で聖別地と非聖別地の境界線の囲い、面積以上に示唆的なのがチャペルである。前述したようにチャペルでは定礎式が建設中の節目として実施された。チャペルは、聖別地と非聖別地のそれぞれに埋葬される遺体を一時安置し葬儀を行うため、二つ設けられた。具体的に見ていこう。

ロンドンのシティ当局が所有する自治体共同墓地がエセックスのリトル・イルフォードに建設された[55]。シティ内に土地を確保できなかったので、シティの外に設けられたようだ。聖別地に対応するチャペル、つまり国教徒用のチャペルはゴシック様式で建設された（図1）。ゴシック様式とは一九世紀の前半を中心に復興した建築様式であった。中世の建築に範を求めた。その建物は全体として鋭角的な構造となった。ゴシック様式は教会の建築様式にも取り入れられ、特に国教会の教会でしばしば採用された[56]。建築におけるこの流れを受けてこの国教徒用チャペルは建設されたようである。では非聖別地に対応したチャペルはどうだったか。このチャペルは正面の辺のみ手前に突き出た、八角のプランを持った（図2）。チャペルが八角のプランを持ったのは、実質的にここを利用する人々の多くがプロテスタント非国教徒であったのであろう。というのも八角のプランを持った教会は、プロテスタント非国教徒の教会建築の一つの伝統でもあったからである[57]。シティが有する自治体共同墓地の二つのチャペルは、このように教会建築における流れを反映していた。

シティに次いで取り上げるのは、同じロンドンのランベス教区が所有した自治体共同墓地である[58]（図3）。この墓地もランベス教区内に土地を確保できなかったので、その外であるトゥーティング教区に設けられた。図3

図２　シティの自治体共同墓地にある
非聖別地のチャペル
出典：*The Builder*, vol.14, 1856,p.31.

図１　シティの自治体共同墓地にある
国教徒用チャペル
出典：*The Builder*, vol.13, 1855, p.579.

図３　ランベス教区の自治体共同墓地
出典：*The Builder*, vol.12,1854, p.223.

の中心左側に国教徒用チャペルがある。ポーチの上に塔が付属した。塔を設けたのはゴシック様式の影響であろう。国教徒用チャペルの向かいに、非国教徒を対象としたチャペルがあった。このチャペルの右端が図3では切れているので完全にはわからないが、外観が国教徒用チャペルと類似していた。塔の有無が主たる違いである。

次はバーミンガムの自治体共同墓地のチャペルを見てみよう（図4）。中央に二本の塔がそびえ立った。左側の塔を含む建物群はその平面図である図5と照応すると、塔、チャペル、廊下、遺体安置所、廊下、控え室が順に隣接した。右側の塔を含む建物群は同様に図5と照応すると、塔、チャペル、控え室、廊下、遺体安置所が順に隣接した。チャペルに埋葬前の遺体を安置するのではなく、専用の遺体安置所が作られた。解説記事には、図4に描かれたどちらのチャペルが国教徒用チャペルか、非国教徒用のチャペルなのか明記されていない[59]。また二つの建物群で遺体安置所と控え室が対照に配されていなかった。しかし、全体として二つの建物群は、同じ機能を果たし、かつ外観が類似していたと見ることができよう。また両チャペルに塔があったということは、非国教徒を対象とした塔のないチャペルに対して、国教徒用の塔のあるチャペルというチャペル建築の流れを否定していたようにも見受けられる。塔が両チャペルに配されたのも、二つの建物群の同質性を強調するためだろう。

最後にロンドンのパディントンに新設された自治体共同墓地を取り上げよう[60]。敷地の中心に建設されたのが、二つのチャペルを連結した建物である（図6）。この建物の平面図である図7によると、建物の両脇から、チャペル、ポーチ、ゲートウェイ、式服着替え室が並んだ。中央には塔があった。二つのチャペルのうち窓が一つしかないものが国教徒用チャペルであった。両チャペルは前面の窓の数や形が違うだけで、極めて同質性が高い（同種の連結チャペルは結論の扉図参照）。

これらのチャペルの事例から明らかであろう。二つのチャペルは並立しつつ、その同質性も視覚に訴える形で建築されたのである。そのためには、チャペルの形や塔の有無といった教会建築の伝統を無視することさえ往々にして起きた。確かに聖別地と非聖別地においても均等な面積という方法で、国教徒の墓地と非国教徒の墓地が

図４　バーミンガムの自治体共同墓地にあるチャペル
出典：*The Builder,* vol.20, 1862, p.11.

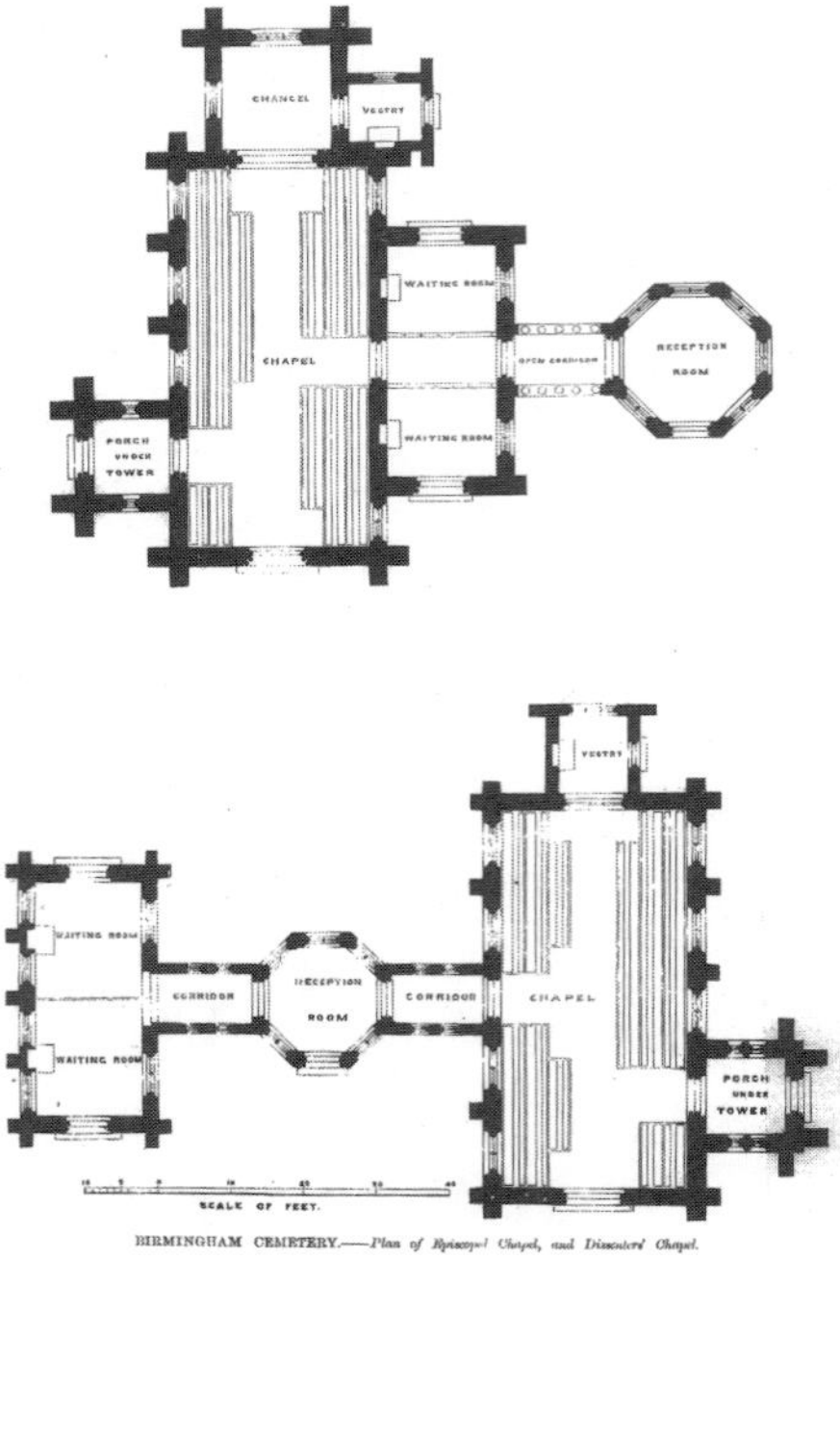

図５　図４のチャペル平面図
出典：*The Builder,* vol.20, 1862, p.10.

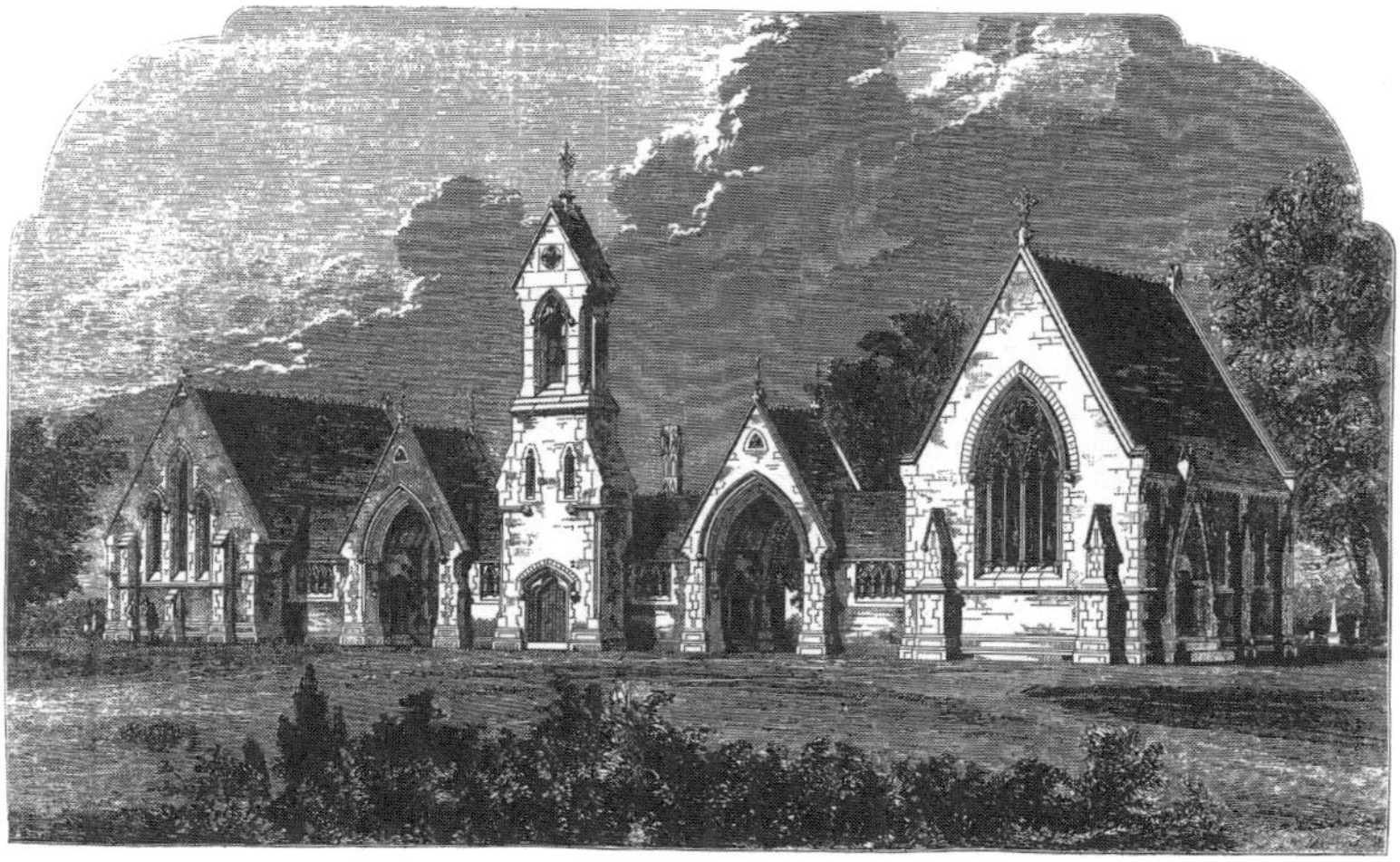

図６　ロンドン、パディントンの自治体共同墓地にある連結チャペル
出典：*The Builder*, vo. 13, 1855, p.403.

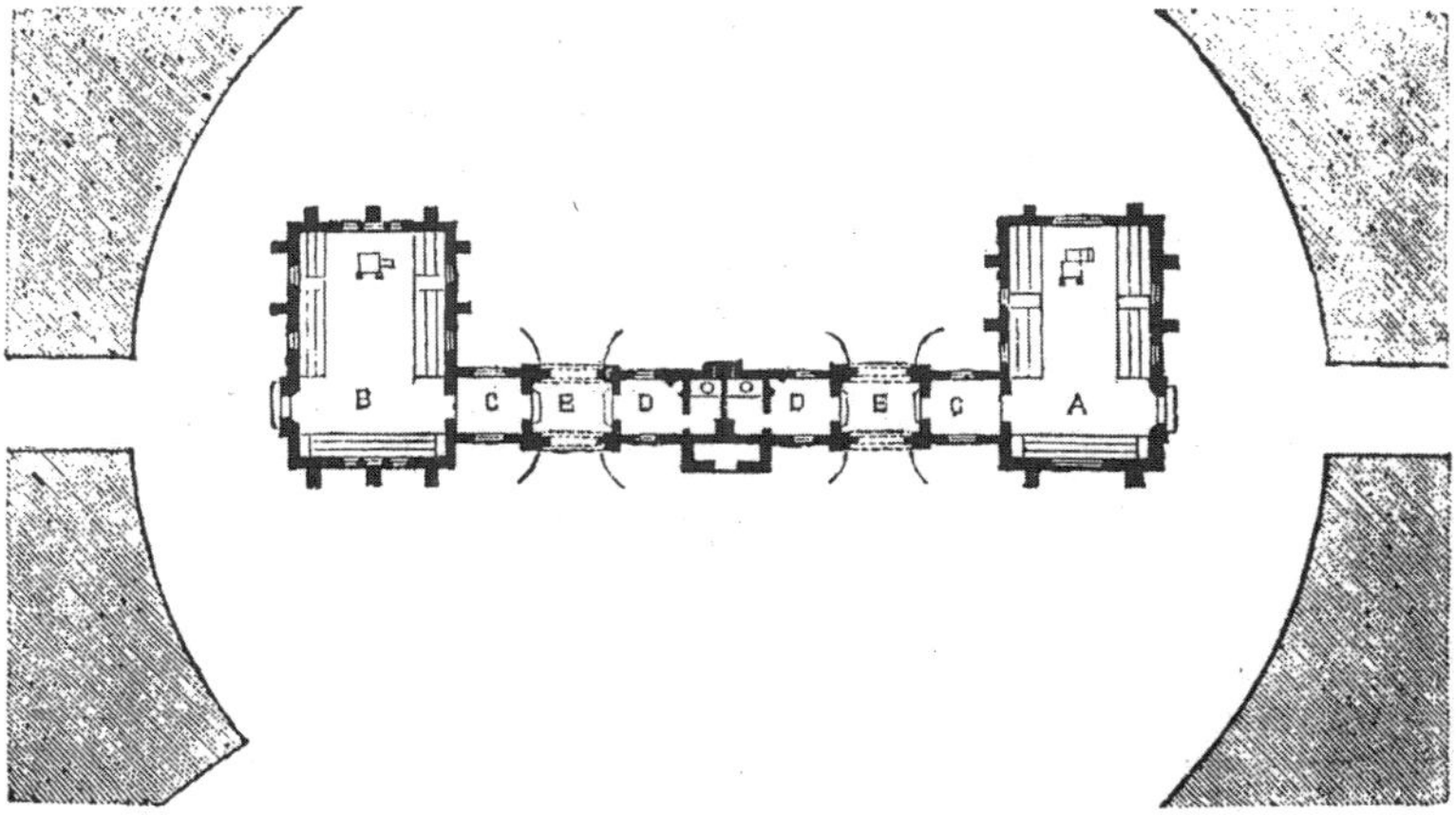

図７　図６の連結チャペル平面図
出典：*The Builder,* vo.13, 1855, p.402.

並立しあうという状況が生じた。しかし、面積の均等は、各地域での国教徒と非国教徒の人口比に応じた埋葬者が必要とする埋葬スペースを確保できなくなる可能性があったため、実現は容易ではない。また聖別地に道ないし低い囲いで境界線を設けることは、聖別地と非聖別地の同質性を示す方法として容易ではあるが、さほどインパクトはなかっただろう。これらの方法に比べて、二つのチャペルでの同質性の追求は容易であり、かつ明確な意志表示となった(71)。

同質な二つのチャペルについて、「無駄な出費として認識されている、共同墓地のそっくり同じのチャペルに代えて、一つのチャペルで全キリスト教徒が満足すればいいのだが」と嘆いたのは前記の名士ジョゼフ・ピースである。土地付の共同墓地を寄贈するほど資力のある人物でさえ感じていたようだ。しかしその弊害は寄贈を受けたダーリントン市によって取り除かれなかった。チャペルはやはり二つ建設された(63)。自治体共同墓地で国教徒の墓地と非国教徒の墓地を並立することが、強く求められたのであろう。

前章で取り上げたリヴァプール教区の自治体共同墓地でチャペルは、国教徒用、カトリック教徒用、プロテスタント非国教徒を主たる対象としたものが設けられた（第1章扉図参照）。それぞれの収容人員は、国教徒用が四〇〇人に対して、他の二つのチャペルの収用人員の和が四五〇人（カトリック教徒用が二五〇人＋プロテスタント非国教徒用が二〇〇人）とほぼ等しかった。この事例は、二つではなく、三つのチャペルとなっても、国教徒の墓地と非国教徒の墓地が並立するという原則を、チャペルの収容人員でも遵守を試みた埋葬委員会の意志を伝える。

この並立する二つの墓地はより大きな文脈で何を意味したのか。前述したように、一九世紀に国教会は国家から制度上切り離され、多くの権限を喪失した。この過程を強力に推進したのが、プロテスタント非国教徒、カトリック教徒であった。彼らは、国教会の権限の剥奪に努めただけでなく、多くの権限を獲得した。具体的には、一八二八年の自治体法ならびに審査法の廃止でプロテスタント非国教徒が、翌二九年のカトリック解放法でカトリック教徒が公職に就任することが可能になった。また、オックスフォード、ケンブリッジの両大学に関して、一八五四年にオックスフォード大学法、五六年にケンブリッジ大学法が成立し、二つの法律によって入学と学位取得における非国教徒への宗教差別は撤廃された。さらに七一年には大学審査法が成立し、この法律によって両大学の教授職と管理・運営権が非国教徒にも開放された。(64) つまり一九世紀は、国教会優位体制が攻撃を受けると共に、非国教徒が多くの権限を求めた、宗教的平等を志向する時代であった。

この宗教的平等が限定的に表れたのが自治体共同墓地である。国教徒が国教会という一つの宗派に属していたのに対して、非国教徒は国教会以外の諸宗派に属す人全てを意味した。宗教的平等を厳密に実現するのであれば、自治体共同墓地において、非国教徒の諸宗派のそれぞれに、国教徒の墓地と同質の墓地を設ける必要があろう。もしくは、自治体共同墓地を国教会を含めた全宗派の混在した一つの墓地としなければならない。しかし実際は、国教徒と対になるべく、非国教徒は一つの非国教徒にまとめられた。このように制限されつつ、宗教的平等は自治体共同墓地に表れたのである。

おわりに――自治体共同墓地の宗派性――

本章では、前章で取り上げたリヴァプール教区の自治体共同墓地に関する議論を意識しつつ、一九世紀後半に全国に導入された自治体共同墓地に焦点を当てた。

第1節では墓地の建設準備過程を論じた。すなわち、既存墓地たる教会墓地の埋葬停止、自治体共同墓地の設立理由、墓地の設立・運営を担う埋葬委員会の設置、埋葬委員会による墓地用の土地確保とデザインの選定事情についてである。第2節においては実際の建設の過程と空間の意味について論じた。自治体共同墓地は埋葬委員会という世俗権力が設立・運営を引き受けていたが、一部の敷地は国教会の統制する空間としても編成された。この世俗権力と宗教権力の混交がチャペルの定礎式における市長に代表される世俗権力の関与、聖別の司式における主教と埋葬委員会の関係、聖別地と非聖別地の関係、ふたつのチャペルに反映していた。こうして建設された自治体共同墓地は、リヴァプール教区に限らず、全国でも国教会の優位性が見え隠れしつつも、理念上は国教徒の墓地と非国教徒の墓地が遜色なく並立しようとする場であった。

第3章 シェフィールド町区における埋葬委員の選出

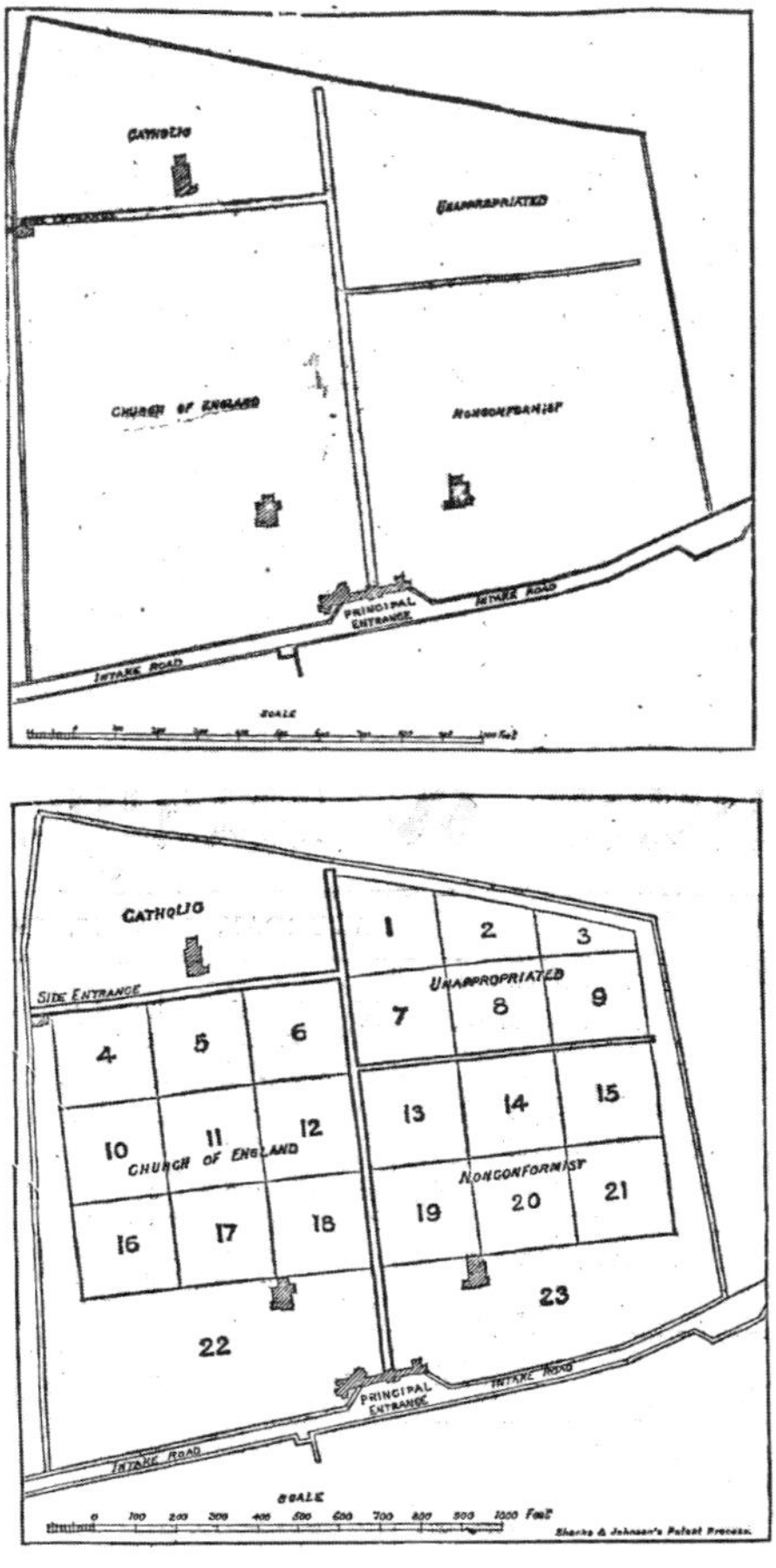

シェフィールド町区の自治体共同墓地の平面図
出典：上　*Sheffield and Rotherham Independent* (15 May 1879) 5cd.
　　　下　*Sheffield and Rotherham Independent* (17 May 1879) 2de.

はじめに——シェフィールド町区と埋葬委員会——

本章では、埋葬委員会とその支持層の関係を、シェフィールド町区（township）を事例に明らかにする。シェフィールド町区はシェフィールド教区を構成する六つの町区のうちの一つであった[1]。六つの町区とはアタークリフ・アンド・ダーノール、ブライトサイド、エクルソール、ネザー・ハラム、アッパー・ハラム、シェフィールドの各町区である。シェフィールド教区は面積が一万九六四三エーカーで全周が二四マイルであり、一八四三年の都市法人格の付与によって自治都市となった。市域の拡大は一九〇一年であり、それまでは市と教区の領域が一致していた。

シェフィールド教区ないし市の中心地域がシェフィールド町区である。例えば、最初の市議会が一八四三年一一月に召集された際に六町区から選出された代表四二人の内訳は、シェフィールド町区が二四人、エクレソール町区が六人そして他の四町区が各三人であった[2]。シェフィールド町区の優位性は明らかであった。さらに人口でもセンサスによると、一八〇一年には町区の人口三万一三一四人、教区の人口四万五七五五人、五一年には町区の人口八万三四四七人、教区（市）の人口一三万五三一〇人と、一八〇一年から五一年まで教区の人口の半数以上を町区が占めた。ただしこれ以降の町区の人口は教区（市）の人口の半数を切ったのに加えて、一八六一年には八万七七一八人、七一年には九万一三五八人、八一年には九万一八〇六人、九一年には九万一四一六人と伸びが停滞した。一方教区（市）の人口は一八六一年には一八万五一八二人、七一年には二三万九九四六人、八一年には二八万四五〇八人、九一年には三二万四二四三人と一貫して増加した。つまり一九世紀後半は、都心のシェフィールド町区以上に町区以外の郊外の成長が著しい時期であったと言える。

このシェフィールド市の中心であったシェフィールド町区にも、埋葬委員会が設置された。埋葬委員会が自治体共同墓地を開設する前に、市内の他の町区のうちアタークリフ・アンド・ダーノール町区がアタークリフとダーノールに別個に一八五九年に、次いでブライトサイド町区が六一年に墓地を開設した。(3) 先行した町区と比べるとシェフィールド町区の八一年の開設は遅かった。この遅れの原因はシェフィールド町区の埋葬委員会が六二年に設置されたにも関わらず、墓地用地の取得で意見が対立したために活動を停止し、七〇年代末に活動を再開して、ようやく八一年に墓地の開設にこぎ着けたためである。(4) 本章で取り上げるのは、埋葬委員会が活動を再開し、墓地を開設する直前までの時期を中心とした、埋葬委員の去就である。その去就に注目することで、埋葬委員会とその支持層との関係について、地元新聞『シェフィールド・アンド・ロザラム・インデペンド』(*Sheffield and Rotherham Independent*)を主たる史料に明らかにする。

第1節　埋葬委員選出——一八七七年と七八年——

シェフィールド町区の埋葬委員会は定員九人の埋葬委員から構成され、委員の任期は三年である。ただし初代の委員の間で退任時期に差を設けることで、毎年三人が任期を終え、後任三人が就任するように調整された。委員の入れ替えはヴェストリー(vestry)で行われた。ヴェストリーは教区(parish)の住民が教区の事柄を議論し決定する集会、教区会としばしば訳される。しかしヴェストリーは、必ずしも教区住民による集会に限るわけではなかった。シェフィールド町区のように町区の集会でもヴェストリーを当時は利用した。そこで本章ではシェフィールド町区に関してはヴェストリーを町区会と訳す。埋葬法の規定(改正首都埋葬法五二条)で、独立して救貧制度が機能する行政単位に埋葬委員会が設置された。それに該当するのがシェフィールド町区であり、そこの住民による集会が町区会（ヴェストリー）であった。

一八六二年に設置されるも活動を停止していたシェフィールド町区の埋葬委員会が一八七六年一二月に活動を再開した。墓地用地の取得に目途がたったようだ。七七年三月にはシェフィールド町区の町区会で三人の委員の入れ替えが実施された[5]。任期が満了するのはジョゼフ・ハドフィールド、ジョン・フィッシャー、トマス・ムーアの三人の委員であった。候補者擁立には推薦人と支持者が必要であった。まず推薦人T・メラーはJ・D・リーダー、F・P・ローソン、ジョゼフ・ピアソンの新人三人を候補者として擁立し、支持者も確保した。埋葬委員ジェームズ・クロスランドも新人エベニーザー・ホール、共に現職のハドフィールドとムーアを推薦し支持者も確保した。参加者を対象とした挙手による採決の結果は、メラーの推薦したリーダーが二七人、ローソンが二八人、パーソンが二六人に対してクロスランドの推薦したホールが一〇人、ハドフィールドが七人、ムーアが一二人であった。つまりメラーの推薦する候補者が、クロスランドが推薦する候補者をいずれも支持者数で上回ったため新年度の委員に採用された。これらの挙手の人数と会場のタウン・ホールには「まずまずの出席者」があったということから推して、町区会への参加者数は会場を満席にしない五〇人くらいであっただろう。

一八七八年四月には、前年同様シェフィールド町区の町区会で、埋葬委員の入れ替えが実施された[6]。「非常に大勢の参加者があった」。委員の任期が満了するクロスランド、サミュエル・リチャードソン、W・ハーヴィと、任期を一年残すも転居で辞任するルーベン・ブラッドリーを加えて四人の空席が生じたため、その後任を任命する必要があった。町区会の会場であるタウン・ホールは候補者氏名を掲げたポスターとプラカードが林立し、ものものしい雰囲気であった。ポスターとプラカードは、それらに不満な出席者W・E・クレッグの指摘を受け、採決による同意を得た上で撤去された。

埋葬委員の候補者としてまずF・W・コリーが、A・カブリー、ジョゼフ・ヘイウッドと転居予定者の後任としてフレデリック・ウォードのいずれも新人の三人と、現職クロスランドを推薦した上で指摘した。「国教徒は埋葬委員会に四人を送り込む権利が付与されている」。その支持者も「チャーチ・パーティーは平等に代表を送るべし」と要求することで、コリーを後押しした。チャーチ・パーティーとは国教徒の一団であるものの、独自の組織を持つわけではなく国教徒の利益を強調した集団を指して、この時期のシェフィールドで使用された通称であった。一方、埋葬委員会の現体制の維持に努めたホイランドは、現職クロスランドと、新人の三人G・H・ハヴィー、J・ニール、G・W・ノックスを推薦し、彼らが「キリスト教の四つの異なる宗派」を代表するため、国教徒に候補者が限られていないことを強調した。さらにその支持者チャールズ・キャッスルは、国教徒に広い埋葬地が提供される予定であることを紹介した。墓地の敷地五〇エーカーのうち、予備地一三エーカーを除く三七エーカーを占めた埋葬地は、国教徒に一六・五エーカー、プロテスタント非国教徒に一三・五エーカー、カトリックに七エーカーが付与される予定だった（本章扉図参照）。キャッスルはこの割り振り案から、埋葬委員会がプロテスタント非国教徒の委員の数的優位にも関わらず、「国教徒に全く公平に活動してきた」と主張し、ホイランドの推す候補者への支持を国教徒に対しても求めた。

ホイランドとコリーは共に現職クロスランドを推薦したけれども、残りの新人三人に、ホイランドが複数の宗派の信徒を推薦し、一方コリーは国教徒を推薦した。つまり新人三人の委員が国教徒であるべきかどうか、さらには委員が特定宗派の信徒、この場合は国教徒を筆頭にブロック化する傾向を促進するかどうかが対立の焦点であった。この対立を予想して、会場内に掲げられていたポスターとプラカードには、チャーチ・パーティーと反チャーチ・パーティーの各候補者の氏名が記されていた。

国教徒とプロテスタント非国教徒の対立が焦点となるなか割り込んだのが、カトリックであった。墓地内にカトリックの埋葬地があることを指摘したM・J・ダンは、「全宗派の候補者が選挙で検討されるのが良い」との見解を表明し、候補者一名にカトリックを推薦し、支持者も確保した。

こうして四人の埋葬委員の席を巡って複数の対立候補が擁立された。挙手によって、コリーが推薦した四人が「圧倒的多数」の支持を得て埋葬委員に就任することになった。選出された四人に不満だとして、選出のやり直しを意味する投票を求めたのは、敗れた候補者の支援者である。しかし投票資格を確認するための課税台帳が会場にないため、投票を実施できないことが判明した。主催者は投票に備えていなかったようだ。さらには「投票が多額の費用を要するだろう」との指摘を受けて、先の支援者は投票要求を撤回し、挙手で選ばれた国教徒の四人が埋葬委員として就任した。

新たな委員を加えた埋葬委員会は、キャッスルが先に言及した埋葬地の割り振り案における国教徒の埋葬地を、予備地から四エーカー追加した二〇・五エーカーへと変更した(7)。この値はプロテスタント非国教徒とカトリックの両埋葬地の合計値と等しい(8)。

第2節　埋葬委員選出――一八七九年――

(1)　町区会

一八七九年四月に前年に続きシェフィールド町区の町区会で、埋葬委員の入れ替えが実施された(9)。会場となった、シェフィールドの伝統産業である刃物業の職人ギルドが本部を置くカトラーズ・ホールには「非常に大勢の出席者があった」。司会は貧民監督官のB・ディクソンであった。今回任期が満了する委員はバティ・ラングリー、ジェレミー・ロバートショウ、フレデリック・ウォードの三人であった。(10) W・E・クレッグは、後任の候補者に現職の二人ラングリーとロバートショウ、そして前年度と同じ新人のG・H・ハヴィーを推薦した。推薦人クレッグによると、ラングリーは埋葬委員会が一八七六年に活動を再開して以来の委員長であり、ロバートショウは前年の一一月に市会議員を退任することで兼務していた埋葬委員にようやく専念が可能になったばかりであり、ハヴィーは救貧法施行委員として既に「優れた腕前」を見せた。クレッグが危惧したのは、前年に拡大した聖別地の拡大継続を求める国教徒が委員に増えることで、埋葬委員会が宗派対立の場となる危険性であった。彼は自身が国教徒でありながらも、同様の危惧を抱くプロテスタント非国教徒のW・G・スケルトンを支持者として確保し、候補者を擁立した。この場合の推薦人と支持者の宗派の違いから、委員の選出を宗派対立の場としたくないとのクレッグとスケルトンの意向が窺える。

クレッグに次いでジェームズ・ムスクロフトが、「浪費を手控えるように財政問題に厳しい目を注ぐ」印刷工ジョナサン・テイラーを推薦し、支持者も確保した。

ムスクロフトに続き、チャーチ・パーティーの会計士クーパー・コーヴィッジが、「埋葬委員を退く理由が見いだせない」として現職のウォードを、さらに「経験豊かな」J・ビニーと市会議員のウィリアム・ステーシーを推薦し、支持者を獲得した。

こうして埋葬委員の候補者が出揃い挙手による選出が始まった。結果は会場出席者からクレッグが推薦した三人がいずれも四分の三程度の支持を得たのに対して、他の四人の候補者は数人の支持に留まったため、クレッグの推薦した三人が埋葬委員に就任することになった。

しかし敗れた候補者を推薦したコーヴィッジが「採決の検査」を求めた。彼によると、その理由は「採決が検査されると、この部屋のかなり多くの人が有権者ではないと判明するからだ」。有権者でない人が挙手に参加したため、コーヴィッジの推薦した候補者は敗北したという。「採決の検査」では、課税台帳に基づき挙手をした者が納税者つまり有権者かどうか照合され、その結果次第で挙手の有効性が判断された。そもそも町区会の会場には、納税者以外の者が同席することは禁止されていなかった。ある出席者は、「納税者ではない者が挙手をすることを妨げる法はなかった。法と慣習は居合わす納税者の採決が実施されることを定めるだけである」との認識を抱いていた[11]。このような認識が町区会の出席者に広まっていたために挙手の有効性が問われたのである。一八七二年に第三版が刊行された『教区法案内書』によると、「伝統あるコモン・ローによると、全ての納税者は一票を所持しそれ以上ではなかった。このことは、実際のところヴェストリーに提出された何らかの問題がともかく挙手によって決定される場合に、依然として当てはまる」[12]。この引用から、ヴェストリー一般での議決は挙手すなわち一人一票による選出方法であったことがわかる。問題なのは挙手者の確認を行う指針が定められていなかったことである。

結局「採決の検査が議会法で規定されていないため、今夜実施できるどんな採決の検査も全く価値を持たない」と司会が告げたことで、「採決の検査」は行われず、課税台帳も会場にあるのかどうか不明なまま不要とされた[13]。「採決の検査」を実施できないことが判明したため、その実施をコーヴィッジは諦めた。さらに司会は、挙手の結果に不満な者は自己負担による投票を要求するしかないと判断した。しかし投票を求める者がいなかったため会合は終了することになった。ところが終了直前になされる司会への謝意表明が可決された直後に、シェフィールドの市長であるディヴィッド・ウォードが司会の議事進行に不満を示し、投票を求めた。これに司会は、謝意の表明によって会合は終了するのが原則であると返答し、強引に閉会した。こうして「採決の検査」を求めたコーヴィッジに続き、司会の判断に異議を唱えた市長までも登場することで、今回の町区会は波乱含みであった。

(2) 新埋葬委員を巡る論争

コーヴィッジと市長の不満表明は先の四月一〇日の町区会での行動に留まらなかった。二日後に市長は、町区会における「司会の決定の妥当性に異議を唱える」ため、事務弁護士に提訴を指示した[14]。コーヴィッジも、新たな埋葬委員が「正しく選出されていない」と指摘する四月一六日付の警告文を事務弁護士に作成させ、先の町区会で司会を務めた貧民監督官ディクソン宛に送付した[15]。この警告文は、まず当日の会合で「採決の検査」が実施されなかったこと、次に課税台帳が提示されなかったこと、三番目に市長が求めた投票が実施されなかったことを指摘した。

コーヴィッジと市長の抱く不満は埋葬委員を動揺させた。先の町区会で任命された埋葬委員が初めて参加する埋葬委員会の会合が、四月一七日に開催された[16]。彼らのうちロバートショウは欠席するもラングリーとハヴィーは出席した。シェフィールド町区の埋葬委員会では、これまで長らく埋葬委員とその委員長を務めたラングリーを、今回も委員長に推薦する声が上がるも、埋葬委員選出の合法性にカブリーとクロスランドが疑問を投じた。カブリーとクロスランドは共に前年の四月にチャーチ・パーティーの支持によって埋葬委員に選出されていた。チャーチ・パーティーの一員として二人は埋葬委員会におけるチャーチ・パーティーの勢力拡大を試み始めたのである。これに対してピアソンは、埋葬委員会の自立性を強調しラングリーを委員長に就けるよう求めた。こうして各埋葬委員が不安と不満を抱くなか、ラングリーを委員長に推薦する決議案は可決され、さらにはロバートショウを本人不在のまま副委員長とする決議案も可決された。

一方のチャーチ・パーティーは、五月六日に市長が司会の会合をカトラーズ・ホールで開催した[17]。そこでは、コーヴィッジが事務弁護士に作成させた警告文に関する見解を請われた勅撰弁護士アルフレッド・ウィルズが答えた。前回の町区会での「埋葬委員の選出は違法であり」、「再度の町区会の会合開催を求める職務執行令状を裁判所に申請すべきであり、さらにこの措置は前回の会合の司会ディクソン氏、さらにラングリー氏とハヴィー氏にも向けられるべきである」。ラングリーとハヴィーが、警告文が提出されたにも関わらず今年度の埋葬委員会の初会合に出席したことを、ウィルズは問題とした。残る委員の「ロバートショウは、自分の選出が論争中である限り埋葬委員会の一員となる事を拒否している」ため、警告文では譴責の対象から外された。ウィルズの見解に従って、会合でチャーチ・パーティーは「必要な支出に見合う十分な基金が確保されることを条件に」、「この措置を採用することを満場一致で可決した」。

裁判所までがその去就に関わることになった新埋葬委員はどう対処したのか。彼らは連名で貧民監督官宛に五月九日付で手紙を送付した。[18] 手紙で三人は、埋葬委員を辞任することを伝え、納税者に是非を問うべく埋葬委員の再選出を要求した。手紙を受け取った貧民監督官は、埋葬委員を再度選出すべく町区会の開催を五月一九日付で告知した。[19]

ラングリー、ロバートショウ、ハヴィーとその支持者は精力的に活動した。五月一六日にテンペランス・ホールで開催された会合には大勢の出席者が集まった。[20] ここでまず三人の再任を支持する決議案と、納税者が町区会で三人を支持することを求める決議案が共に採択された。

さらに五月一九日にもテンペランス・ホールで開催された会合でラングリー、ロバートショウ、ハヴィーが意見を表明した。[21] ラングリーは埋葬委員会が結成された一八六二年から今回のテンペランス・ホールでの会合までの経過を、自身の関わりを中心に概観した。

埋葬委員会がシェフィールド町区で結成されたのは一八六二年であった。しかしながら墓地用地を巡って委員の間で対立が生じたため、埋葬委員会は活動を停止していた。しかしシェフィールド町区内には三つの墓地しかない上に、これらの墓地は一八五七年の全国の墓地を対象とした法によって埋葬が限定された。ラングリーが指摘した一八五七年の法がどの法に該当するのかは不明である。ただし、シェフィールドでは墓地不足の圧力は高く、新たな墓地の開設のために埋葬委員会の活動再開を望む声が挙がった。七六年には埋葬委員会が活動を再開し、ラングリーは当初からその一員であった。初年度は墓地予定地の広さと立地などを埋葬委員会は検討したが、具体的な決定に到らなかった。七七年三月には三人の委員が入れ替わり、この年度にはラングリーが委員長を務めた。この頃から埋葬委員会は活動を本格化し始めた。墓地用地を、ノーフォーク公から公の経済的負担によるカトリック専用埋葬地確保を条件に、低額で購入することに成功した。問題が生じたのは各埋葬地の配置と広さを巡ってであった。墓地の平面図によると、プロテスタント非国教徒用のチャペルが敷地の左側に、そして国教徒用チャペルが右側に記されていた。つまりチャペルを中心にその周囲を取り囲む埋葬地は、プロテスタント非国教徒の埋葬地が敷地の左側に位置し、国教徒のものが右側に位置するのであった。[22] しかしチャーチ・パーティーはこの立地に不満であり、埋葬地を左側に変更しようと試み成功した（本章扉図参照）。配置以上に深刻な問題は埋葬地の広さであった。自治体共同墓地の埋葬地は国教徒用埋葬地の聖別地と、プロテスタント非国教徒を主とした非国教徒用の埋葬地たる非聖別地とに二分され、時にはカトリック用埋葬地を入れ三分され、ユダヤ人用埋葬地も含み四分されたりすることもある。シェフィールド町区の場合は聖別地、非聖別地、カトリック用埋葬地に三分された。委員長ラングリーは、イングランドの主たる一二の都市の自治体共同墓地における埋葬地の割り振り状況を、独自に調査した。これらの例からシェフィールド町区の自治体共同墓地の埋葬地として、ノーフォーク公との取り決めで決定したカトリック用の埋葬地七エーカーに加えて、「一六・五エーカーを国教徒に、一三・五エーカーをプロテスタント非国教徒に充て、残りを予備地として残すのが公平である」と埋葬委員会は判断した。

しかし埋葬委員クロスランドはこの割り振りに不満であり、シェフィールド教区の牧師補（vicar）を司会とした国教徒による会合を開催した。そして牧師補は、自治体共同墓地に関する問題で地元での解決が困難な場合に調停に入る内務省に、「共同墓地の三分の二を聖別したい」との主旨の手紙を送付した。手紙への対応は七八年四月に予定された埋葬委員の入れ替えの結果を待つことになった。入れ替えによってクロスランドも含め四人の国教徒が埋葬委員となり、国教徒の要求が主張し易い環境ができた。さっそく初会合でラングリーが七八年度の委員長に推薦されたものの、別な人物が国教徒である新埋葬委員によって委員長に推薦、支持された。結局、委員長にはラングリーが就任したものの、国教徒の権益を拡大しようとする勢力がその力を行使し始めた。

七八年度の二回目以降の会合でも聖別地の拡大をチャーチ・パーティーは目論んだ。拡大のためチャーチメン協会に所属する事務弁護士ジョン・セオドア・ドッドが、多くの埋葬に関する統計資料を内務省に送付した(23)。その資料は、「相当多くの人が自治体の埋葬地の非聖別地より聖別地に埋葬されている」ことを示していた。しかしラングリーはそれに反論した。「過去二五年間、非聖別地に遺体を埋葬しようとするシェフィールドの人はそれをできなかった。その理由はこの教区には非聖別の墓地が無かったからである」。さらに彼は、シェフィールド町区を除く市内の聖別地と非聖別地を持つ共同墓地を事例に、「過去七年間、聖別地での埋葬は非聖別地に比べて三四四件多いにすぎない」と述べることで、シェフィールド町区における非聖別地の必要性を説いた。ただしロバートショウが聖別地を四エーカー拡大した二〇・五エーカーにする妥協案を示し、国教徒の委員もそれを妥協点として七八年五月に埋葬委員会で同意した。

しかしながらチャーチ・パーティーの一員が、牧師補との交渉の上で、内務省宛にプロテスタント非国教徒の埋葬地の一画の引き渡しを求める手紙をさらに書いた。手紙は、現在、非聖別地の埋葬地として予定されている区画番号一三を予備地へと変更し、将来的な聖別地化を内務省に求めていた。内務省はそれを了承し、それに沿った助言を牧師補が埋葬委員会にするよう指示した。この筋書きに従って問題の区画番号一三を非聖別地から予備地へと変更する案が、埋葬委員会の会合で牧師補と関係のある委員によって提出された。それを委員に今や四人いる国教徒のうち、欠席したヘイウッドを除くウォード、カブリー、クロスランドが支持し、残った委員のラングリー、リーダー、ロバートショウ、ピアソン、ローソンが反対した。その結果、委員の間で対立が激化したため、埋葬委員会は活動を停止した。そして七九年四月の委員入れ替えで、チャーチ・パーティーによって新埋葬委員選出の合法性に異議が唱えられ、異議に対して新埋葬委員は委員を辞任し、納税者の選択を求めたのである。このようにラングリーは、埋葬委員会が結成された一八六二年から今日のテンペランス・ホールでの会合までの経緯を、聖別地拡大問題を中心に説明した。

ラングリーの説明に概ね賛意を示しつつ、ハヴィーも聖別地が問題だと言った。彼はシェフィールド町区で国教徒が非国教徒を上回るかどうか疑問視した。そのため国教徒の埋葬地を、非国教徒を構成するプロテスタント非国教徒とカトリックの両埋葬地の合計値と同じ二〇・五エーカーとするのは広すぎるので、予備地から四エーカーを追加しない、一六・五エーカーの埋葬地が公平な妥協点と考えた。ましてや区画番号一三と、一部のチャーチ・パーティーが欲している、残った予備地九エーカーの追加にもハヴィーは反対した。[24]

ラングリー、ハヴィーと異なる問題整理をしたのはロバートショウである。彼はラングリー同様七六年に埋葬委員会が活動を再開した時期から委員であり、「政治上もしくは宗教上の一員」としてではなく、「納税者」として埋葬委員会で活動してきたことを強調した。活動例として、ラングリーが先に言及した国教徒の埋葬地の配置変更を挙げた。ラングリーによると、変更前は国教徒の埋葬地は全体の敷地を記した平面図では右側にあり、不満なチャーチ・パーティーがそれを左側に移動させた。しかし移動させたのはラングリーが想定したチャーチ・

パーティーの一員ではなく、ロバートショウであった。彼の見解によると、「最大多数の納税者は好みがあるならそれを満たす権利を持つ」。つまり左側の埋葬地はシェフィールドの中心街に右側より近いため、「埋葬地の非聖別地より聖別地の方が多くの葬儀があると想定される限り、国教徒が左側の埋葬地を使うべき」なのである。ロバートショウは実際の国教徒と非国教徒の数を問うことなしに、葬儀数で非国教徒を上回ると予想する国教徒が、市の中心部に近い左側を使うべきというのである。続いて聖別地を一六・五エーカーから二〇・五エーカーに拡大する件においても、ロバートショウの納税者原則は貫徹した。つまり葬儀数に関して国教徒が非国教徒より多いのであれば、当然ながら国教徒の埋葬地はより広くあるべきであった。しかも彼は「拡大が全ての見解の相違をきれいに解消するとの条件で、拡大用の用地が国教徒に付与されるのに同意した」。ただし二〇・五エーカーの聖別地に国教徒がさらに追加を要求した際には反対した。二〇・五エーカーの案で、埋葬数の「最低限の予測に従って各集団は少なくとも五〇年分、一部の人によると七〇年分の埋葬地が用意されている」。しかし聖別地を追加することで、「もし必要が生じても、当の集団に付与すべき土地がないように後世の者を束縛することとは賢明ではないし、束縛するとは現在の埋葬委員はとても不公平である」と述べた。現在であれ未来であれ、より多数の納税者のためにロバートショウは行動していると認識していた。

一方のチャーチ・パーティーは候補者の準備をどう進めたのか。新埋葬委員の辞任によって提訴が不要となったため、五月二〇日に開催されたチャーチ・パーティーの会合では、候補者の擁立が検討された[25]。候補者として先の町区会で敗北したウォード、ビニー、ステーシーの三人、さらに市長など確実に一定の支持者を得られる有力者が検討された。しかし立候補の理由は明らかにされず、候補者も決まらなかった。ただし五月二六日の埋葬委員を選出する「町区会で採決の結果敗れても、チャーチ・パーティーは投票を求めるとはっきり決定した」。しかも二六日の町区会で動員を図るべく、その日に開催予定だったシェフィールドの国教徒の年次大会であるシェフィールド教会協議会は延期されることになった(26)。

このようにチャーチ・パーティーもラングリーらと同様に二六日の町区会に備えて一定の方向性を打ち出す。しかしチャーチ・パーティーは何のため国教徒の埋葬委員選出を望んだのか。先の五月二〇日の会合でも候補者が決まらないだけでなく、立候補の理由そのものが明示されなかった。この姿勢は地元新聞の社説でも「沈黙政策」として疑問視された(27)。

(3) 再び町区会

埋葬委員を再選出する町区会は予定どおり五月二六日に開催された(28)。会場の「テンペランス・ホールの入口は、会合のために決められた時刻の一時間程前には開けられ、三〇分もしないうちに座席は満席となり傍聴席も人だかりで一杯となった」。司会は前回司会の貧民監督官ディクソンの希望で、W・E・クレッグ市会議員が代わって務めた。

推薦人ジョン・ウィルソンは、いずれも先の町区会で勝利したラングリー、ロバートショウ、ハヴィーの三人を候補者に挙げ、シェフィールド市内のブライトサイド町区の埋葬委員としての経験を基に見解を述べた。まずシェフィールド町区の自治体共同墓地では、七エーカーのカトリック用埋葬地は別として、聖別地と非聖別地の割合は三対二が適切であり、この割合とほぼ一致した、既に埋葬委員会の同意を得た聖別地二〇・五エーカーと非聖別地一三・五エーカーを支持した。聖別地の拡大に反対した根拠は、ブライトサイド町区の場合に、墓の購入ペースは非聖別地が聖別地を上回ったため、シェフィールド町区でも同様の見通しが得られることであった。そして聖別地の拡大を求める裏付けとなる資料を内務省に提出したジョン・セオドア・ドッドに、むしろ聖別地の拡大の必要性は低いと反論した。

ウィルソンは「予備地」の将来についても、それを聖別地へと変更することに反対した。「予備地を使わないとの前提でこれから七〇年分の埋葬地が既に設定された」のに加えて、「予備地がコテージ・ガーデンとして貸与される」と一定の収益を生むと予測できるからであった。

埋葬料に関してウィルソンはまず教区司祭との関係を指摘した。シェフィールド教区のかつての牧師補サットンは「シェフィールドの牧師補が二人の教会委員を選ぶのは慣例だ」と認識していたけれども、その選出を「教区民がある教会税の採用を拒否し、その結果、牧師補が一三〇〇ポンドの負債を抱えたため渋々諦めた」ことがあった。この牧師補はチャーチ・パーティーのドッドの祖父であったため、祖父に続いて孫の不当な要求もシェフィールド町区民が拒むようにウィルソンは呼びかけた。さらにブライトサイド町区においてウィルソンが委員を務めた埋葬委員会も、聖職者と関わりを持った二人の国教徒の埋葬委員による「聖職者への特別手当」、「墓穴が深くなれば上がる埋葬料」、「非教区民の場合に埋葬料を二倍」といった不当な要求を拒否した[29]。その結果ブライトサイド町区の「埋葬料は、聖職者が合法的に主張できる要求額より三分の一安価となった」。ブライトサイド町区の埋葬委員会は、聖職者の不当な要求に町区民の支持を得た上で毅然と対応し、安価な埋葬料という町区民に寄与する結果を得ることができたのだから、シェフィールド町区の埋葬委員会も、チャーチ・パーティーと対決すべしとウィルソンは求めたのである。

推薦人ウィルソンに続き支持者ジョン・ニールは、聖別に関して聖別地の広さの問題ではなく、聖別の意味を問題とした。聖別式を司式予定のヨーク大主教は、「より優れた聖別を主の大地の一部に主が最初にそれに与えた以上に与えることができるのか[30]」。大主教の聖別といえども人による聖別は神による聖別には劣ると主張するのであった。主による主の大地の聖別とは、神による天地創造を指すのか定かではないものの、「人間の理性による神についての教説である」自然神学を土台として発展した、地球の歴史を論じる地質学の影響を読みとれる[31]。

聖別に続き、埋葬料に関してプロテスタント非国教徒の牧師であるニールは、「福音の説教と引き替えに人々から一ペニーも受け取ったことはない」と述べることで、収入増加を目的に埋葬料を決定しようとする国教徒の聖職者とその支持者を批判した。

ラングリー、ロバートショウ、ハヴィーに、候補者としてチャーチ・パーティーが対峙させたのは、四月の町区会同様ウォード、ビニー、ステーシーの三人であった。やはり推薦人のコーヴィッジは、埋葬委員を「辞める理由が見いだせない」ウォードを推薦し、次いでビニーを「しばらく市当局にいた十分頼りになる周知の人」であり、ステーシーを「最近三年の救貧法施行委員の選挙でトップから三位以内に常にいた」として推薦した。四月の町区会と異なる支持者エドウィン・ビンガムは、推薦された三人を「人々を代表する適切な人」と支援した。推薦人も支持者もラングリーらの場合と比べて発言が少ないばかりか、前回の町区会での発言と大差がなかった。チャーチ・パーティーは埋葬委員の候補者を決定するも立候補の理由までは十分に考えておらず、「沈黙政策」は未だ続いていた。

埋葬委員の候補者が揃ったため司会は挙手を実施した。その結果「ホールの一団と傍聴席にいるほぼ全員がラングリー、ロバートショウ、ハヴィーの各氏に手を挙げ、一方ウォード氏とビニー氏には五〇人にも満たない人の手しか挙げられず、ステーシー市会議員に到ってはさらに少なかった」。司会が「ラングリー、ロバートショウ、ハヴィーが圧倒的多数で埋葬委員に選出された」と述べた直後に、敗北した候補者の推薦人コーヴィッジが投票を求めた。しかし投票費用を、貧民監督官も司会も払えないため、投票要求者が払う必要があると判明した。これに関してコーヴィッジは、投票費用と引き替えの投票を拒否した。しかしながらこの拒否は費用を負担できなかったということではない。コーヴィッジが推薦するも敗北した候補者ビニーによると、「もし投票が今実施されたら、票を投じる公平で公正な機会がこの町区の全有権者に付与されない」からだ。[32] さらに勅撰弁護士アルフレッド・ウィルズの見解をビニーは紹介した。ビニーによると司会は、「常に全有権者が票を投じる公平で公正な機会を確保できるように調整しなければならない」。

一方で司会のクレッグは『スティアの教区法』から引用した。[33]「町区会で決められる事項には同席者中にその決議を支持する多数派がいる必要がある。この手順に参加を拒否する人は不在者採決参加者として扱われない」。つまり多数派が支持する事項でその採決に参加を拒否する人は、採決に参加する権利を放棄しているため、会合に不在を理由に他の日時と場所を利用して採決に参加することはできなかったのである。さらに「コモン・ローによる選出方法は挙手か投票であり」、「投票は即座に実施されるべし、司会がこれを決定するのに適切な人である」。そして司会のクレッグは即座の投票実施を要求した。

しかも投票費用の問題を調べた貧民監督官補佐のブランメルは、一八七六年に刊行された『治安判事』を含め多くの法的見解を検討したが、「救貧税から投票費用を支出する方法を我々は見いだせなかった」と答えた。[34]その結果「投票を要求する人が費用に責任を持つ一団である」との結論に到達した。つまり投票費用はコーヴィッジらの負担で、かつ投票実施はこの会合においてでなければならなかった。この決定を聞いたコーヴィッジは投票を諦め会場を退去したため、ラングリー、ロバートショウ、ハヴィーの三人が埋葬委員として正式に選出され、町区会は閉会した。こうして四月一〇日の町区会で選出された埋葬委員は再度埋葬委員となり、彼らの一部は四月一七日の埋葬委員会の会合で任命された役職にも改めて就任した。[35]

第3節　埋葬委員選出――一八八〇年――

（1）町区会

一八八〇年四月のシェフィールド町区会で、埋葬委員の入れ替えを実施することになった[36]。町区会会場の「タウン・ホールの周囲には、会合が始まる一時間前には非常に大勢の人が集まった。対峙する両者の目的は、建物内にできるだけ多くの支持者を入れることだからだ。しかし早く到着した者とていかなる利点もほとんど利用できなかった。その理由は会合が始まる三〇分前まで入口が開けられなかったからだ。開場されると座席を求め人がなだれ込み、大ホールのほぼ全スペースが人で一杯になった」。司会は貧民監督官のディクソンであった。今回退任予定の委員はJ・D・リーダー、F・パーシー・ローソン、ジョゼフ・ピアソンの三人であった。三人とも再選を求め推薦人と支持者を確保した。これに対してチャーチ・パーティーのB・フレッチャーは、国教徒のアルフレッド・テイラーを委員として推薦した。フレッチャーによると「昨年度の埋葬委員は九人、そのうち六人がプロテスタント非国教徒で三人が国教徒」であった。しかし「シェフィールドの国教徒の数と、彼らがこの町区で有する利害は、埋葬委員会に三人以上の代表を持つ権利を彼らが主張するのに十分である」ため、国教徒であるテイラーを推薦したという。フレッチャーと同様の理由でノールズ・ビンズも、国教徒のジョージ・トムリンソンを委員に推薦し、支持者も獲得した。さらにトムリンソンのある支援者は、「町当局と関わる公的な地位が、ほんのわずかの国教徒によってしか就任ないし占められていないのは理に適っていない」と述べ、そのような地位を持たないトムリンソンを埋葬委員に就任させることで、公職への国教徒の進出を求めた。

こうして埋葬委員の候補者五人が出揃うも、司会は「投票を要求する人が投票費用の保証をするよう」まず求めた。ただし「数人の貧民監督官がこの件を入念に調べた。そして今や貧民監督官の司会者として言える。つまり要望があれば投票を実施できる用意が完全にでき、さらに救貧税として徴収し手元にある基金から通常の方法で投票費用を払える」。しかしながら救貧税からの支払いは、「監査役」の許可ないし「地方自治局」の許可が必要であり、不許可の場合に備えて投票費用をその要求者が負担するとの保証が必要であった。昨年度には、投票費用を投票要求者が負担する必要があると、貧民監督官ディクソンに代わって司会を務めたクレッグが言ったけれども[37]、今年度は、条件付ながらも救貧税から支出可能との判断をディクソンが伝えた。町区会の運営に関する貧民監督官ないし司会の知識が、埋葬委員選出時の度重なる投票要求によって磨かれ、その結果、投票実施の敷居を下げた。

投票費用に次いで投票実施日時が問題となった。「課税台帳」は今回は会場内に用意されていると判明した。そのため「投票は今夜実施できる」、さらには「居合わす者による票決が会合が開催される現場で実施されるのは、遥か昔からの町区会の通常の習慣なのではないか」といった意見が示された。これらの意見に貧民監督官補佐ブランメルは、会場で投票を実施できたのは「きっと田舎での行為」であり、そこでは投票参加者の数が限られていると指摘した。しかしシェフィールド町区のような都市部では、「会合に参加している人数の票決を取るのは、何らかの適切な範囲を逸脱せずには現実的に不可能である」。それは「課税台帳との照合」、「大多数の人が一番に投票して退室しようとするための混乱」が伴うなどの理由を挙げた[38]。さらに彼はある判例による原則を引用することで、投票を今夜実施しないことの典拠とした。「資格を持つ人全員は、挙手の際に出席していようが欠席していようが投票で票を投じる権利を付与されている。投票を居合わす人に制限する決議は無効である。さらに投票は、全員がその権利を行使できるように十分な時間受け付けられるべきである。また投票者数と居住地からの距離への配慮もされたい」[39]。こうして投票費用に続き、投票実施日時の問題でも貧民監督官と貧民監督官補佐は、先例とシェフィールド町区の状況を基に現実的な判断を下すよう参加者に求めた。そしてこれらの議論を踏まえ、投票のため「本会を明日の夕方七時三〇分まで延期したい」との決議案までが提出された。ただしこの案は採決に付されず、まず埋葬委員を選出するための挙手が実施された。挙手では、現職の三人に会場のほとんどの人が賛意を示したのに対して、新人二人には僅かな人しか賛意を示さなかった。満員の会場内にはチャーチ・パーティーを上回る数百人に上る反チャーチ・パーティーの者がいたようである。

挙手による結果が判明した後に、敗北した候補者テイラーの推薦人フレッチャーが投票を要求した。そこで司会は投票費用の保証額を五〇ポンドと定めた。しかしそれを保証することがフレッチャーには困難であったため、代わって名乗り出たW・C・レングが保証し、同時に投票も要求した[40]。投票費用の保証人が決定したため、司会は投票実施日時を、二日後と三日後の「水曜日と木曜日、両曜日とも朝一〇時から夜八時まで」と定めた。

町区会の翌日四月二〇日に、埋葬委員への再任を目指すリーダー、ローソン、ピアソンを支援する納税者の会合が、三人の同席でテンペランス・ホールで開催された[41]。司会はブライトサイト町区で埋葬委員を務めたジョン・ウィルソンであった。会合での発言で注目すべきは、国教徒による公職独占と埋葬料の操作に関するものであった。まず国教徒による公職独占に関しては、司会のウィルソンが「国教徒を埋葬委員会で適切に代表させる」というチャーチ・パーティーの要求に対して「納税者を代表する人が選ばれるべき」、さらに埋葬委員会の「体制がどうあるべきかを埋葬法は既に規定している」ため、国教徒にも十分配慮がされていると反論した。再任を求めるリーダーは、チャーチ・パーティーが「審査法と自治体法の復活を望み」、両法によって「悲惨なプロテスタント非国教徒を公職から追放し」、「自分たちを「適切な地位」と呼ぶ場に置こうとしている」と言った。つまりチャーチ・パーティーは、審査法と自治体法でかつて実現できた国教徒による社会的なポストの独占を再度達成する一環として、埋葬委員に国教徒を就任させようとしているのではないかと疑った。この方策を追求する上で候補者の資質はさほど重視されない。

国教徒による公職独占に次いで、チャーチ・パーティーによる埋葬料の操作に関して、埋葬委員ラングリーが述べた。「これから数年の間、シェフィールド町区の新しい共同墓地は専ら労働者階級によって利用されるだろう」。「シェフィールドの富める者の多くは一般共同墓地に墓を購入してきた」。この一般共同墓地は、一八三四年に開設された民間の共同墓地であった。(42) 一九世紀前半には多数の民間共同墓地がシェフィールドを含め全国に建設された。都心の墓地が一九世紀中葉に埋葬を停止しても、富める者はこの一般共同墓地を利用できた。しかし埋葬料の高いこの一般共同墓地を労働者が利用することは難しかった。「現在の難問は労働者用の埋葬スペースを確保することである。だから埋葬委員会は可能な限り埋葬料を安価にする必要がある」。自治体共同墓地をシェフィールド町区という自治体の埋葬委員会が運営するため、その埋葬料は国教徒の聖職者の収入増加に寄与する形で設定されるのではなく、労働者を中心とした貧しき住民が埋葬できるように安価に設定されることをラングリーは求めた。

翌日の四月二一日と二二日の午前一〇時から午後八時まで、テンペランス・ホールで投票が受け付けられた。結果はチャーチ・パーティーの推薦するテイラーとトムリンソンそして再任を求めたリーダーが当選し、リーダーと同じく再任を求めたピアソンとローソンは落選した。挙手で選出された三人のうちリーダーのみが投票では選出されたため、挙手と投票では結果が異なった。各候補者の二一日と二二日を合わせた総得票数は多い順にテイラーが三二五九票、トムリンソンが三二五八票、リーダーが三〇七三票、ピアソンが三〇四二票、ローソンが三〇二七票である。(43) 二一日の投票初日に限っても得票数は多い順にテイラーが九一三票、トムリンソンが八三三票、リーダーが四三三票、ピアソンが三九二票、ローソンが三六七票であり、この順位は総得票数の場合と同じである。[44] ただし得票数が最も多いテイラーと最も少ないローソンの票数の開きは、初日で五四六票であるのに対して総得票数で二三二票と縮小している。縮小の原因は二日目の得票数による。つまり二日目の得票数は多い順にローソンが二六六〇票、ピアソンが二六五〇票、リーダーが二六四〇票、トムリンソンが二四二五票、テイラーが二三四六票である。初日の得票数もしくは総得票数の順位と逆の順位を示す、この二日目の得票数によって、得票数の開きが縮められたのである。

得票数の分布傾向は、対立する両者の選挙活動とそれに答えた投票者の投票行動である程度説明できる。投票の実施が決まったのが四月一九日であり、その二日後と三日後に投票を受け付けたため投票の周知期間が短かった。周知期間がもっと長期間であれば勝敗の結果は異なったかもしれない。埋葬委員に再任を求めた三人に投票した者は、その多くが日中に仕事を抱える労働者であったため、事前に投票日を伝えてもらわないと投票に行く時間を確保するのは困難であっただろう。実際初日の一九時頃「大勢の投票者が表れ、この日初めて会場が満員の徴候を示し」、二日目の一八時から一九時にも「労働者階級の投票者が今や多数到着しだし」、「この日初めて、リーダーとその仲間達が競争相手よりかなり多くの票を得たのが明らかとなった」。夕方に労働者が大挙した結果、二〇時の投票終了時刻には、初日で「二人の女性を含む二〇〇人近くが票を投じるべく未だ待っており」、二日目も「少なくとも三〇〇人の男女が幾つかのテーブルの周りに集まり、投票すべく根気よく待っていた」。投票所に居合わせた新聞記者のこれらの発言を裏付けるように、得票数は二日目が初日を大きく上回ったのは前述した。初日の夕方、そして特に二日目の夕方から夜間に大挙して労働者は投票できたのである。

しかもこのような投票の期日と受付時間の問題に加えて労働者に不利に働いたのは、地元新聞が指摘した選挙権の問題である。町区会における選挙権は男女に関係なく「シェフィールド町区の全納税者」に付与された。[45] ただし一人一票ではなく、一年間の課税評価額によって付与される票数が変わる複数投票制であった。票数は課税評価額が五〇ポンド未満なら一票、五〇ポンド以上なら二五ポンドずつ上昇する度に一票ずつ増した。ただし付与される票数の上限は六票までであった。[46]複数票を有する有権者が多く票を投じたのが、チャーチ・パーティーの推薦するテイラーとトムリンソンであった。二票から六票までを持つ有権者が投じた票数はテイラーが一二三一票、トムリンソンが一二二五票に対して、リーダーが四六六票、ピアソンが四五二票、ローソンが四四〇票である。チャーチ・パーティーの推薦する二人は、複数票保持者から他の三人を大幅に上回る票を集めたのである。複数票の投票結果とは逆に一票の投票結果はテイラーが二〇二八票、トムリンソンが二〇三三票に対して、リーダーが二六〇七票、ピアソンが二五九〇票、ローソンが二五八七票となる。[47]一票しか付与されない課税評価額が五〇ポンドに満たない有権者すなわち労働者は、埋葬委員に再任を求める三人に他の二人を上回る票を投じたのである。[48]この投票傾向から労働者がこれまでの埋葬委員の活動を肯定し、再任を目指した候補者の方策を支持していたことが窺える。

　一方のチャーチ・パーティーは複数票を有する有権者から勝敗を左右した支持を得た。しかも埋葬委員会での決定を左右できる埋葬委員九人中五人の多数派を国教徒が占め、かつ票の分散をできるだけ防ぐため、候補者を二人に限定し、共に当選させた。チャーチ・パーティーは、投票が決定した四月一九日から投票が実施される四月二一日と二二日までの短期間に、反チャーチ・パーティーが支持を求める会合を開催したのとは対照的に、個人をターゲットにした選挙活動を行っていた。[49]チャーチ・パーティーはこの間に、「候補者に投票し損なう結果として、国教会の非国教会化と基本財産没収に近いものが予想される」として、「国教会の危機」を連呼し、支持者に投票を求めた。[50]墓地問題からは飛躍があるものの、「国教会の危機」というスローガンは、一八八五年には全国レベルの総選挙で国教会の非国教化が主要争点となるため、一八八〇年のシェフィールドでも一定の説得力をもって理解されたのではないか。[51]「国教会の危機」に加えてチャーチ・パーティーは、「ローソン氏とピアソン氏といった、リベラリズムの強力な二人の支持者を追い落とす機会は見逃すには惜しい」ため、保守党組織を活用した。国教会と保守党の伝統ある連携である。実際、投票実施を決定した町区会の開会直前には、「保守党が退任する埋葬委員のうち二人を追い出し、それに代えて国教徒を就任させようとする意向である」ことが広く知られ、投票決定直後には、「著名な保守党員が国教徒の候補者の代理として活動し、有権者を投票に動員すべく走り回っているのが目撃された」(52)。チャーチ・パーティーによる国教会体制護持の主張と保守党組織の活用は、その対象を複数票を持つ有権者にターゲットを絞ったことを、前述の投票の傾向から容易に予想できる。

彼らの選挙活動は今回の短期間の選挙活動だけでなく、長期の選挙活動の成果でもあった。つまり前述したように、一八七七年三月の「まずまずの出席者」があった町区会での挙手で、チャーチ・パーティーが推薦した三人は敗北し、対立した新人三人が埋葬委員に就任した。七八年四月の町区会では転居者の後任を含めて四人の埋葬委員を選出する必要があった。選出されたのはチャーチ・パーティーの推す新人三人と現職一人である。彼らの支持者は会場に「とても早く到着し、正面の座席を占拠する」。これに対して「チャーチ・パーティーに反対する人々はさほど早く到着せず、結果として彼らの大部分が、後ろの座席や脇の座席に座ることで満足する必要があった」。彼らのなかには満員の会場に入場できず、挙手に参加できなかった者がいたのではないか。七九年四月の町区会では反チャーチ・パーティーも人員の参集を呼びかけ、「非常に大勢の出席者があった」なかで、現職の二人と新人一人を埋葬委員に選出できた。挙手の直後に敗北したチャーチ・パーティーが有権者資格に異議を唱えたため、投票が実施寸前までに到った。彼らは挙手への人員動員力では不利と考え、選出方針を投票に転換することで劣勢な状況の打開を図ったのである。そして八〇年四月にはチャーチ・パーティーは、挙手で敗れるも実現にこぎ着けた投票で勝利した。彼らが挙手から投票に選出方針を転換したのには勝算があった。前述したように、七九年五月二〇日の会合で立候補の理由と候補者を決定しないまま、五月二六日の埋葬委員を再選出する「町区会の会合で採決の結果敗れても、チャーチ・パーティーは投票を求めるとはっきり決定した」[53]。投票における優位性を当事者が自覚していた。しかもこの優位性を相手も認識した。「投票が要求されたら、複数票を持つ高額納税者によって人々の意見を圧倒すべく多大な努力がなされるだろう。国教会の候補者は自分達の側に財産と力があると過信している」[54]。つまり複数票保持者が国教会ないし保守党の支援者に多かったことを、チャーチ・パーティーが自覚し、さらに相手も認識していたため、彼らは挙手から投票へと埋葬委員の選出方法の変更を図り、投票を実現させ勝利したのである。

(2)　投票結果の意味

投票によって勝利したチャーチ・パーティーはそれによって何らかの成果を上げたのか。一八八一年三月二八日のヨーク大主教による聖別式で国教徒用の埋葬地が聖別地として成立した[55]。その二ヵ月後の五月二五日に自治体共同墓地の除幕式が挙行された[56]。墓地の名称は隣接した道にちなんでインテーク・ロード共同墓地となった。除幕式での発言によると埋葬地として「埋葬委員会は国教徒用に二〇エーカー余り、プロテスタント非国教徒用に一三エーカー、カトリック用に七エーカーを割り充てた。さらに九エーカーが将来の埋葬のため予備地として確保された」。これらの値は七八年五月に埋葬委員会で合意した各埋葬地の面積とほぼ同じである。各埋葬地は一九〇〇年五月の時点でも同様の面積を確認できた[57]。この時点で各埋葬地の遺体数は国教徒用に一万九一〇〇体、プロテスタント非国教徒用に一万三七二二体、カトリック用に七三九三体であった。三つの埋葬地いずれも一エーカーあたり約一〇〇〇の遺体が埋葬されたことになるため、遺体の占有面積に関して埋葬委員会は宗派間の平等原則を貫徹できたことになる。チャーチ・パーティーは八〇年の投票で勝利したにも関わらず、聖別地には変化がなかった。

次に埋葬料はどうであったか。埋葬料は安価との評価が多かった。例えば八一年五月の開設式から約一年後の埋葬委員会の会合でリーダーは、複数の埋葬料から安価な三種類を取り上げ、それらが他の自治体の共同墓地と比較して、いずれも半額から三分の一程度と安価であることを確認したうえで、「この恩恵から慎ましい階級の納税者が特に常に利益を得ている」と主張した。[58] リーダーはチャーチ・パーティーの候補者と八〇年に投票で票を競っただけに、一部の埋葬料が安価であると評価した彼の指摘には説得力がある。さらに埋葬委員会の八二年度の年次報告書は、埋葬数が増加している理由として、「死亡率の急上昇ではなく、共同墓地の立地と安価な埋葬料によって納税者に提供された便宜」を上げた。[59] この年次報告書を八三年四月に町区会で承認してもらった埋葬委員カブリーは、これらの理由による埋葬数の増加が近年中の収支の黒字化をもたらすとまで予測し、[60] 八九年度の収支では黒字に到ったと述べた。[61] とりわけ黒字化に寄与した墓は最も安価な埋葬料の墓であった。この墓は、より高額な家族墓を購入できない人によって購入されたと八五年度の年次報告書は指摘した。[62] さらに八七年度の年次報告書によると、一五九四件の埋葬のうち前年度と比べて増加した一一三件の大半を占めた墓は、最も安価な埋葬料の墓であった。[63] 埋葬料に関して埋葬委員会は、労働者階級を主な顧客とした安価な埋葬料の墓を設定したことで、聖別地の場合と同様に当初の意向を実現した。

チャーチ・パーティーは投票での勝利にも関わらず、聖別地に続いて埋葬料に関しても埋葬委員会での多数派としての立場を有利に利用していなかった。むしろ彼らは、労働者票での敗北のため、反チャーチ・パーティーの意向に同意せざるを得なくなり、多数派としての立場を活用しなかったようだ。

複数投票制による選出は、シェフィールドだけでなく、リヴァプール教区でも、キャンベル教区牧師が初代の埋葬委員に選出されなかった際、[64] さらにはタイラーが埋葬委員の対立候補を擁立した際にも実施された。[65] つまり地域に関係なくヴェストリーでの埋葬委員の選出に適用された。さらには複数投票制は埋葬委員の選出に限定されなかった。例えば七九年五月の埋葬委員の再選出で投票実施が予見された際には、「シェフィールド町区の目下の事情に正に当てはまる」事例として、貧民監督官補佐を複数投票制によって選出することが紹介された。[66] 適用範囲が地域と種別に関係なくヴェストリーで議決すべき事例全てに広がる複数投票制は、法的には一八一八年に制定された教区会法の第三条で規定されていた。[67] 教区会法は、複数投票制によって「教区会のメンバー各位に対して、それぞれの救貧税負担能力に比例した追加的影響力を与えること」を目的としていた。[68] 目的の背景にあったのは教区会法制定前のヴェストリーの状況である。[69]「人口増加と高い流動性は、ヴェストリーを手に負えないほどの参加者で溢れさせた、そこでは口頭による意志表明（acclamation）が方針決定の主たる方法であり、合理的な議論は低調だった」。彼らは「大挙してヴェストリーに参加しその決定を左右でき、しかもそうすることを合法的に制限されなかった」。ヴェストリーは選挙権の平等性に加えて、選挙権を持たない者の関与を法的に排除できなかった。その結果、「一九世紀初頭のヴェストリーの酒場じみた雰囲気は適切な方針と運営を困難にし、とりわけ高額納税者を怒らせた。彼らの希望と利益は、彼らによる提案が声高に拒否されることで頻繁に無視されたからである」。この状況を是正すべく、「単なる人数に比べて富に優位にバランスを取ることを意図した」複数投票制が教区会法によって導入された。その結果、「ヴェストリーでの口頭による意志表明で認可された議決が納税者による投票にかけられたとき、かなり異なる結果が頻繁に生じた」。

ヴェストリーで複数投票制の導入後に生じた現象と、一八七七年から八〇年のシェフィールド町区会における埋葬委員の入れ替え時に生じていた現象とは同種である。確かに議決の方法は口頭による意志表明と挙手という違いがあるものの、二つの手法は共に一人一票の原則に従うという点では同じであった。しかも、有権者でない者を排除することなく議決への参加を許すという習慣を共に持ち合わせていた。そして納税者による投票が既に決した議決を否定したのも同じであった。

複数投票制はヴェストリーに留まらず、「一九世紀の制定法で創設されたさまざまなタイプの地方団体の選挙で採用された」[70]。貧民監督官、埋葬委員会だけでなく公道委員会（Highway Boards）、図書館委員会（Library Commisioners）、学校委員会（School Board）、地方衛生局（Local Board of Health）で採用された。複数投票制の採用は、これらの「地方団体」がヴェストリーで委員を選出してもらう場合など、「地方団体」が外部と接する点に限ったのか、さらには「地方団体」の内部にまで及んだのかは不明である。ただしその採用は少なくとも各種の「地方団体」に一定の広まりを持ったとは言える。しかも複数投票制はヴェストリーでは一八九四年まで維持された。この年に制定された地方自治法が、複数投票制を規定した教区会法の第三条を廃止したからである[71]。

複数投票制は、このように法制度上は対象が拡大し、少なくとも一世紀近くにわたって採用された。したがってシェフィールド町区の埋葬委員会に限らず、シェフィールド市内の他の「地方団体」や委員会で採用された可能性もある。とりわけ一八六〇年代からシェフィールド市議会を含め市政全般で自由党の勢力が衰退し、保守党が躍進していった[72]。公安委員会（Watch Committee）、公道委員会（Highway Committee）、下水委員会（Sewerage Committee）、改良委員会（Improvement Committee）、多目的委員会（General Purposes Committee）で保守党は一八六〇年代から優位に立つと共に委員長を輩出した。さらには「一八八〇年代には各委員会で保守党関係者は委員数に焦点を絞り、一八八三年には保守党はほとんどの委員会で多数派をかちえた」[73]。これらの委員会で躍進する手段として、いわば保守党による公職独占の一環として保守党は一人一票制に代えて、複数投票制を活用したと考えられないか。しかも八〇年の投票で勝利して、チャーチ・パーティーもしくは保守党の埋葬委員が多数派の五人を占めたシェフィールド町区の埋葬委員会は、その後は投票を実施していなかった。八一年五月に開設された墓地の運営体制が固まったことで、埋葬委員会の体制を変更する必要性も低下したからである。例えば八二年の埋葬委員の入れ替え時には、挙手で敗れた側の求めで投票の実施が検討された[74]。対立したのは、挙手で勝利した自由党の候補者と敗北した保守党の候補者であった。埋葬委員の候補者として両者は、一人の現職を共通にするも、他の二人で異なる新人を擁立した。しかし自由党も保守党も新人候補者二人のうち一人の立候補を見合わせ、残った一人を埋葬委員に就任させることで投票を回避した。(75) 結局八二年度の埋葬委員も保守党が五人の多数派を構成した。(76) 八三年以降の埋葬委員の選出では、投票が実施されないだけでなく、挙手すら実施されず話し合いで埋葬委員の選出が行われ、かつ再任が多い。(77) 保守党が多数派の五人を占めたことが予想できる。さらには九〇年代には埋葬委員の選出がよほど形式的になったためか、ほぼ選出に関する史料を入手できなかった。(78) これは、墓地の運営体制の安定化によって埋葬委員会に異議が唱えられなくなったこと、さらに複数投票制が九四年の地方自治法で廃止されたことが寄与していよう。同様の体制維持を目的とした形式化傾向は、埋葬委員会の運営にとって重要な委員長職にも当てはまる。委員長職は八〇年度から九九年度まで一年毎に交代して担われた。(79) 複数年度を連続して務める者はおらず、数年以上の間隔を置いて二度務めた者が五人いただけである。埋葬委員の間での輪番制と言うべきこの習慣に関して「毎年新しい委員長を選出するというこの習慣に従うことで、委員長職に就任したときに全埋葬委員が町区にあらゆる考え得る強みでもって職責を果たしている」と肯定的な評価が語られた。(80)

一九〇〇年三月には埋葬委員会はその役割を終えた。同月二五日にシェフィールド町区とブライトサイド町区の二つの埋葬委員会、さらにアタークリフ・アンド・ダーノール町区のアターナルとダーノールの二つの埋葬委員会がシェフィールド市のもとに一本化された。(81)

おわりに——埋葬委員の選出とチャーチ・パーティー——

本章では一九世紀後半に自治体共同墓地を建設、運営した埋葬委員会における埋葬委員の去就問題についてシェフィールド市の中心シェフィールド町区を舞台に取り上げた。議論の中心となったのは埋葬委員の選出過程である。埋葬委員は町区会における挙手、投票、話し合いの三つの方法で選出された。

シェフィールド町区の埋葬委員会は一八七六年一二月に活動を再開した。七七年度から八〇年度までの四回の挙手による埋葬委員の選出は、埋葬委員の候補者の支持者をどれだけ会場に動員できるかで決した。チャーチ・パーティーと反チャーチ・パーティーは支持者の動員力を競った。結局、動員力で不利と判断したチャーチ・パーティーは、挙手から投票へと方針を転換した。投票では、有権者の財力によって所持する票数に差が設けられており、八〇年の投票の実現でチャーチ・パーティーは、九人の委員からなる埋葬委員会において多数派たる五人を確保できた。

しかしながら多数派を得たといってもチャーチ・パーティーは埋葬委員会における議事で、反チャーチ・パーティーが危惧したように、聖別地の更なる拡大と埋葬料の国教会聖職者に有利な設定を希求したわけではなかった。確かに聖別地は一六・五エーカーから二〇・五エーカーに七八年五月に拡大し、それ以後も拡大を求めるチャーチ・パーティーの動きがあったけれども拡大に結びつかなかった。聖別地と他の埋葬地の面積は共に二〇・五エーカーで均等なままであった。埋葬料に関しても八一年五月の開設式以降の埋葬において概ね埋葬料は安価と評価され、最も安価な埋葬料の墓は労働者階級の人々によって積極的に購入された。むしろチャーチ・パーティーは、投票における労働者票での敗北から、投票以前の埋葬委員会の活動方針を概ね踏襲した。

しかしながらチャーチ・パーティーは、投票で勝利することにより埋葬委員会で多数派を構成できた。彼らを支援した保守党は、一八六〇年代からシェフィールド市の政治全般を自由党から奪取しつつあった。保守党は市政掌握の一環として「地方団体」や各種の委員会における多数派の確保に努めていたため、埋葬委員会におけるチャーチ・パーティーの支持に到った。保守党は一人一票制と複数投票制の二つの選挙制度を町区会が併用している点を活用し、その目的を達成した。本章での検討から、一人一票制を希求する国政（史）とは異なる、「納税者民主主義国家」イギリスの一端が垣間見えたと言える。

第4章
ダービー市の自治体共同墓地における墓の利用

乳児の葬送。
イギリスの画家フランク・ホールによる絵画「彼女の第一子」(*Her First Born*)(1876)。
出典 : Mark Bills, *Frank Holl: Emerging from the Shadows* (London, 2013) p.122.

「乳児の遺体が納められた棺を中心として強調される白色は子どもの埋葬で伝統的に用いられる色である。」
出典 : Pat Jalland, 'Victorian Death and Its Decline: 1850-1918', in Peter C. Jupp & Clare Gittings, eds, *Death in England: An Illustrated History* (New Jersey, 2000) p.239.

はじめに――ダービー市の埋葬委員会――

自治体共同墓地の建設とその意味、そして埋葬委員の選出問題について、これまでの各章で論じた。しかし自治体共同墓地は埋葬が繰り返される墓地として利用されたため、運営に関する理解が不可欠である。それにも関わらず埋葬委員会による墓地運営についての先行研究は乏しく、以下の各章でこの研究上の隙間を埋めたい。

一八五〇年代に埋葬法によって各地で設置された埋葬委員会は一八九〇年代まで活動を続けた。[1] 一八九〇年代には地方自治体の改革が行われ、埋葬委員会はその役目を終えた。つまり一八九四年と九九年の地方自治法によって新設された多層性の地方当局が自治体共同墓地の建設、運営を担うことになり、埋葬委員会の役割を引き継いだのである。埋葬委員会はこのように半世紀近く活動した。しかも埋葬委員会は前述したように市、教区連合、教区、分教区、町区など、救貧制度が独立して機能する行政単位によって設置された。したがって検討対象とする時期と地域によって取り組んだ問題も異なったことが予想しうる。

本章では、イギリス全域に設置された自治体共同墓地のうち、ダービー市に設置されたものを取り上げる。市の人口は一八五一年のセンサスによると四万三六八四人であった。[2] 埋葬委員会は市を構成する七教区が連合して五三年に結成された。五一年のセンサスによる人口順に並べた七教区の名称とその人口は以下になる。セント・ピーターが一万三七〇二人、セント・アークムンドが一万一九一八人、セント・ウォーバーグが一万四八二人、オール・セインツが四三九六人、リトチャーチが一七二〇人、セント・マイケルが一〇三六人、リトル・チェスターが四三〇人であった。人口は最多のセント・ピーター教区の一万三七〇二人から、最少のリトル・チェスター教区の四三〇人まで、かなりの開きがあった。しかしこれらの七教区からは均等に九人ずつ選出され、計六三人が埋葬委員会の委員を構成した。これらの埋葬委員は定期的に会合を開催し、墓地の建設について議論を重ねた。そして埋葬委員会は、五五年五月にダービー市で最初の自治体共同墓地を市外のチャデスデンに開設した。(3) 墓地の面積は一八六〇年の時点で聖別地が二四エーカーと非聖別地が一二・五エーカーであった。(4)

本章では、埋葬委員会によって建設された自治体共同墓地における、墓の利用に着目する。前述したように、自治体共同墓地に限らず共同墓地、さらには教会墓地に関しても、墓の利用に関する先行研究は見当たらない。何故このような状況が発生しているのか。墓が絶えず設置されている時期の墓地は、墓地としては問題なく運営されているため、史料上に記録が残りにくいと考えられる。そのため、墓の利用に関する研究を行うことが困難なのではないか。しかし、この間にこそ墓地は墓地として利用され、都市における埋葬の慣習が繰り返された時期である。墓の利用への注目は、墓地の通常時とも言うべき時期への注目に繋がる。

では、墓の利用、とりわけ自治体共同墓地での墓の利用について知るにはどのような手がかりがあるのか。手がかりとするのは、埋葬委員による議論である。前述したように、ダービー市の七教区から選出された埋葬委員は定期的に集い、墓地の建設について議論を交わした。彼らは、墓地建設後も定期的に会合を開き、墓地の運営について議論を行った。この墓地の運営に関する埋葬委員による日常活動のなかで、墓の利用への言及がある。これを手がかりとする。

第1節　墓の種類

ダービー市の自治体共同墓地にはどのような種類の墓が設定されたのか。人々が墓を利用するとしても、墓の種類がまず決められる必要がある。墓地の開設を二ヵ月後に控えた一八五五年三月に埋葬委員会は四種類の墓、つまり共同墓、指定墓地、納体堂、カタコンベを設定した。(5)

カタコンベは通常は地下墓所であった。ただし、窪地に設置されたカタコンベ、さらには壁面を利用したカタコンベ(mural catacomb)もあった。(6)カタコンベは一九世紀前半に著名な民間共同墓地で人気を得たものの、世紀中葉には人気が廃れた。(7)ダービー市におけるカタコンベもさほど人気を得なかったようだ。カタコンベはその内部を一定の区画、セル（cell）を単位として分売された。カタコンベはいったん設置されると、拡張にしろ、新設にせよ大かがりな工事が必要となるため、需要の増加への迅速な対応が困難であった。したがってカタコンベは、その内部のセルを売り切ると、販売終了となることが多かった。ダービー市のこの墓地でも、カタコンベは、この限られた供給能力とその人気のなさのために、四種類の墓のうち、補助的な扱いしか受けなかった。

主たる墓は共同墓、指定墓地、納体堂であった。共同墓は、料金が他の墓と比べると最も安価であった。遺体の間に血縁関係が想定されていない複数の遺体が一つの墓に埋葬された。共同墓の利用者は一定期間だけ遺体を埋葬してもらった。埋葬期間経過後の遺体は掘り返され、まとめられるなどした。指定墓地では、個人の遺体もしくは親族関係にある複数の遺体が埋葬された。指定墓地の利用者は、一定の広さの土地を購入し、そこに墓を建て、その地下に遺体を埋葬した。納体堂では、利用者が一定の広さの土地を購入し、墓として建物を建てた。

表1　墓の等級制度

墓の種類 / 等級	納体堂		指定墓地		共同墓	
等（墓）	1等	2等	1等	2等	1等	2等
級（埋葬地）	1級	2級		3級	4級	5級

Derby Mercury（14 March 1855）p.8, col.a から作成

この建造物は家の概観をしばしば持ち、指定墓地とは異なり、その内部に遺体を収用した。

これらの三種類の墓は、1等と2等に二分されつつ、さらに地価順に五級に区分された埋葬地に重ね合わされた（表1参照）。最も地価の安い5級の埋葬地には、最も安価な墓である2等の共同墓が設置された。2等の共同墓に関して、利用者が払う料金は「墓を作る（making）」実費のみであり、埋葬は「不規則な」ため、埋葬後の遺体を特定することが困難であった。埋葬期間は少なくとも三〇年であった。続く4級の埋葬地には1等の共同墓が設置された。1等の共同墓では、利用料金が「六シリング六ペンス」であり、この額は用地価格の半額程度に相当し、残りの額は当局によって負担された。1等の共同墓は2等の共同墓と異なり、「規則的な順番」で遺体が埋葬されたため、遺体を埋葬後も特定できた。ただし遺体の埋葬期間はやはり三〇年であった。3級の埋葬地には2等の指定墓地が設置された。2等の指定墓地の利用者に「事務員」と「商人」を埋葬委員会は想定した。2等の指定墓地では、埋葬委員会が自由保有権を利用者に売却するため、埋葬期間は定められず、埋葬された遺体が掘り返されることはなかった。2級の埋葬地には1等の指定墓地と2等の納体堂が設置された。共に自由保有権が売却された。1級の埋葬地には1等の納体堂が設置された。やはり自由保有権が売却された。1等の納体堂の料金は、各地の共同墓地で通常請求される2等の納体堂の料金の平均額に近づけるように埋葬委員会が調整することで、安価に設定された。

指定墓地と納体堂に関して、占有面積による三タイプの区分も埋葬委員会は設定した。つまり、九フィート×四フィート、九フィート×八フィート、そして後者を単位に二以上の自然数を掛けて拡大したタイプであった。

表２　指定墓地の料金制度

等 / 面積	1等	2等
9ft. × 4ft.	3l.3s.	1l.11s. 6d.
9ft. × 8ft.	6l.6s.	3l.3s.
（9ft. × 8ft.）n	6l.6s. ＋ 2l.2d.（n-1）	3l.3s. ＋ 10s.6d.（n-1）

nは二以上の自然数。*Derby Mercury*（14 March 1855）p.8, col.a から作成

表３　納体堂の料金制度

等 / 面積	1等	2等
9ft. × 4ft.	14l.14s.	9l.9s.
9ft. × 8ft.	27l.6s.	18l.18s.
（9ft. × 8ft.）n	27l.6s. ＋ 3l.3s.（n-1）	18l.18s. ＋ 2l.2s.（n-1）

nは二以上の自然数。*Derby Mercury*（14 March 1855）p.8, col.a から作成

利用料金はどうだったのか。2等の指定墓地の場合、九フィート×四フィートの面積で一ポンド一一シリング六ペンス、九フィート×八フィートで三ポンド三シリングであった。九フィート×八フィートを単位に二以上の自然数を掛けて拡大したタイプは、基本部分と拡張部分に分けて料金が設定された。つまり九フィート×八フィートの基本部分に三ポンド三シリングが課され、さらに九フィート×八フィート拡張するごとに一〇シリング六ペンスが加算された。基準額が上昇するものの、1等の指定墓地、1等と2等の納体堂でも、同様の方法で料金が設定された（表2、表3参照）。

　占有面積に応じて、収用できる遺体の上限の数も設定された。納体堂の場合、九フィート×四フィートは三人、九フィート×八フィートは六人、後者を単位に二以上の自然数を掛けて拡大したタイプは、六人×自然数の人数であった。ただし、指定墓地では、どのタイプの占有面積に関しても、遺体の上限の数は設定されなかった。墓の建立費用が埋葬委員会に支払う料金に含まれていた納体堂と異なり、指定墓地では墓の建立費用は購入者が別に払った。したがって、埋葬される人数の上限を埋葬委員会が設定する必要はなかった。

こうして、ダービー市の自治体共同墓地における、墓の種類の基本的な体制が確立した。

第2節　新たな埋葬先の模索

墓の種類が定められ、墓の設置が進んだ。本節では、墓の設置が進み一定の限界に達して起こった出来事に注目する。この過程に注目することで、墓の利用状況と利用可能性が判明する。

一九世紀のイギリスでは人口が増加した。特に都市人口は急速に増加したため、一九世紀中葉には農村人口を上回った。ダービー市でも人口は、一八五一年に四万三六八四人、一八六六年に五万三〇〇〇人、一八八一年に八万一〇〇〇人へと増加した(9)。人口が増加するにつれて死者数も増加した。埋葬される遺体が増加した結果、新たな問題が発生していると、六九年五月の埋葬委員会の会合で報告された(10)。「我が共同墓地は急速に遺体の埋葬が進んでいる」と司会者が告げた。特に四級と五級の埋葬地における過密ぶりに、埋葬状況を記した地図を見た多くの埋葬委員が驚きの声を上げた。具体的には「非聖別地では、5級にはあと数年は十分対応できる土地がある。しかし、4級は既に不足している。聖別地では、4級の埋葬地はもう直ぐ遺体で一杯になる。5級はさほど混み合っていない。しかし3級はとても過密である(11)」。この墓地の埋葬地も、他の自治体共同墓地と同様に、国教徒が埋葬される聖別地と、プロテスタント非国教徒が主に埋葬された非聖別地とに分けられた。前述したように、一八六〇年の時点で面積は聖別地が二四エーカーと非聖別地が一一・五エーカーであった。この墓地は、一八五五年の開設から一四年後の六九年に、早くも遺体の埋葬能力が限界に達していた。一八五〇年代にも、全国の都市の教会墓地を中心に、既存の墓地が遺体を埋葬しきれなくなった。このときは、郊外に共同墓地が自治体によって設置されることで、埋葬地を提供した。それから約二〇年後の今回はどうなったのか。

ダービー市の自治体共同墓地における各級の埋葬地の状況から、新たな埋葬地の早急な確保が必要であると判明した。そこで、この墓地に隣接したサー・ヘンリー・ウィルモットの所有地かデヴォンシァ公の所有地か、どちらかを購入できないか埋葬委員は議論した。より有力な候補地としてウィルモットの所有地が選ばれた。そこでウィルモットと交渉をする委員会が結成された。

交渉は順調に進んだ。九月の埋葬委員会の会合では、ウィルモットと埋葬委員会の双方が各種の条件で同意に到ったと判明した。[12] 並行して行われていた、内務大臣への土地購入の認可申請に内務大臣から許可が出たとも報告された。

しかし、埋葬委員会に委員を出している七教区で、土地購入申請の認否が分かれた。オール・セインツ教区会では以下の決議が可決された。

本会は、ノッティンガム・ロード共同墓地に今後数年は埋葬を目的とした十分な土地があると信じているため、この共同墓地を拡張するための申請を認可しない。内務大臣は、埋葬目的に利用できるよう、4級と5級の埋葬地にある墓と墓の間の土地を使う許可を与えられたい。同様に、それらの埋葬地で各墓が占める用地を、子供の墓用に幾つかの用地に細分する許可を与えられたい。

ノッティンガム・ロード共同墓地とは、本章で対象としている墓地のことであり、墓地に隣接した道の名称をとった呼称である。土地購入申請を認可しなかった、この決議と同様のものが、セント・アークムンド、セント・マイケル、リトル・チェスターの三つの教区会でも採択された。これらの教区会とは異なり、セント・ピーターとリトチャーチの両教区会は申請を認可した。残るセント・ウォーバーグ教区会はこの九月の会合の時点では、まだ態度を明らかにしていなかった。

　七教区の教区会の判断を受けて、埋葬委員会は難局に立たされた。七教区のうち四教区という多数派を占める教区が、土地購入申請を認可しなかったことは、土地購入の交渉継続を停止に追い込んだ。しかしながら、遺体の埋葬は続くため、何らかの方法で埋葬先を確保する必要があった。今回の会合では、埋葬先確保の様々な選択肢に埋葬委員が言及した。これらの選択肢に関する議論から、墓の利用状況と利用可能性が判明する。

　埋葬先を確保する選択肢としてまず検討されたのは転用案である。これは、埋葬がまだできる、つまり墓の設置が可能な埋葬地の級を、不可能となっている埋葬地を持つ級に転用する案である。議論のなかでは、墓を設置できる用地がある、最上級の1級の埋葬地を、墓の設置が困難な埋葬地を持つ3級と4級に転用することに司会者のウィストンが言及した。しかし一方で彼は、この転用は「一時凌ぎである。というのは、1級の利用できる埋葬地はとても僅かだからだ」と転用余地が少ないことを問題にした。埋葬地の転用は、各級における販売契約の違反に繋がることも別の埋葬委員が指摘した。大前提としては、「我々は土地を一定の条件のもとに高価な値段で販売した。この条件に反する権利はない」。つまり、上級の埋葬地を、下級の埋葬地に設定し直すことで、同じ土地なのに購入価格を安価に再設定することを問題視したのである。別な契約上の問題も他の埋葬委員が指摘した。埋葬委員会は4級、5級の利用者から料金を受け取った。「しかし、彼らは自由保有権保有者ではない」。これに対して、1級、2級、3級の料金を払った者は自由保有権保有者であった。つまり、1級、2級、3級の埋葬地では自由保有権が売却されたため、その購入者は購入地の永続的な所持を認められていた。しかし転用によって、購入時の環境が維持されなくなることに複数の埋葬委員が危機感を表明した。

　転用案に続いて挙げられたのは追加埋葬案である。これは、墓の設置が困難な級の埋葬地にある、既に遺体が埋葬された墓に、別な遺体を追加して埋葬する案である。ではどのような墓に誰を追加埋葬することができたのか。会合に同席していた事務員が関係する規則を紹介した。「壁に囲まれていない墓は、一二歳以上の遺体なら、埋葬後一四年以内、一二歳未満の遺体なら、埋葬後八年以内は開けてはならない。ただし、家族の追加埋葬は別である」。「壁に囲まれていない墓」とは、地中に遺体を埋葬する墓のことである。これに納体堂、カタコンベは含まれない。この埋葬墓であれば、一定期間後に埋葬委員会が墓を開け、追加埋葬ができた。ただし埋葬墓であっても、全ての墓で可能であったわけではない。自由保有権を売却している、2級の1等の墓と3級の全ての墓、つまり指定墓地には追加埋葬ができなかった。できたのは故人の家族だけである。したがって埋葬委員会が追加埋葬できたのは、4級と5級の墓、すなわち共同墓で、かつ故人の死亡時の年齢が一二歳以上なら埋葬から一五年以上の墓、一二歳未満なら九年以上の墓であった[13]。

このように一定の条件下なら追加埋葬が可能だった。しかし、埋葬から「一四年が経過した貧者の墓を開けられるのに、富者の墓には敬意を払っていると貧者が気付いたら、ひどく怒るだろう」と追加埋葬の実施に懸念が示された。規則を盾に、貧者の墓を開けて、追加埋葬をするのに対して、富者の墓は開けずに済ますことは差別であり、反発を招くと危惧されたのである。実際、同様の問題で、マンチェスターでは「あわや騒擾」の危機が生じた。したがってせいぜい、「埋葬から一四年が経過した友人の墓に故人の埋葬が追加してなされるなら、私は納得する。しかし、知らない人の墓に、見境無く埋葬したくはない」と言った埋葬委員の見解が現実的な対処だっただろう。既に埋葬されている人に無関係な第三者を、追加埋葬することは抵抗が大きかった。この抵抗は、救貧対象者の埋葬、つまり貧民埋葬が、一八三四年の救貧法による劣等処遇の原則に従って、可能な限りサービスを削減した上で実施されていたことへの反発も寄与していただろう[14]。例えば貧民埋葬としてサービスが削減された例である、詰め込み埋葬では、一つの墓に縁もゆかりもない複数の人物の遺体が埋葬され、かつ埋葬される遺体の数は墓穴の許容量をしばしば超過した。この粗雑な詰め込み埋葬を先の追加埋葬は想起させたのだろう。

転用案、追加埋葬案に続いて埋葬委員が議論したのは新設案である。これは、墓と墓の隙間、つまり本来墓を設置する予定のない場所に新たに墓を設ける案である。この新設案を提案したのはE・コランベルであった。彼は、ダービー市の自治体共同墓地を拡張するための土地購入申請を認めなかった、セント・アークムンド教区から選出された埋葬委員であった。この状況を踏まえてコランベルは発言した。土地購入を認めなかったからといって「セント・アークムンド教区会が事情を知らないと考えるべきでない」。セント・アークムンド教区の「名誉ある補助事務員として私は、会合を告知する広報紙を印刷してもらった」。「その会合で全ての関係者が集まり、土地購入について議論した会合には、「一四人ないし、一五人もの参加があった」。というのも、一つの墓に縦九フィート、横四フィートの用地を充てているのに気付いたからだ」。これは、横たえた遺体の身幅を二フィートとしたら、遺体の「両側に丸二フィートの余地を残す」ことになる。しかも実際に「埋葬される遺体の三分の二は幅二フィートに達しなかった」。だから埋葬されている遺体と遺体の間には、二フィート以上の余地があったと言える。これらの遺体の身幅の事情に加えて、横たえて埋葬された遺体の頭上と足下にも余地があった。遺体の「頭上と足下には、三フィートの余地がある」。一つの遺体に充てられている縦九フィートは、遺体の身長を六フィートとした場合、一・五フィートずつの余地を頭上と足下に残すことになる。したがって二つの遺体の間には、三フィートの余地が残るのである。ここでも、遺体の身長が六フィートに達することは少なかった。だから三フィート以上の余地が残ろう。こうして計算上は、遺体の両側には二フィート以上、頭上と足下にも三フィート以上の余地が残る計算になる。しかも「遺体の三分の一は五歳以下の子供のものである」。それなのに「子供は大人と同様のスペースを占有していた」。このことも遺体の四方に余地をさらに残すのに寄与した。実際は墓に接した道があるため、四方で他の遺体に隣接していることは少なかった。しかしながら道を含んでも、かなりの余地を抱えていたことに変わりはない。これらの余地に墓を新設することをコランベルは要求した。これによって、「二、三年間、土地の拡張を延期でき、二〇〇〇ポンドの節約ができる」と見積もった。この新設案に関して、墓掘人の見解を聴くため会合は休会となった。

四日後の九月一三日に再開された会合で、墓掘人は調査結果を報告するとともに証言をした(15)。九月一一日に実施された現地調査で墓掘人は、運河に近い埋葬地と高台にある埋葬地を選び、それぞれ穴を掘った。それぞれの穴の両脇にある墓に納められた棺と棺の距離は、二フィート一〇インチと二フィート四インチであった。これらの距離のうち、埋葬時に掘られなかった部分の幅は一フット九インチと一フット一〇インチであった。運河に近い埋葬地では、掘り出された「棺は埋葬された日と同様にしっかりしていた」。「これは、運河が近く、土が水分を含んでいるため」であった。こちらの埋葬地では、墓と墓の間に墓を新設するため、穴を掘ることが可能なようだった。一方、高台にある埋葬地では、掘り出された「棺は壊れ始めていた」。というのは、墓が幾分か高い場所にあり、土がとても乾燥していたからだ」。しかも、墓掘人は墓と墓の間の土を全て掘り返せなかった。以前掘り返された土が崩れ出さないように、少し土を残したからだ。つまり、高台にある埋葬地では、土壌の問題から、棺の保存状況が悪く、土も崩れやすかった。そのため、墓と墓の間に新たに墓を設けるために土を掘り返すことは困難であった。

調査結果に続いて 同じ墓掘人がこれまでの墓掘りの経験に関する証言もした。これまで掘ってきた墓に関して、「平均した墓自体の幅は二フィート二インチであった」。前述したように、一つの墓の用地は縦九フィート、横四フィートが標準サイズであった。墓の用地サイズを先の墓掘人の話と重ね合わせるなら、横四フィートのこの用地の中心線から一フィート一インチずつ両側に張り出すスペースを、棺が収められるスペース、つまり墓穴が占拠する。だから墓掘人は「墓と墓の間の土地に埋葬するのは困難と判断した。理由は、もし二フィート二インチ幅の墓を新たに掘ったら、両脇の墓に必ずぶつかるからだ」。より小さくて済む「子供用の墓を掘る場合でも、棺に必要な場合よりかなり墓を大きくする必要がある」。というのは「墓が小さな棺を納めるだけの大きさしかなければ、墓穴で立つことも、土を掘り返すこともできない」からだ。この問題を避けるべく、墓が子供一人の場合より大きい、「二人の子供を、墓の間の土地に埋葬しようとしても、先に置かれた子供の棺が、もう一人の子供の墓を掘るためには、常に邪魔になる」ため、埋葬作業は困難であった。

墓掘人による調査結果と証言を聞いた司会者のウィストンは、「墓と墓との間の土地に埋葬することは不可能であるようだ」と答えた。他の埋葬委員も同様であった。そこで彼らは新設案の採用を諦め、転用案、追加埋葬案、土地購入案のいずれを選択すべきか議論をした。

W・グリフィス牧師は、追加埋葬の実施は「この都市にこれまでで最大の動揺をもたらす」と危惧した。しかし、「様々な級の埋葬地を利用すれば、来る五年分の埋葬には対応できる」という事務員の指摘に従い、今何も対策を取らなくても、「五年後には、追加埋葬か共同墓地の拡張かを実施しなければならない」。それなら、「今回の共同墓地を拡張する絶好の好機」を逃さないほうが良いと判断した。「この新しい土地を購入したら、そこが遺体で一杯になる前に、現在の共同墓地に埋葬されている故人を知っている世代の人々は亡くなるので、彼らは、追加埋葬が実施されても気分を害すことは無いだろう。しかもそのときには、埋葬以来かなりの時間が過ぎているので、遺体の分解は完了しているだろう」。この牧師の考えは、土地購入案と追加埋葬案の併用案である。グリフィス牧師以外の埋葬委員も、直ぐ追加埋葬を行うことは、存命中の関係者から怒りを招くと主張したため、土地購入案が支持を受け始めた。

しかし、リトチャーチ教区から選出された埋葬委員J・アースキン・クラーク牧師は土地購入に反対した。その理由として、「自分と自分の教区民が住む教区から拡張予定地が非常に遠方である」ことを上げた。クラーク牧師はリトチャーチ教区の教区会でも同様の反対理由に言及していた。教区牧師としての彼は、教区民を長らく埋葬してきた教区教会墓地での埋葬が停止されたため、その責任から、教区民の埋葬がより近くで実施できるように配慮を求めたのだろう。土地購入案に代えて、クラーク牧師は二つの案を示した。一つは、「かなりの余地がある」一級の埋葬地を他の級の埋葬地に充てる転用案である。もう一つは、「様々な級の埋葬地を利用すれば、来る五年分の埋葬には対応できる」という事務員の先の指摘に現在は従い、五年後に「最も便利な場所に手頃な土地を入手する」という土地購入案であった。

クラーク牧師の反対にも関わらず、司会のウィストンは現在交渉中の「アルヴァストンより近い土地をこの町のリトチャーチ側には確保できない」と答えて、ウッルモットと交渉中の土地アルヴァストンがリトチャーチ教区にとって最も近い場所であると応じた。そしてウィストンは提議した。「本会は、ノッティンガム・ロード共同墓地がサー・ヘンリー・ウィルモットから二〇エーカー、一ロッド、一〇パーチの土地を購入して拡張されることを望む。各教区会においては土地購入問題を再考されたい」。提議は可決され、各教区会に事情を説明する代表団が任命された。

各教区会からの返答が明らかになったのは、翌月の一〇月末に開かれた埋葬委員会の会合だった。[16] 代表団による説得にも関わらず、七教区のうち多数派を占める教区が購入申請をまた認可しなかった。その結果、埋葬委員会は土地購入を、九月初めに続き、再度断念した。教区会の土地購入反対への決意は堅かったのである。

第3節　新たな埋葬先の発見

ダービー市の自治体共同墓地を拡張するための土地購入申請が二度も拒否された埋葬委員会は、難局に陥った。ここで事態の打開に努めたのがコランベルであった。彼は、埋葬委員会の九月初めの会合でも、墓と墓の間に墓を設ける新設案を提言していた。しかしこの時は、この新設案を、墓掘人による調査結果と証言を受けて、埋葬委員会が実施困難とみなし、採用しなかった。この失敗にも関わらず、コランベルは、土地購入申請が再度認可されなかったと判明した一〇月末の会合で、新設案を再度提言した)。新設案によほど自信があったようだ。彼は、新設案に加えて、今回は子供用の墓転用案も提言した。子供用の墓転用案とは、まだ遺体が埋葬されていなかった「三〇〇〇の墓の用地を1級の埋葬地から取り出し、子供用の墓に転用する」案であった。ただし、現在は大人と同じである子供用の墓の用地サイズを、内務大臣に許可をもらって、「九フィート×四フィート」から「六フィート×三フィート」へと、面積を半減させた上で設置する。これにより、「大人三〇〇〇人分ではなく、子供六〇〇〇人分の墓を埋葬地に確保できる」。その結果、過去一五年と同様のペースなら、少なくともこれから一五年分の子供の墓が確保できる。この案を採用しても「過去の経験から、大人の埋葬には十分な埋葬地が各級の埋葬地にある」。一部の墓の個数を二倍にするこの方法をコランベルは強く押した。

新設案と子供用の墓転用案から成るコランベル新案には、幾つかの反対があった。しかし、どれもコランベル新案に対する有力な反対案とはならなかった。土地購入申請に多くの教区会から二度も不認可を突き付けられたことから、埋葬委員会は他に有力な選択肢を持たなかった。

そこでコランベル新案を進める以下の提議が成立した。

コランベル氏が、ノッティンガム・ロード共同墓地に現存している墓と墓の間の土地に埋葬をするという計画を、本会合に提出したため、委員会の委員が任命されるよう決議する。当該委員会は、同案を検討し、さらに、1級と2級の埋葬地が他の級の埋葬地に転用できないのか、また転用できるとすればどこかを検討する、その上で今後の埋葬委員会の会合にレポートを提出するものとする。

言及された委員会の委員には七教区二名ずつ計一四人が就任した。

委員会は六九年一二月の埋葬委員会の会合にレポートを提出した。(18) しかしその内容が、コランベル新案の内容と完全に対応しているわけではなかった。委員会として独自の考えがあったようだ。レポートは内容から三分できた。

レポートでまず取り上げられたのは、子供用の墓新設案であった。子供用の墓に関して、コランベルは大人の墓の用地面積を半減させ、墓の個数を二倍にする子供用の墓転用案を示していた。この案とレポートで提示された子供用の墓新設案の間には違いがあった。墓と墓の隙間に墓を設ける新設案については、既に大人用の墓だけでなく、子供用の墓であっても、墓掘人の調査結果と証言から実施困難との判断を埋葬委員会は示していた。しかしレポートを作成した委員会は、4級と5級の埋葬地において、既設の墓の間に、一三歳未満の子供用の墓を新設できるかどうかを実地調査した。子供の墓は遺体の身幅の違いから、九歳未満と、九歳以上一三歳未満の場合に分けられた。新設された墓と既設の墓との間に、九歳未満の場合、九インチから一〇インチの余地が残り、九歳以上一三歳未満の場合、五インチから八インチの余地が残った。この結果から委員会は、九歳未満であれ九歳以上一三歳未満であれ、これらの子供用の墓新設案が実施可能であると考えた。さらに委員会は、この案が既設の墓とどう関わってくるかも予測した。4級と5級の埋葬地の埋葬状況は表4になる。

表4　埋葬数（1855年5月〜1869年9月30日）

種別＼級	4級	5級	計
聖別地	6,963	4,427	11,390
非聖別地	20,43	852	2,895
計	9,006	5,279	14,285

Derby Mercury（15 December 1869）p.2, col.d から作成

既設の墓の間の土地の数は表4に記入されている埋葬数にほぼ等しかった。だから埋葬数の分だけ、子供用の墓を新設できると委員会は予測した。一三歳未満の子供の埋葬は、一八六八年七月一日から六九年六月三〇日までの一年で、聖別地に六三六件、非聖別地で二〇六件あった。この数を、墓地開設から現在までの、一四年五ヵ月に換算すると、全埋葬数一万四二八五件の三分の二強を占めた。つまり、これまでと同様のペースであれば、少なくとも今後一四年五ヵ月は、一三歳未満の子供の墓を既設の墓の間に新設できることを委員会は想定した。

子供用の墓新設案に続いて、レポートを作成した委員会が取り上げたのは転用案であった。そこでは1級、2級、3級の埋葬地を他の級に転用する可能性が探られた。

埋葬地のうち聖別地に関して、「1級には二二〇〇余りの墓を建てる用地がある」。開設以来、「一年に一件の割合で売却されてきた」ため、一四ないし一五の墓が建立されたことになる。以後同様に「2級には、二七〇〇の墓の用地がある」。「一年に二〇件の割合で売却されてきた」ため、約三〇〇の墓が建立された。「3級には三〇〇〇の墓の用地がある」。「一年に二九件の割合で売却されてきた」ため、現在は約四三〇の墓が建立された（表5参照）。

聖別地に関しては1級、2級、3級の埋葬地で、墓が設置されていない多くの用地があったため、「かなりの埋葬地が4級、5級に転用できる」。

聖別地に続いてレポートを作成した委員会は、「非聖別地に関して、1級、2級、3級の埋葬地は僅かな変更をするだけで、現状を維持すべし」との考えを示した。非聖別

表5　聖別地における墓の設置状況

墓の設置＼級	1級	2級	3級
未設	2,200	2,700	3,000
既設	14か15	約300	約430

Derby Mercury（15 December 1869）p.2, col.d から作成

表6　大人の墓の設置可能数

種別＼級	1級	2級	3級	4級	5級
聖別地	976	1,199	1,961	3,413（4,5級併せて）	
非聖別地	371	763	613	766	430

Derby Mercury（15 December 1869）p.2, col.d から作成

地は、聖別地ほど上級の埋葬地が余っているわけではない。変更すべき事例としては、「3級の埋葬地に現状より多くの土地を充てる」ことで、拡張するよう提案した。

委員会は聖別地に関する転用案を採択したという想定で、今後設置できる大人の墓の個数を見積もった（表6参照[19]）。

転用案に続いて委員会はレポートで、整備による墓の用地創出、つまり整備案にも言及した。カタコンベ周囲の整備で、一五〇〇の墓の用地が確保できると見積もった。そのうち一一〇〇を聖別地に、四〇〇を非聖別地に充て、植物を植えている場所の整備によっても一七〇〇の墓の用地が確保できるとした。そのうち、一二〇〇を聖別地に、五〇〇を非聖別地に充てる予定だった。

これらの三つの案、つまり子供用の墓新設案、転用案、整備案の全てを採用して確保した墓の用地を、これまでの埋葬ペースを基に、何年分の需要に対応できるかも委員会は予測した。子供の墓は、一八六八年七月一日から六九年六月三〇日までの一年のペースなら、確保した墓の用地で一八年から二〇年分に相当する。大人の墓は、同様のペースなら、確保した墓の用地で一二年分に相当する。以上が委員会が作成したレポートの要旨である。

レポートの提案を受けた埋葬委員会は、慎重を期すため、その内

容を理解する十分な用意が必要であると考えた。レポートは印刷され、埋葬委員に配布されることになった。地元新聞にも掲載されるため、地元住民の注意を喚起することも期待された。本格的な議論は次回の会合に持ち越された。

レポートが提出された一二月の会合の翌月には、レポートの提案を検討する会合が開催された[20]。一二月から一月にかけて、埋葬委員はレポートの内容を各自で検討したようだ。四〇人近くもの多くの埋葬委員が参加した一月の会合で、レポートの三つの提案、つまり、子供用の墓新設案、転用案、整備案が議論された。

子供用の墓新設案に関しては幾つかの点から反対の声が上がった。しかしこれらの反対はいずれも、埋葬委員会の決議として採用されるほど、大きな潮流とならなかった。今回のレポートが作成されるきっかけを作ったコランベルは、子供用の墓新設案の利点を強調した。彼は、その案が、既存の墓の関係者の「繊細な思いを傷つけずに実施できる」と主張した。しかも、その実施は「一五エーカーの土地取得に匹敵する」。「これは購入額に換算すると約七五〇〇ポンドに相当する」と案の意義を力説した。埋葬委員による採決で、賛成一九人、反対一五人の結果が示されたため、子供用の墓新設案は成立した。

聖別地を中心とした転用案についてはどうだったか。埋葬委員のチャドフィールドは1級、2級、3級の埋葬地はいずれも、レポートに記された数値の一・五倍ほどの墓が建立されているとレポートの事実誤認を指摘した。しかも埋葬委員会は、一エーカー当たり、4級の埋葬地を四二三ポンドで販売したのに対して、3級を一八四七ポンド、2級を三六九五ポンド、1級を一万七七八六ポンドもの高値で販売した。拡張用の土地は一エーカー当たり、三三〇ポンドの購入額を想定した。高価な上級の埋葬地を、安価な下級の埋葬地に転用するよりも、現状のまま各埋葬地を販売し、拡張用の土地を購入した方が、遥かに埋葬委員会に収入をもたらすとチャドフィールドは主張した。

利益を重視したチャドフィールドに対して、コランベルは転用案の別な利点を強調した。「提案された埋葬地の転用によって、大人の場合、追加埋葬が始まる時期を八年先延ばしできる。つまり二二年を、既に埋葬された遺体のより完全な分解に充てられるのである」と指摘した。共同墓において、一二歳以上の大人の遺体は、埋葬後一四年以内には埋葬委員会が追加埋葬することを許可されていなかった。追加埋葬が可能になる一五年目以降であっても、追加埋葬の実施は、新たに埋葬される遺体の問題に加えて、先行して埋葬されている遺体の分解の進行具合から躊躇があった。そのため、上級の埋葬地からの転用によって、需要の高い4級、5級の埋葬地が拡張されることで、既に遺体を埋葬された墓に、埋葬委員会が追加埋葬を始める時期が八年先延ばしできることを、コランベルは転用案の利点として評価したと言える。彼は、利益よりも、遺体への配慮を優先した。

転用案の問題としてしばしば上がる、1級と2級の埋葬地に墓を購入した者の権利侵害の懸念に関しては、レポートを作成した委員会の委員長であるジョージ・ベジックが答えた。これらの購入された墓は「他の目的に使われないように永遠に保つ」。その方策として「これまで無かったしっかりした境界壁を作る」と提案した。さらに、「各級が混在しないよう勧告し、1級と2級の埋葬地を各級毎に以前よりしっかり囲う」とした。

1級、2級、3級の埋葬地にごく僅かの遺体しか埋葬されていないと、レポートを読んで初めて知った埋葬委員が、転用案への反対から支持に転向することもあった。こうして転用案への支持が相次ぐなか、反対する埋葬委員はチャドフィールド以外にはいなくなった。そこで「1級、2級、3級に残された埋葬地を各級間により平等に分割する」よう提議がされ、転用案を実施するこの提議も成立した。

整備案に関してはどうだったのか。レポートには、整備対象が事細かに記入されていた。しかし「これらの整備事業への支出額の見積もりがなされているか」と質問したある埋葬委員に、「委員会は全く見積もりをしていない」とベジックが答えた。そのため、委員会が支出額を算定するまで整備に着手することは見合わされた。(21)

レポートの提案で、今回の会合の議論を経て成立した子供用の墓新設案と転用案のうち、全国的に前例のない子供用の墓新設案は、埋葬委員会の判断だけでは実施できなかったため、内務大臣に許可を求めることになった。レポートの提案とは別に、4級と5級の埋葬地にある墓、つまり共同墓で、前回の埋葬から一定の期間が経過した場合、故人の親戚、友人に限って追加埋葬できる案も、今回の会合で成立した。

三月の埋葬委員会の会合には、政府の埋葬部門査察官P・H・ホランドが参加した。[22] 彼は、埋葬委員会から内務大臣に許可申請があった、子供用の墓新設案に関して話し合うため、ロンドンから来ていた。この会合には既にある抗議文が提出されていた。それは、4級と5級の埋葬地、つまり共同墓にある墓と墓の間に子供用の墓を新設するこの案に、埋葬委員二三名が反対の意志を示す署名をしたものであった。しかも、署名者以外にも数人の埋葬委員は、反対であったが、抗議文が問題を再燃させるとして、署名をしていなかった。署名をした人数以上に、子供用の墓新設案に反対している埋葬委員が多かったのである。

ホランドも子供用の墓新設案に反対した。理由として、「前例がない案を推薦するのは困難であること」。さらなる理由として、その案による埋葬は「埋葬地の土を駄目にするため、故人の親戚を追加埋葬することに危険をもたらす」。というのも「ノッティンガム・ロード共同墓地の土は、遺体の分解が非常に遅々としか進まない種類の土だからだ」。前回の会合で認められた、共同墓に故人の親戚、友人を追加埋葬するのに、子供用の墓新設案に従って埋葬された遺体が危険をもたらすというのであった。これらの反対理由を述べたホランドは、子供用の墓新設案に代わる子供用の墓転用案を提示した。「この墓地で実施される埋葬の三分の一は、生後一二ヵ月未満の乳児の遺体である。もう三分の一は、一歳以上一二歳未満の子供の遺体。残りの三分の一は一二歳以上の大人の遺体である」。[23] そこで、残っている用地に墓を設置して埋葬する場合、生後一二ヵ月未満の乳児の入った「非常に小さな棺四つを、一つの大きな墓穴に埋葬する」案と、「一歳から一二歳未満の子供が入った小さな棺二つを、一つの大きな墓穴に埋葬する」案を、ホランドは提示した。前者の案なら乳児の埋葬スペースが約四分の一に縮小でき、後者の案なら子供の埋葬スペースが約二分の一に縮小できると、二つの案の意義を強調した。実現可能性については、前者の案は既に内務大臣が認可した先例があった。後者も「内務大臣に推薦するのにさほど問題はない」ため、実現可能性が高いとホランドは評価した。いずれかの案の採用で、「現在の共同墓地での埋葬を一〇年継続できる」と推測した。ただし「一〇年後には」、「この共同墓地の拡張か、あらたな共同墓地の建設かが必要になる」とも付け加えた。

以前コランベルが提案した子供用の墓転用案は、子供用の墓の用地面積を大人のそれに比して二分の一にすることで、墓の個数を二倍にする案であった。今回のホランドによる子供用の墓転用案では墓は、乳児ないし子供の遺体を複数埋葬するため、「大きな墓穴」を持つものの、墓の個数に変化はなかった。これまでのコランベルを中心とした新設案に関する議論から明らかなように、墓は遺体に対してかなりの余地を残していた。ただし、墓と墓の間に墓を新設する新設案は、子供の墓であっても、その余地を利用して実施することは困難であった。そのため、かつての墓掘人と同様に、今回もホランドによって反対された。余地は新設案に耐えうるほどのものではなかった。そこで、この限りある余地を、これまでの墓よりも大きな墓、つまりより大きな墓穴を持つ墓を設置することで活用しようとしたのが、ホランドによる子供用の墓転用案であった。

続く議論では、子供用の墓新設案を推薦してきたコランベルも、ホランドが提示した案に賛意を表明した。ホランドによる案が埋葬委員会の決議として採用され、従来の子供用の墓新設案は廃案となった。こうして埋葬先の不足はいったん解消することになった。

乳児であれ子供であれ、大人と体躯の異なる者に、大人のものとはサイズの違う棺そして墓穴を適用することで新たな墓、いわゆる子供専用墓が確保された（本章扉図参照）。一九世紀の乳児と子供の死亡率の高さから、この試みは一定の効果を持つ。しかしながら彼らの高死亡率をコランベルもホランドも認識していたのならば、墓の種類を埋葬委員会が設定する際に子供専用墓を設けようという試みがなされなかったのは何故なのか。墓石が小型の子供専用墓が、小さな大人ではない、大人とは別種の存在として子供を強調する家庭重視思想の広まりに少し遅れつつも、一八八〇年代にヨークの民間共同墓地で普及したと指摘する研究がある。(24) 埋葬先を確保するスペースの必要性から生じたダービーにおける子供専用墓の設置は、ヨークでの子供専用墓の設置と、墓穴と墓石の違いはあれ、ほぼ同時期であった。

おわりに——埋葬委員会による墓の調整——

ダービー市の埋葬委員会は、自治体共同墓地が開設される二ヵ月前に、四種類の墓、すなわち共同墓、指定墓地、納体堂、カタコンベを設定した。そのうち、共同墓、指定墓地、納体堂が主たる墓を構成した。これらの主たる墓は、1等と2等に二分された上で、五級に区分された埋葬地に重ね合わされ、一つの等級制度を構成した。埋葬委員会は、この等級制度に従い、墓を利用者に提供した。

埋葬委員会は、自治体共同墓地が開設されて一四年後の一八六九年に埋葬地の不足に見舞われた。埋葬地を確保すべく、墓地を拡張するための土地購入を、埋葬委員会を構成する七教区会に申請した。しかし申請は、半数を越す教区会によって二度までも認可されなかった。そのため、埋葬委員会は他の方法で埋葬先を確保する必要に迫られた。埋葬委員は、様々な案を検討の俎上に載せた。これらの案に関する議論は、新たな埋葬先を発見すると同時に、墓の利用状況と利用可能性も明らかにした。つまり埋葬先の発見は、墓の利用状況と利用可能性を正確に把握することと連動していた。この把握は、埋葬先の確保が新たな土地取得という形で解決しなかったために、必要となった。

この墓地には全五級の埋葬地が設定された。各埋葬地は広さに応じて、一定数の墓の用地を設定した。この用地に、上級では僅かな数しか墓が設置されていなかったのに対して、下級では多くの墓が設置されており、限界に達していた。不足していたのは下級の埋葬地であった。

埋葬委員会は幾つもの案を検討した。墓の設置が可能な級の埋葬地を、不可能となっている埋葬地の級に転用する転用案。墓の設置が困難な級の埋葬地にある既に遺体が埋葬された墓に、別な遺体を追加埋葬する追加埋葬案。墓と墓の間に新たに墓を設ける新設案。新設案ではさらに、墓と墓との間が大人の墓を設けるには狭いため、大人より小さい子供の墓を設ける子供用の墓新設案もあった。子供に関しては、大人用の墓を子供用に転用する子供用の墓転用案もあった。さらに子供用の墓転用案は、大人の墓と比べて、用地の面積を半減させ墓の個数を二倍にする案と、墓の個数は同じだけれども、乳児ないし子供の複数の遺体を一つの大きな墓穴に埋葬する案があった。

これらの案のなかから、埋葬委員会は複数の案を採用して、埋葬先を確保した。まず聖別地における、1級、2級、3級の埋葬地を、4級、5級の埋葬地に転用する転用案を採用した。墓に埋葬された故人と無関係な第三者を追加して埋葬できる、追加埋葬案は、規則上は一定の条件を満たした共同墓で実施可能だった。しかし、故人の関係者への配慮から埋葬委員会は実施を躊躇した。ただし追加埋葬される対象を、故人と無関係な第三者ではなく、故人の親戚、友人に限定することで、追加埋葬することを許可した。この形で追加埋葬が容認されたことは、遺体の埋葬期間が限定されている点と同様に、共同墓の共同性の発露と見なすことができる。やはり共同墓に関連する新設案については、大人の墓だけでなく、子供の墓でも、採用されなかった。ただし、新設案がたびたび検討されたことから明らかなように、墓と墓の間には余地があった。この余地を活用すべく、子供用の墓転用案がコランベルとホランドによって提示された。前者は大人の墓の用地面積を半減させるも、個数を二倍にした案を示した。後者は、乳児ないし子供の複数の遺体を埋葬した、これまでより大きな墓穴を持つ墓の案を示した。結局、墓と墓との余地の状況から、後者が採用された。

新たな埋葬先を求めて、墓地の全域を埋葬委員会は執拗に点検した。この過程において、墓地が設置された際に決められた墓の枠組みと、実際の墓の利用状況とにかなりの齟齬が発生していることに埋葬委員会は気付いた。この齟齬を上手く活用することに、埋葬委員会は苦心した。一定程度の埋葬先を手に入れた埋葬委員会は、一八八〇年まで埋葬地を拡張するための土地を購入する必要はなかった。(25)

第5章
一八六〇年代リヴァプール市の日曜埋葬問題

カトリック教会のリヴァプール司教区の二代目司教アレクサンダー・ゴス(1856-72)

1850年代末に撮影されたと思われるゴス司教の写真。

出典：Peter Doyle ed., *The Correspondence of Alexander Goss, Bishop of Liverpool 1856-1872*（Woodbridge, 2014）p.iv.

はじめに——日曜埋葬問題とリヴァプール教区——

本章では自治体共同墓地が、その運営を通じて、特に遺体を通じて都市のどのような時間と空間の中に位置付けられたのかを論じる。具体的には日曜埋葬つまり日曜日の埋葬を取り上げる。文脈によっては日曜葬儀または日曜日の葬儀ということもある。日曜埋葬にしても日曜葬儀にしても、当時は互換的であり、ほぼ同義とみなされていたため、本章でもこれに倣う。

まずは自治体共同墓地における日曜埋葬が一九世紀後半のイギリスにおいてどのような時期と地域で問題となったのかを把握したい。これを総称して日曜埋葬問題としておこう。ブリティッシュ・ライブラリーが所蔵する新聞を基にしたデータベース「イギリスの新聞一六〇〇—一九〇〇年」（British Newspapers 1600-1900）を利用することで、日曜埋葬問題に関する多くの記事を入手できた。日曜埋葬問題が地元新聞を中心に新聞各紙に掲載された一七の都市（州と年）を五十音順に列挙する。ただし問題への言及が些細な記事の都市は省いた。

ウェスト・ハートリプール（ヨークシァ、一八七三、七四、七九）[1]、エクセタ（デヴォン、一八七五）[2]、サウス・シールズ（ダラム、一八七九）[3]、ダービー（ダービシァ、一八五五、七二、八七）[4]、ダーリントン（ダラム、一八七三—七五）[5]、チョーリー（ランカシァ、一八六六、六七）[6]、ニューカースル（ノーサンバランド、一八七二、八五）[7]、バーミンガム（ウォリックシァ、一八七〇、七二）[8]、ハンリー（スタフォードシァ、一八七七）[9]、ビショップ・オークランド（ダラム、一八八四、九二）[10]、ブライトン（サセックス、一八七二）[11]、ブリストル（グロスタシァ、一八八二）[12]、プレストン（ランカシァ、一八六六）[13]、ポーツマス（ハンプシァ、一八六八—七〇、八一、八四）[14]、リヴァプール（ラン

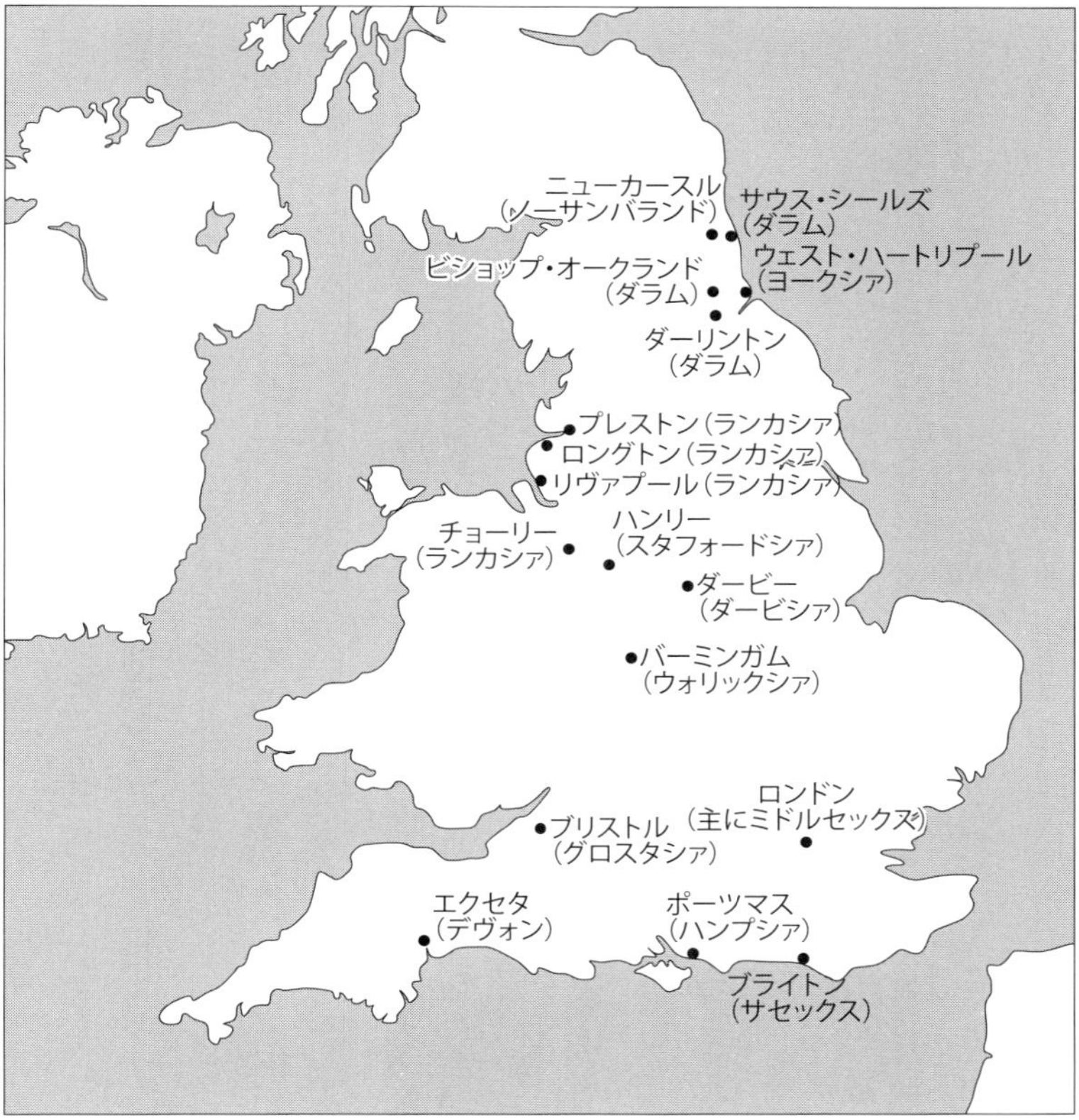

日曜埋葬が問題となった都市（州）

カシァ、一八五七、六三、六五―六七、七一、九六）[15]、ロングトン（ランカシァ、一八七三、七八）[16]、ロンドン（主にミドルセックス、一八五三、六〇、六一、七三、七五、九一）[17]。

日曜埋葬問題は、イングランド最北の州ノーサンバランドのニューカースルから最南の州コーンウォルに隣接したデヴォン州のエクセタにまで広がった。発生時期は一八五〇年代から九〇年代までに及んだ。限定的な調査ながら日曜埋葬問題は特定の年、地域に収斂していなかったことがわかる。議会史料、全国新聞『タイムズ』など、全国レベルの史料には日曜埋葬問題が記録されていない。法律上、自治体共同墓地における日曜埋葬は規定されることがなかったため、[18]埋葬委員会の自主的な判断に問題解決は委ねられた。[19]この自主性のため、特定の年、地域に集中することなく日曜埋葬問題は広がったとも言える。

自治体共同墓地の運営には複数の勢力が関与した。それらは何であり、それぞれどのような関係を結んだのか。これらの勢力を日曜埋葬問題を検討することで把握したい。

日曜埋葬問題に立ち入る前に、イギリスの日曜日の歴史について言及したい。イギリスが農業社会から都市社会へと変化したのが一九世紀である。これを象徴する一八五一年のセンサスでは都市住民が農村住民を統計値上初めて上回った。[20]人口の中心の移動は社会の諸制度の変更を伴っていた。農事暦に従って労働日と休日を決定していた農村住民とは違って、都市住民は工場の稼働日に準じて週日を労働日、週末を休日に充てた。都市住民の数的優位は彼らの生活サイクルの全国への普及を意味した。実際、土曜日、日曜日以外の休日としての祝祭日は一九世紀には急速に減少した。「一八〇八年には合計四四日あったイングランド銀行の日曜日以外の休業日は一八三四年には四日」に減少した。この傾向は都市の外にも拡大し、「農業労働者の場合、日曜以外で休めるのはクリスマスとグッド・フライディの二日間だけであった」。[21]「そして一八六七年の土曜半休制度の全工場への拡大」により、週末を休日とする傾向がより強調された。[22]休日としての週末、とりわけ日曜日が強調されたのが一九世紀である。

この都市人口の増加を背景とした非労働時間としての日曜日の成立に加えて、日曜日は安息日遵守運動（sabbatarianism）との関わりで、一五世紀中葉から二〇世紀中葉まで四〇〇年近くの歴史もあった。[23]つまり日曜日の過ごし方に関する論争が長らく闘わされ、その過ごし方を規定する複数の法律が制定されてきたのである。[24]論争で対立したのは、「日曜日は完全に礼拝、説教、聖書黙読といった宗教的行為に捧げられるべき」としたサバタリアンと、「宗教・世俗の両機能を充足すべきである」としてサバタリアンに反発した人々であった[25]。サバタリアンを構成したのは急進的なプロテスタントであり、その代表として一七世紀はピューリタン、一八世紀と一九世紀には福音派(evangelicals)とプロテスタント非国教徒が挙げられる。なかでもサバタリアニズムを最も浸透させたのは一七世紀のピューリタンであった。彼らの遺産として「日曜日の労働と娯楽が神の意志に反するという心性」がイギリスでは根付いた。「祝祭的気分のみなぎる「大陸の日曜日」と対比され、イギリスを訪れる外国人の目に奇異に映った暗鬱な「イギリスの日曜日」は一八世紀に始まる」。

非労働時間と安息日との接点として位置する日曜日に実施された埋葬が、多くの地域と年に問題となった。本章では「イギリスの新聞一六〇〇―一九〇〇年」で多くの記事を入手できたリヴァプール教区の日曜埋葬問題を取り上げる。第1章で言及したように、リヴァプール教区はリヴァプール市の中心を占めた。リヴァプール教区の埋葬委員会は一八五六年八月に結成され、その委員は九人であった。埋葬委員会は墓地を教区の外に六三年五月に開設した。リヴァプール市内ではトックステス・パーク教区が有する、自教区内に設置した面積三〇エーカーの自治体共同墓地に続く開設であった。開設されたリヴァプール教区の墓地は一九〇エーカーの広大な面積を占めた[26]。そのうち開設時には七〇エーカーを埋葬地が占めた。埋葬地の内訳は、国教徒用が三五エーカー、カトリック用が二〇エーカー、非国教徒用が一五エーカーであった。埋葬は順調に実施され、開設から三年近く経過した六六年三月二四日の時点で累計九九一二件の埋葬を数えた[27]。さらに六七年には三二九五件、六八年には三五八九件、六九年には三八二四件、七〇年には四三二四件の埋葬があった[28]。本章が主に取り上げる一八六〇年代には、一日に一〇件前後の平均埋葬数が上昇傾向にあった。

第1節　遺体安置チャペルの検討

一八六三年六月初頭のリヴァプール教区の埋葬委員会の会合で、日曜日の埋葬が多すぎるため、墓地が厳粛な雰囲気に欠けるだけでなく、葬儀と関係ない人による墓地散策[29]（第1章扉図に描かれた人びとに注目）にも支障が出ていると問題になった[30]。一ヵ月前の五月初頭にこの墓地で埋葬が始まったことを考慮すると、日曜埋葬が墓地開設後直ちに問題となったことがわかる。この会合で日曜埋葬を議題として取り上げた埋葬委員サミュエル・ベネス・ジャクソンは、日曜日には埋葬が多すぎるだけではなく、墓地訪問者も多いため、本人の判断で日曜日は一五時三〇分まで葬儀関係者以外の者の立入を禁止した。彼の理解では「ロンドンの大きな共同墓地は日曜日には一般に公開され」、かつ埋葬を禁じていた。しかし、「リヴァプールでは、全遺体のうち六分の一が日曜埋葬のためにわざわざ自宅で保管されていた」。日曜日の同じ時間に、埋葬と一般人の墓地散策との両立は困難であると考えたジャクソンは、両者の利用時間を分けただけではなく、今後は日曜埋葬を禁止するよう要求した。同席した複数の埋葬委員がジャクソンを支持するなか、埋葬委員会はさらに状況を把握する必要があるとして、日曜埋葬に関する調査報告を配下の執行委員会に委託した。

当座の措置としてジャクソンが導入した、日曜日における埋葬と墓地散策の時間を分ける措置は六五年五月の時点でも守られていた[31]。実際、「墓地の門が日曜日の午後三時半に開くと、人々が大挙して押し寄せた」。しかしジャクソンが先の例会で求めた日曜埋葬禁止は導入されないままだった。そこでジャクソンは、日曜埋葬が禁止できないまでも、日曜埋葬が一因となった「遺体の家での保管」の減少に努めた。彼は一一月には、衛生医務官のW・S・トレンチが提案する、自治体が提供する遺体安置チャペルを検討し始めた[32]。自治体共同墓地の敷地内に建つ、葬儀用のチャペルの一室が、埋葬前の数時間だけ遺体を安置する部屋として既に利用されていた。これに加えてジャクソンが検討したトレンチの遺体安置チャペルは、埋葬まで数日間も遺体を安置できる、独立した建物であった。リヴァプールでは、イギリス初の衛生医務官に医師ウィリアム・ヘンリー・ダンカンが任命されるなど感染症への関心が高かった。[33] 遺体安置チャペルを提案したトレンチは、ダンカンの後任として衛生医務官に就任した人物である。

トレンチの遺体安置チャペルは、貧しき者の利用を念頭に、既に一〇〇〇ポンドもの寄付が寄せられ、建設に対する支持を受けていた。[34] トレンチは、遺体安置チャペルを、「生者の間に遺体を留め置く衛生上の悪習」と、故人の縁者を故人の遺体を前に歓待する「通夜」への対策と認識した。[35]「生者の間に遺体を留め置く衛生上の悪習」とは何か。トレンチによると、リヴァプールという「この都市の人口が密集した地域では死者が、生者の家に、特にしばしば家族全員が住む一つの部屋に、日中も夜間も留め置かれている」。この都市の人口密集地域では、住居が狭いために、そこで暮らす人々とそこに置かれた遺体とが十分な距離を取ることが困難だったのである。しかも「死者の埋葬のために選ばれる曜日は、いつも死去後の日曜日だ。加えて、週の最後に死去したなら、遺体の埋葬はさらに次の日曜日まで延期されることもある」。日曜日の埋葬が好まれるため、遺体が住居から墓地へ移される時期が遅くなる傾向があった。

狭い住居と日曜埋葬への固執による、「生者の間に遺体を留め置く衛生上の悪習」とともにトレンチが問題としたのは、「通夜」であった。「通夜」はアイルランド人によく見られる習慣であった。リヴァプール市に移住したアイルランド生まれの人は、市の人口に対して一八四一年に一七・三パーセント、六一年に二四・五パーセント、八一年に一三・二パーセント、一九〇一年に六・六パーセントを占めた。[36] 一九世紀中期の上昇傾向は、一八四五年から四七年のアイルランドにおける大飢饉による約一〇〇万人もの海外移民が影響しただろう。リヴァプールに住むアイルランド人は貧しき者でもあった。したがって六〇年代は、密集した狭い家でアイルランド人による「通夜」が最も実践されていた時期と予想できる。「通夜」は数夜に及ぶこともあった。しかも「通夜」は、アイルランド人が多いリヴァプール教区ではトレンチによると、「換気が悪く、炎と明かりで熱せられた、手狭な住居でいつも行われるので、遺体の腐敗の過程で生じる有害な発散物は、高濃度でそれらに晒される人々に吸収される」。だから「そのような家族において、またその近隣において、内科医によって熱病や他の接触伝染性の疾病がしばしば観察されるのは十分理解できる。この接触伝染病の拡大は、目下このコミュニティを危険に晒している猩紅熱の流行として、確実に観察されるだろう」。このようにトレンチは危険を予想していた。人口密集地域における「生者の間に遺体を留め置く衛生上の悪習」が、そこに多く住むアイルランド人の「通夜」と共に、接触伝染病の拡大の原因となると考えたトレンチは、これら二つの問題の対策として遺体安置チャペルの設置を提案した。

遺体安置チャペルは、二つの問題が併存する、貧しいアイルランド人が市内で最も多く住む、市の北部に建設が予定された。(37) そこで二つの問題解決に加えて、遺体安置チャペルの受容を促進する、ある工夫をトレンチは施した。(38) トレンチが示した問題の解決を試みるだけなら「死体安置所（dead-houses）」で対応できた。しかし、この「名称は、貧困状態（pauperism）と貧民葬儀にまつわる不快で嫌悪すべきものを想起する」ので不適当だった。そのためトレンチは、建物を聖別することで宗教施設に転じた。これに従って建物の呼称の末尾にチャペル（chapel）をつけた。そこは「祭壇を持ち、我々の宗教の聖なる秘蹟が提供される。ステンド・グラスの入った窓は、完成したらカトリックの貧しき者への恩恵となろう」と語ったのは、遺体安置チャペル建設を支持し、建設協力を大部分がアイルランド人であるカトリック信徒に求めた、リヴァプール司教区の二代目司教アレクサンダー・ゴス司教であった(39)（本章扉図参照）。遺体安置チャペルは教会、特にカトリックの聖堂との同質性が追求されたのである。

同質性に加えて遺体安置チャペルでは、トレンチによると「遺体は礼儀に適い、適切な威厳でもってすぐ受け入れられる」。しかも「悲しみに暮れる者は、友人ないし親類の遺体を訪問することが許される」。死者とその関係者への十分な敬意も払われる予定だった。

埋葬委員のジャクソンは、トレンチが挙げた「生者の間に遺体を留め置く衛生上の悪習」と「通夜」という二つの問題に加えて、別な問題を指摘した。それは、自治体共同墓地で埋葬前の数時間だけ遺体を安置する葬儀用チャペルの一室に、貧しき者が遺体を死後直ちに移動することが困難という問題であった。「貧しき者が埋葬協会に葬儀費用請求を承認してもらうか、さもなくば、教区の費用で埋葬せざるを得なくなるかまでに、かなりの期日が不幸にも経過する」(40)。つまり、葬儀費用を自前ですぐ用意できない貧しき者は、相互扶助のための友愛協会の一種である埋葬協会か、教区当局の協力を得て、埋葬のため遺体を住居から墓地に移すまでに一定の期日が経過した。そのため、この期日の間、彼らの住居ではなく、臨時の遺体置き場として使える遺体安置チャペルを、彼らの住居の近くに設けられないかとジャクソンは考えたのである(41)。

遺体安置チャペルのような、自治体が提供する遺体安置所は、同時期のロンドンでも提供が検討された。一九世紀後半のロンドンにおける遺体安置所に関するパム・フィッシャーの研究によると、自治体による遺体安置所の提供時期は三つに区分される(42)。一八四三年から六六年の提供の必要性が認識され始めた時期、一八六六年から七五年の抵抗を受けつつも、提供が始まった時期、一八七五年以降の抵抗もなく提供が本格化した時期である。リヴァプール教区における自治体による遺体安置所の提供検討は、上記の第一期の検討例であった。

全国の都市で、都心の教会墓地が一九世紀中葉に埋葬を停止し、郊外に共同墓地が相次いで設置された(43)。実際リヴァプール教区の自治体共同墓地は、リヴァプール教区の外に当たる、教区北東のウォルトン教区アンフィールドに建設された。つまり都市では生者と死者の地理的分離が進んでいた。そのため、都心に住む者は遺体の埋葬のために、これまで以上の距離を移動する必要が生じた。経済力のある者であれば、馬車を利用できた。しかしそうではない貧しき者は徒歩で移動することになった。教区が費用を負担する「貧民葬儀では、貧しき人々は長い距離をやっかいな重荷を背負って歩かなければならなった。というのは、節約に努める教区当局が霊柩馬車の提供を拒否するからだ」と同時期に語った人もいる。[44] 貧しき者は遺体を墓地に移すのに馬車を利用することは困難であった。

日曜埋葬への固執、「通夜」、葬儀費用、墓地の立地、遺体の移動手段の制限、いずれも「遺体の家での保管」に帰結した。特にアイルランド人が多く住む、狭い住居における「遺体の家での保管」は、生者と死者の分離をより困難にした。そして「遺体の家での保管」は接触伝性病の拡大に寄与していると考えられた。遺体安置チャペルはこの拡大を一時的に軽減する措置であった。

第2節　日曜埋葬禁止要求

一八六五年の一一月にリヴァプール市の葬儀屋ロナルド・マクドゥーガルは、遺体安置チャペルの問題点を三つ挙げた。[45] まず「故人に関する友人の思いは、愛された故人が自分たちの前から引き離されることに抵抗する」という問題であった。遺体をすぐ住居から遺体安置チャペルに移すことには抵抗があった。次の反対理由は、葬儀が墓地に加えて遺体安置チャペルでも実施されることになるため、葬儀費用が二倍になることで遺族の経済的な負担が重くなるという問題であった。三番目の理由は、多くの遺体の集まる遺体安置チャペルで「最悪の感染症」に罹病しかねないことであった。

葬儀屋マクドゥーガルは、「遺体の保管への誘因が取り除かれる」と考えた日曜埋葬禁止を、遺体安置チャペルの設置より重視した。特にリヴァプール市内の複数の共同墓地で一斉に禁止を求めた。禁止の一つの理由として、彼は日曜日の埋葬状況に言及した。リヴァプール教区の自治体共同墓地に限らず、市内の共同墓地の埋葬には、個別埋葬と共同埋葬の二種類があった。墓地の開園中であれば、前者は実施時間を固定されていなかったものの、後者は固定されていた。例えば一八六四年一一月のリヴァプール教区の自治体共同墓地では、共同埋葬の実施時間は、平日が三種類の埋葬地のうち、国教徒用の聖別地と非国教徒用の非聖別地では午後一時、三時、四時であった[46]。残りの埋葬地である、カトリック用の埋葬地では午後一時と三時であった。日曜日は、三種類の埋葬地全てで共同埋葬は午後三時の一回だけ実施された。共同埋葬では、複数の遺体に対して一人の聖職者が共同葬儀を挙行した。

この日曜日の共同埋葬をマクドゥーガルは問題にした。リヴァプール市内の共同墓地で「日曜日に一回に三〇から四〇もの多くの遺体に対して教会式の葬儀をあげるのは、非難すべきで適当ではない。バーミンガムの共同墓地で、一回の葬儀で認められている最大値は六つの遺体だけである」。リヴァプール市内のトックステス・パーク教区の所有する共同墓地でも、日曜日の共同埋葬への需要は高かった。当該の「スミスダウン・レーン共同墓地では、午後の埋葬は一回の時間だけである。一回の埋葬時間は全ての便宜にどうあっても対応できないと直ぐ分かる」。日曜日の共同埋葬の需要の高さに答えたのは、リヴァプール教区の自治体共同墓地であった。ここ「アンフィールド・パーク共同墓地では、取り決めはもっとましである。というのも、埋葬に三回の時間があるからだ。ただしアンフィールド・パーク共同墓地は、この便宜を提供している唯一の共同墓地である」。リヴァプール教区の自治体共同墓地では、日曜日の共同埋葬は、前述したように六四年一一月には午後三時の一回だったものの、マクドゥーガルが発言した六五年一一月には三回に増加していた。リヴァプール教区の埋葬委員会は共同埋葬の高まる需要に答えた。しかし需要の高い共同埋葬に象徴される日曜埋葬の多さ、そしてそれを実施する者の忙しさに、葬儀屋マクドゥーガルは不満だった。「我々葬儀屋は、意に反して週に七日間働くことを強いられている。そして日曜日に最も多く働く。だから、我々と同じ職に就く者が行くべき教会もチャペルもない。随行を求められる余分な葬儀で、全く無料で提供される酒への余計な誘いがあるだけだ」。葬儀屋は、安息日なのに教会の日曜礼拝に行けず、不満を抱いていた。

葬儀屋マクドゥーガルの主張に「常識」の匿名で反論があった[47]。「葬儀屋の主たる主張は、日曜埋葬が葬儀屋とその助手にとって最大の悪の源であるという主張だ」。日曜日に葬儀屋が休業できるように、マクドゥーガルが日曜埋葬の禁止を求めていると「常識」は疑った。しかも「日曜埋葬が禁止されても、リヴァプールの貧しき者は、その多くがカトリックである者は、亡くなった知人の遺体をまだ保管しつづけるのではないか」。禁止後も「遺体の家での保管」は継続すると予想したのである。確かに「常識」が指摘したように、日曜埋葬の禁止は「遺体の家での保管」を途絶するわけではなかった。「遺体の家での保管」は、前述したように、日曜埋葬も一因である複数の要因によっていた。

「常識」は葬儀屋マクドゥーガルが示した、遺体安置チャペル設置への三つの反対理由にも反論した。まず「愛された故人をすぐ移動することに関する、故人の友人の感情を考慮した反対理由」は、その感情が「医師によって治療される」ため問題ないとした。二番目の「葬儀が一度でなく二度になる」から遺体安置チャペルの導入に反対する理由には、「治されるべき巨悪を前にしては留意するに値しない」と切り捨てた。三番目の遺体安置チャペルでの接触伝染病に感染する危険に関しては、「接触伝染病は、彼らの不衛生な、狭い住居の一室にいるより、遺体安置チャペルにいるほうが感染の危険を持たないのではないか」と反論した。

「常識」の反論に葬儀屋マクドゥーガルも反論した[48]。確かに「我々葬儀屋は、我々のために安息日を求めている」。しかしこれに加えて、「遺体が長らく埋葬されないままでいる理由は、葬儀が日曜日に行えるから」であると繰り返し、日曜埋葬の禁止を改めて求めた。

葬儀屋マクドゥーガルの主張には「共同墓地のチャプレン」も同意した。(49)「埋葬は、衛生基準が許容できる範囲を越え、単に次の日曜日に葬儀をできるように、かなり長期間、平日の間ずっと遅らされている」。さらに、「共同墓地に関わっている牧師が、各々の宗派に属する様々な説教壇での日曜日の職務を引き受けることを拒否せざるを得なくなることは、彼らの収入の深刻な減少をもたらす」。牧師は、日曜礼拝、日曜学校など、日曜日になすべき仕事があった。しかしその遂行を、聖職者による葬儀の司式を必要とする日曜埋葬は妨げ、彼らの収入低下をもたらすと「共同墓地のチャプレン」は問題視した。これらの仕事を「もし引き受けようとするなら、彼らにかかってくる労働と忙しさの量は、安息日に共同墓地を休園することを慈悲深き営為にしてくれる」。共同墓地における日曜埋葬で葬儀屋と共に働く聖職者の激務を、自身の経験から「共同墓地のチャプレン」は説いた。

こうして日曜埋葬は、接触伝染病の拡大をもたらす「遺体の家での保管」の主原因であるだけでなく、日曜埋葬を実施する一部の聖職者と葬儀屋によって過労をもたらすと認識されていたことがわかる。日曜埋葬の禁止を求める圧力は高まっていた。

一八六五年と六六年には流行病がリヴァプールで再燃し、「衛生委員会」がその原因を調査していた。(50)ベンジャミン・H・グリンドリーなる人物は、流行病の原因として、貧困、飲酒、病原体（contagion）だけでなく、「遺体の家での保管」についても「衛生委員会」が調査するよう求めた。(51)グリンドリーは「生者の間での遺体の保管、日曜葬儀、そして現在の死亡率に一定の関係がある」と考えた。狭い住居における数夜に及ぶ「通夜」の実施、さらには接触伝染病の流行までも招聘する「遺体の家での保管」は、遺体安置チャペルでも、法でもなく、日曜埋葬の禁止によって解決できると主張した。というのもグリンドリーによると、「遺体の家での保管」は日曜埋葬の実施を目的としているからだ。実際「死亡台帳は、我々の共同の埋葬地の台帳と合わせて参照することで、この都市の貧しい人、特にアイルランド人の遺体の四分の三が一週間近く、しはしばもっと長く、生者の間で保管されていると証明するだろう」。日曜埋葬の実施者に貧しき者が多いのは、「節約のため」と一般に認識されたが、この認識を、「貧しき者を訪問することを職務とする医師などは否定する」[52]。というのは葬儀がある「日曜日は、大きな葬列と集会の機会を提供する。葬儀後は長時間の騒ぎだ」からだ。日曜日の葬儀は多額の出費を伴い、節約は困難であった。さらには「死者のいる家族は埋葬が終わるまで仕事を休むのが普通だ。しかも、平日の埋葬がしばしば翌日の仕事を意味するのに対して、日曜埋葬は「聖月曜日」を滅多に欠かさないのも普通だ」。日曜日の葬儀は、遺族に当日までと翌日の月曜日も痛飲によって仕事を休ませることで収入も低下させた。日曜埋葬は支出の増加と収入の減少で、むしろ節約になっていないとグリンドリーは指摘した。

日曜埋葬禁止を求める声が方々から主張されるなか、埋葬委員のジャクソンも、「月曜日に「悪疫性の熱病」で亡くなった人の遺体が、人の集まる場所に、日曜日の葬儀のため六日間も留め置かれた」事例を伝え聞いた。彼は、設置されたものの[53]、遺体安置チャペルでは対策として不十分だと考えた。「遺体の家での保管」が日曜日までなされる危険を認識し、日曜埋葬を禁止する必要性を再認識した。同時に、「大部分の日曜日の葬儀に伴う、浪費、飲酒、社会的弊害をわずかでも牧師たちが知っているなら、リヴァプールに広がっているこの習慣を良心に基づき助長しないように」と日曜日の葬儀に付随する問題への対策に協力を求めた[54]。

「遺体の家での保管」には複数の要因が関わっていたものの、最大の要因として日曜埋葬が認識され始めた。

第3節　調査報告書

一八六六年四月の埋葬委員会の会合には、六三年六月の会合で委託された日曜埋葬の調査報告書が提出された[55]。調査報告書の作成が委託されてから提出されるまでに三年近くを要したことになる。報告書を作成したのは、ジャクソンを代表とする執行委員会であった。調査報告書は、執行委員会が作成した質問票に対する九〇人からの回答に基づいて執筆された[56]。九〇人の内訳は、聖職者が四三人、葬儀屋が四二人、そして日曜埋葬という「問題に通じている者」が五人であった。これらの回答者の内訳から、質問票を作成したジャクソンは、葬儀を司式する聖職者と、葬儀を提供する葬儀屋という、葬儀を実施する側の日曜埋葬に関する見解を調査しようとしたのが窺える。

聖職者と葬儀屋のいずれにも、日曜日の葬儀の実施経験の有無に関わらず、質問票が送付され、回答が寄せられた。ただし聖職者に関しては、「一般には、非国教徒の牧師は日曜日の葬儀の経験をほとんど持たない。というのは、信徒の多くが日曜日以外の曜日に死者を埋葬することを望むからだ」。そのため、回答で日曜埋葬に言及した聖職者のうち、日曜日の葬儀の司式経験があった者は、国教会とカトリックの聖職者が多かったことが推測しうる。葬儀屋に関しては、一九世紀後半はいまだ葬儀を葬儀屋が十分には掌握せず、住民同士ないし、「反物商人」、「行商人、八百屋、床屋など」が葬儀を遂行することもあった[57]。そのため、調査報告書で回答を寄せた葬儀屋に、「反物商人ではない」と敢えて言及がなされた。葬儀屋のなかでも葬儀業の専従者の見解をジャクソンは調査しようとした。

質問票における質問は、葬儀屋だけを対象としたものと、葬儀屋と聖職者の両者に回答を求めるものに二分された。葬儀屋を対象とした質問は、全曜日における葬儀の数と割合、葬儀実施に必要な人員と馬の数、勤務時間、さらには実施する人への道徳的な影響に関するものであった。葬儀の実務に関連する質問を中心にしていたと言える。聖職者が葬儀を司式するだけであるのに対して、葬儀屋は葬儀全般に関わるため、実務を中心とした質問は葬儀屋に限定されたようだ。葬儀屋と聖職者の両者に対する質問では、日曜葬儀に関する、知識、迷惑の程度、特徴、遺体の家での保管、葬儀禁止の当否、禁止実施地域、提案であった。

調査報告書は葬儀屋に限った質問への回答にまず言及した。ほとんどの葬儀屋は、全曜日のうち、日曜日に最も葬儀が実施されており、他の曜日の平均葬儀数の二倍以上も実施されていると証言した。この多さから、多くの葬儀屋は日曜日に忙殺されるなか、それに臨時に人と馬を調達して対応した。逆に埋葬数が最も少ないのは土曜日で、月曜日がそれに続いた。これらの埋葬の曜日別分布から、被埋葬者の多くを占めた労働者が、労働サイクルに対応して埋葬曜日を、つまり休日である日曜日を選択していたとわかる。

日曜日の全ての葬儀を実施するのに必要な人員に関して、一日中必要とする人数が二五〇人から二八〇人ほどであると多くの葬儀屋が答えた。短時間のみ必要とする人員も入れると、四〇〇人を上回ることもあるという。多くの人を雇う葬儀屋もあったようだ。実施に必要な馬に関しては、信頼できるデータが提供されなかった。日曜日の葬儀を実施する人は「家庭、読書、礼拝、教育の恩恵を奪われ」、「宗教に無関心」となり「聖なる曜日を軽視」していた。日曜日の葬儀は彼らに悪い「道徳的な影響」を及ぼすと評価された。

葬儀屋と聖職者の両者に対する質問への回答はどうだったか。日曜埋葬の迷惑の程度に関する質問への回答によると、聖職者は、一人を除き全員が、日曜埋葬が「安息日を冒涜し」、日曜礼拝の実施を妨害しているとして、日曜埋葬が迷惑であると答えた。葬儀屋も三人を除き、日曜日の葬儀の数が多すぎるため、人手、馬、馬車が不足し、忙しさのため食事、休憩ができないので、日曜埋葬が迷惑であると答えた。これらの質問に応えた聖職者も葬儀屋も共に自分たちの日曜日の仕事が過度に増えたことを問題として、日曜埋葬を問題視した。

葬儀屋と聖職者の両者に対する質問のうち、葬儀参列者に関する質問では、「日曜日の葬儀は、他のどの曜日よりも遥かに多くの人によって参列されている」との一致した回答を得た。ただし参列する理由は、「飲酒」、「節約」、「大勢の友人を集めること」、「葬列自慢」と分かれた。日曜日の葬儀の特徴として、多くの聖職者は、葬儀が「祝宴の機会、時には飲酒の機会になっているため、しばしば酷い無秩序」に陥っており、「安息日を冒涜する」と証言した。葬儀屋は、故人宅と墓との往復を葬儀参列者と共にするため、聖職者よりも観察範囲が広かった。その葬儀屋の多くも、聖職者と同様に、日曜日の葬儀の特徴として「他の曜日ほどには礼儀が保たれない」と指摘した。

「遺体の家での保管」に関する質問で、ほとんどの聖職者と葬儀屋が、「日曜日の葬儀を待つために、遺体が安全な期間よりも長期間、しばしば保管されている」と指摘した。「遺体の家での保管」が実施されている間は、「通夜」と「故人宅での大きな集まり」にて「酷く金が使われた」。「遺体の家での保管」が長期に渡ったせいで、遺体の「耐え難い臭い」と「腐敗」のために迷惑を被るとの指摘もあった。

日曜日の葬儀の禁止に関する質問には、ほとんどの葬儀屋と聖職者が賛成した。ただし全面的な禁止ではなく、「日曜日の埋葬を、即座の埋葬を求めるとの専門家による証明がなされた事例に制限する」という「中間的な立場」を求めた。

日曜日の葬儀が禁止されている地域に関する質問では、イングランドではロンドンを含む数ヵ所、スコットランドとウェールズではその全域が挙げられた。

調査報告書は、寄せられた回答から、結論として以下の七点の見解を示した。①聖職者と葬儀屋を中心とした葬儀実施者に迷惑な日曜葬儀は禁止ないし制限されるべし。②日曜葬儀の継続要求への配慮から、医師による証明書付の遺体を日曜日の早朝に限り埋葬することを許す。③故人の遺族の大半を占める労働者が享受している余暇から考えて、日曜日の通常の葬儀を禁止できる。その代替日は月曜日と土曜日に十分見いだしうる。④日曜日の葬儀は、友人の移動と歓待のために遺族の支出が他の曜日より増す。⑤日曜日の葬儀は、道徳上問題であるだけでなく、接触伝染病の原因となる。⑥病院において感染症で死去した場合、遺体は一定時間内に埋葬地に直接運ばれるべし。⑦調査報告書を公開し、埋葬地の各当局による共同行動を促す措置が取られるべし。

調査報告書が提出された埋葬委員会では、調査報告書の採用をジャクソンが動議し、それは可決された。ただし採用には賛成したものの、W・アンウィンは注意を喚起した。「埋葬委員会の職務」は「人々の道徳に関心を示す」のではなく、「死者の埋葬に関心を示す」ことに留まるべきと指摘した。埋葬委員会の日曜埋葬への対策は本来の管轄範囲を逸脱しているとアンウィンは考えていた。確かに埋葬委員会は、「遺体の家での保管を貧しき者がしないように、遺体安置チャペルを設置し、手を尽くした」。「しかし、これは貧しき者のみに限らない。富める者も、自宅で長時間遺体を保管していることに対して責めを負わなければならない」。「死者の埋葬」に責任を負うべき埋葬委員会は、「富める者」による「遺体の家での保管」に対策を実施すべきではないかとアンウィンは言うのであった。しかし実際は、「貧しき者」、特にアイルランド人の「貧しき者」に負担が重くのしかかろうとしていた。

第4節　日曜埋葬問題への対策

埋葬委員会に四月に提出された調査報告書は、翌月の五月初頭には新聞などで公表された(58)。調査報告書が求めた日曜埋葬制限へは支持が相次いだ。[59]そこで、リヴァプール市全域の墓地で一斉に日曜埋葬が制限できないか、市長が埋葬委員会の要請を受けて検討を始めた。ここに到って日曜埋葬問題はリヴァプール教区だけのものではなくなった。市長は日曜埋葬制限の是非を検討する会合への招待状を、リヴァプール市と近隣の墓地を管理する各団体に送付した。[60]会合が七月二日にタウン・ホールで実現した。[61]会合には、リヴァプール市とその近郊から、共同墓地を運営する民間ないし自治体の七つの団体の代表者、そして共同墓地をまだ持たないウェスト・ダービー教区の代表者、さらには関心のある一般人が参加した。リヴァプール市と近隣の共同墓地の管理団体の代表者が全て出揃っていたと言える。

共にリヴァプール教区の埋葬委員であるジェイムズ・レデクリフ・ジェフリーとサミュエル・ベネス・ジャクソンが議論をリードした。まずジェフリーは調査報告書を根拠に、「日曜日の葬儀を可能な限り減らすことが望ましい」と主張した。そして「故人を看取った医務官による証明書がある場合を除き、日曜日にはどんな埋葬も許可されるべきではない」と提案した。続いて発言したジャクソンが問題にしたのは、日曜埋葬に伴う二つの習慣だった。まず一つ目は「日曜日に埋葬する予定で、遺体が通常より長期間保管される習慣」であった。これは「遺体の家での保管」の習慣と言うことができる。もう一つは「一般の病院で熱病ないし天然痘で死去した人の遺体が、貧しい人々の住む密集した家に持ち帰られ、日曜日の埋葬まで三日ないし四日間、生きている人の間に留め置かれることを許す、より深刻な習慣」であった。これは、病院で死去した遺体が家に持ち帰られる、つまり「遺体の家への移動」に、病院から持ち帰られた遺体が自宅で保管される、即ち「遺体の家での保管」が加わった習慣と言えよう。このように組み合わされることもあった、「遺体の家での保管」と「遺体の家への移動」の二つの習慣に、多くの墓地管理団体が対応できていないとジャクソンは指摘した。「記録によると、故人の遺体が病院から故人宅へ移されて直ぐ、熱病が流行した」。ジャクソンは、二つの習慣によって、「熱病」の流行が拡大しているのではないかと疑っていた。したがって、まず「遺体の家への移動」という「この習慣を止めさせるため、衛生委員会、教区当局、一般の病院当局の間で取り決めがなされたなら、大いなる改善が達成されるだろう」と対策を求めた。「遺体の家への移動」に限らず、死因が接触伝染病である遺体が移動する間とその到着後は、接触伝染病に感染する機会として同時期のロンドンでも危険視されていた。(62) 同種の現象がリヴァプール教区でもあったようだ。

一方、これら二つの習慣を作り出す原因である日曜埋葬という「問題に率先して取り組み、日曜埋葬を午前九時以降は禁じる決定をした、スミスダウン・レーン共同墓地の当局に敬意を払う」と先駆的な試みをした墓地当局を、ジャクソンは高く評価した。この墓地は、トックステス・パーク教区が運営する、リヴァプール市で最初の自治体共同墓地であり、今回の会合の前日、七月一日から日曜埋葬を制限していた。ジャクソンは、「近隣の全ての埋葬委員会は、トックステス・パーク教区の当局によって着手され、既に良き効果をもたらしつつあることの措置を一斉に採用して欲しい」と出席している関係者に協力を求めた。

同席したトックステス・パーク教区の埋葬委員は、「前日が、ジャクソンが言及した規則が施行された初日だった。埋葬の申請が一件だけあり、その故人は熱病の犠牲者だった」と日曜埋葬制限の初日の模様を紹介した。そして、日曜埋葬制限という「この方法は実際に必要な場合だけに日曜日の葬儀を減少させる。ただし、もし全ての埋葬委員会が同様の方針に参加協力すれば、もっと良い結果になろう」と語り、ジャクソンと同じく、全ての墓地管理団体の一致した対応を求めた。

民間共同墓地である、カトリック用のフォード共同墓地を代表したフィッシャー神父も、「遺体の家での保管」問題、特に「熱病」の感染拡大を防ぐため、日曜埋葬制限を支持した。ただし、「町からフォード共同墓地が遠方にあるため、アンフィールドや他の共同墓地で不満の対象とされた、日曜日の葬儀に大勢の人が参加する問題、さらには酩酊したまま葬儀に参列する者がいるという問題も共有していなかった」。しかも、「貧しき者にとって日曜日に遺体の埋葬をすることが禁じられるのは、かなり辛いことだと考えられる。日曜日は、適切に実施されたなら、埋葬にとって非常に適した曜日であり、加えて日曜日の厳粛さは、葬儀のような機会にあるべき敬虔さを増すからだ」と日曜埋葬の利点にも神父は言及し、一律の日曜埋葬制限に躊躇を示した。

市長は、これらの議論を踏まえ、日曜埋葬は全面的な禁止は困難であるけれど、何らかの形で制限されるべきものと考えた。「貧しい人にとって、日曜日は恐らく最も便利な曜日だ。フォード共同墓地に関しては、町から遠方に位置するため、埋葬を九時に締め切るのは早すぎないかという問題がある」。さらに「遺体を、死後一定の期日内に埋葬するよう義務づける権限を持っているかどうか不明である」と「遺体の家での保管」に対し法で干渉することが可能かどうか懸念を表明した。「権限を持っているのであれば、義務化は問題に対処する確実な方法である」。しかし、「権限がもしなければ、最善の方法は埋葬料を上げることだ」と法によらない方法を提言した。この方法によって、日曜日より埋葬料の安価な週日に埋葬を実施させるよう促し、日曜埋葬を目的とした「遺体の家での保管」も減るのではないかと市長は考えた。

しかしジェフリーは「埋葬料が現状の二倍に値上げされても、その金額は故人の親類、知人が埋葬後に飲酒に充てる額と比べると遥かに少額である」と指摘した。つまり彼は、埋葬料の値上げは、日曜埋葬の減少に繋がらないため、「遺体の家での保管」も減らないと考えたのである。ジェフリーは、「遺体の家での保管」を減らすには、直接の「日曜埋葬の時間制限こそが、死後すぐの埋葬に大抵つながる。というのも、今は存在している、日曜日まで遺体を保管するための動機が無くなるからだ」と反論した。

日曜埋葬制限への支持が相次ぐなか、ライス・レーン共同墓地の代表は別な懸念を表明した。ライス・レーン共同墓地は隣接した道に因んだウォルトン共同墓地の別称である。代表の懸念は、貧しき者が入る「救貧院付属で、遺体を受け取る身請け人が見つからない場合、遺体は〔救貧院〕病院（workhouse hospital）」に「故人の合法的な身請け人が来て、教区が負担した費用を同意の上に全額支払った場合、教区当局は、その身請け人が遺体を受け取れず、埋葬もできないと言える立場にあるのか」という懸念であった。[63] つまりこの代表は、ジャクソンが問題とした「遺体の家への移動」習慣を、教区が合法的に拒否できるかどうか疑問を呈したのである。拒否することは困難であると考えた代表は、「管理者は、遺体安置用の部屋を併設したチャペルが自由に使えるよう設置されている共同墓地に、故人の関係者が遺体を直ちに移すように道徳心に訴える」ことができるだけではないかと現実的な対応を示した。

この現実的な対応に不満だったのがジャクソンである。彼は「熱病で死去した故人を、病院から生者の住む家に移すことを禁ずる権限が衛生委員会に託されている」と主張した。[64] つまり、通常時には「遺体の家への移動」を妨げることは困難であるものの、「熱病」流行という非常時では、「熱病」で死去した故人の「遺体の家への移動」を合法的に禁じることが可能ではないかと考えたのである。ただし、この方法には幾つかの条件が伴うことを出席者が相次いで指摘した。それらの指摘をまとめると以下になる。まず「熱病」などの「感染症が流行」する。ついで「作成することが誰にも認められている」「陳情書を受け取った枢密院が、疾病予防法の適用を命じる」。適用を命じられた「衛生委員会は、遺体を直ちに埋葬するよう命じる権限を持つ」。この権限を持つ「衛生委員会」がようやく、「熱病」で死去した故人の「遺体の家への移動」を停止させ、遺体の埋葬を命じることができた。しかも疾病予防法の一回の「適用期間は六ヵ月に限定されていた」。つまり、それ以上の期間の適用には、再度、同様の手順を踏む必要があった。[65]

この手順がジャクソンには煩雑に写った。彼は、「熱病」によって死去した故人の「遺体の家への移動」を抑制するための具体的な方法を提言できず、最終的に以下の決議案を提出した。「本会議の見解として、日曜日の葬儀は次週の日曜日以降、本市近辺の全埋葬地において午前九時を過ぎては実施してはならない」。「遺体の家への移動」に対して直接対策を打てず、「遺体の家での保管」を減らす対策に留まったと言えよう。提出された決議案は成立した。ただしこの決議を会合に参加した全団体が採用したわけではなく、一部の団体は持ち帰って協議することになり、会合は翌月に再開することになった。

バーミンガム、エディンバラ、グラスゴー、ハル、ベルファスト、マンチェスター、プレストンなどの地元新聞も、この会合の決議を報じた[66]。会合への注目度は高かった。さらに、日曜日を安息日として遵守するよう要求していたメソジストのウェズレー派は、リーズで行った会合で、リヴァプールにおける日曜埋葬制限の試みに賛意を示していた[67]。

では、他の都市から相次いで支持の表明があった決議は、その採用を持ち帰って協議することになった墓地管理団体によって、どのような判断が示されたのか。関連する議論を知ることができたのは、リヴァプール、ロウ・ヒルに位置する、民間のネクロポリス共同墓地の場合である。タウン・ホールでの会合の二日後の七月四日に、墓地の経営者と墓所有者が集った会合が、この墓地のチャペルで開催された[68]。司会のH・ゴールディングは日曜埋葬の制限決議が採用されるに到った、タウン・ホールでの会合の模様を紹介した。続いて彼は、この決議に関して、「ネクロポリスのような埋葬地では、ほんの僅かしか日曜日の葬儀はない。だから、日曜埋葬が制限されても大きな不便はない」と語った。この墓地は面積が五エーカーしかなく、リヴァプール教区の自治体共同墓地の面積一四〇エーカーと比べると狭かった。したがって埋葬数が少なかった。しかもこの墓地の埋葬地は、聖別されていなかった。つまり聖別が必要な国教徒用の埋葬地となっていなかった。そのため、埋葬地たる非聖別地には、多くのプロテスタント非国教徒が埋葬されていた。前述の日曜埋葬の調査報告書に記載されていたように、プロテスタント非国教徒は日曜埋葬を好まなかった。面積の狭さと埋葬される人の傾向から、ネクロポリス共同墓地では、日曜埋葬を制限しても問題はさほど発生しないと司会のゴールディングは考えたようだ。「日曜埋葬は、医師による証明を受けた特別な場合を除き、次の八月一日から我が共同墓地では中止すべきである」との動議がなされた。採決では、反対は一名だけで、他は賛成したため、動議は成立した。

決議を持ち帰って検討した、他の団体はどのような判断を示したのか。七月二日にタウン・ホールで開かれた会合に出席した墓地管理団体が、ほぼ一ヵ月後の七月三〇日に再び集まり、休会していた会合を再開した(69)。そこでは、先の決議をほとんどの団体が採用したことが判明した。唯一、カトリック教徒専用のフォード共同墓地のみが採用しなかった。不採用の理由は、墓地当局から日曜埋葬を制限すべきか、フィッシャー神父を通じて相談を受けたゴス司教の反対であった(70)。

司教は問題を、日曜埋葬制限の是非と、日曜埋葬を午前九時に制限することの是非とに分けて検討した。前者に関して司教は、「コモン・ローによっても、教会法によっても、人々は、いかなる曜日であれ、適切な時間に友人、親戚の遺体を埋葬してもらう権利を持つ」と指摘した。この権利を奪いかねない日曜埋葬制限には、賛成できないというのであった。司教は、「日曜葬儀に反対する運動の真の目的が何か理解できない」と制限の目的にも疑問を抱いた。さらに、過度の飲酒、大勢の参列者など、日曜埋葬の結果生じている「問題は、日曜日において他の曜日以上に多いとは聞いたことがない」と証言した。こうして司教は、法、目的、現状認識の三つの方向から日曜埋葬制限が必要ないと考えた。

司教は、日曜埋葬を午前九時に制限することの是非についても言及した。まず日曜日の午前九時までの時間帯は、聖職者も信徒も午前のミサの時間でもあることから、葬儀に充てることは困難であるとした。ついで、仮に日曜日の午前九時までに葬儀を行うとしたら、「通夜」の兼ね合いで問題があるとした。アイルランド人によく見られる習慣「通夜」は飲酒の機会でもある。午前九時までに葬儀を実施することが義務化されると、土曜日の夜から日曜日の葬儀時間まで飲酒を続ける者がでることを、司教は危惧した。「通夜」がより長時間になるのである。フォード共同墓地が市の中心から遠方に立地していることも、司教は問題視した。つまり、葬儀参列者にせよ、葬儀を司式する聖職者にせよ、行くのに時間がかかる遠方にあるフォード共同墓地では、彼らが午前九時までに葬儀を行うことは難しいと司教は指摘した。こうして司教は、日曜埋葬制限の必要性を否定したのに加えて、日曜埋葬を午前九時までに制限することは不可能であるとの見解を表明した。ミサの時間、「通夜」、墓地の立地がその理由であった。

日曜埋葬制限の決議をフォード共同墓地が採用しなかったことには、市長や他の墓地管理団体から落胆の声が挙がった。「他の共同墓地で行われる葬儀の司式に際して、カトリックの司教およびカトリックの聖職者が改善に気づき、彼らの目下の決意が大いに揺り動かされることで、彼らが日曜埋葬制限にそう長く抵抗できなければいいのだが」と市長は見解を述べた。ただしフォード共同墓地の行動に市長は一定の理解も示していた。「各教区当局は貧しき者に十分配慮する必要があろう」。市長は、日曜埋葬制限に関するゴス司教らの懸念に共鳴していた。

ジャクソンを中心とする埋葬委員会は、これまで貧しき者の中でも、特にアイルランド人による「遺体の家での保管」を問題とし、その主原因を日曜埋葬と見なし、日曜埋葬を禁止ないし制限しようとした。そのため、アイルランド人の大多数がカトリック教徒であることを踏まえると、カトリック専用のフォード共同墓地が日曜埋葬を制限しなかったことは、日曜埋葬を目的と考えた「遺体の家での保管」の継続を許容する、大きな抜け道になったのではないか。この会合に出席したのは、リヴァプールとその近郊の主たる共同墓地の代表者であり、共同墓地の規模はどれも大きなものであった。フォード共同墓地は二四エーカーの面積を占めた(71)。これは会合に参加した共同墓地のうち、最大の埋葬地七〇エーカーを有したリヴァプール教区の自治体共同墓地における、カトリック用の埋葬地二〇エーカーを上回った。フォード共同墓地では、面積二四エーカーのうち、埋葬地にどれだけ充てられたかは不明であるけれど、相当数のカトリック教徒の埋葬が可能であった。実際、一年間のカトリック教徒の埋葬数は、一八六四年と六五年において、フォード共同墓地が二九二九件と二八四六件、リヴァプール教区の自治体共同墓地では一〇五八件と一六三八件と、前者が後者を上回っていた(72)。

カトリック教徒であるアイルランド人は、ジャクソンを中心とした埋葬委員会と、葬儀を実施する聖職者と葬儀屋の意向とを反映した、日曜埋葬の禁止ないし制限を求める動きのなかに、自らの思いを提示できずにいた。実際、ジャクソンが主導した調査報告書において見解を問われたのは、日曜埋葬を実施する聖職者と葬儀屋であった。葬儀される側の意見は問われなかった。カトリック教徒のアイルランド人の考えも問われなかった。その考えを、フォード共同墓地では日曜埋葬を制限しないという決定をしたゴス司教が代弁したと言えないか。タウンホールの会合に代表が参加した共同墓地のうち、唯一のカトリック専用の共同墓地がフォード共同墓地であった。自治体共同墓地は、埋葬地が国教徒用と非国教徒用とに二分、時にはカトリック用を加えて三分、さらにはユダヤ人用を入れて四分される。つまり、複数の宗派の信徒が埋葬される自治体共同墓地では、特定の宗派の意向を汲んだ決定を、墓地を管理する埋葬委員会は下しにくかった。これが、カトリック信徒のみを埋葬対象としたフォード共同墓地では可能であった。カトリック信徒たる、貧しきアイルランド人の意向を汲んで、この墓地の方針を決定した司教が、日曜埋葬を制限しないと判断したのは当然である。

会合ではジャクソンが提案した以下の決議案が採用された。「本会は、市内の埋葬地の各管理者が、日曜日の葬儀を、緊急の事例を除いて、午前九時までに制限する措置を既に実施していると知り大いに満足している。さらにには各管理者は、フォード共同墓地の管理者に対し、本件に関して他の団体に協力するように丁寧に説いて頂きたい」。

では、リヴァプール市のほとんどの共同墓地で日曜埋葬を制限した七月二日の決議は、どれほどの変化をもたらしたのか。リヴァプール教区の埋葬委員会は、タウン・ホールでの決議を採用し、六六年七月一五日の日曜日から、日曜日の埋葬を午前九時までに制限するとの告知を直ちに出した。(73) この制限はかなりの効果があった。(74) 制限前には三五件であった日曜日の平均埋葬数は、制限後には一二件へと減少し、この減少を埋めるべく月曜日の平均埋葬数が増加した。さらに、日曜日の平均埋葬数は制限前が他の全曜日の平均値の三倍であったのが、制限導入後は平均埋葬数が高い三つの曜日の値とほぼ同じ値にまで減少し、かつ残りの三つの曜日の値を少し上回る程度に留まっていることも判明した。(75)「日曜日の朝の埋葬を特徴づける秩序と平穏は、制限前に実施されていた日曜日の午後の多くの埋葬を特徴づけたものと対照的である」と評価したのは、制限導入後の三回の日曜日を経験したばかりのジャクソンであった。(76) 彼はさらに「共同墓地を、一般の人に日曜日の午後に一時間早く開放できるようになった。こうして、親類、友人の墓を時宜に適った思索を求めて訪問することを心穏やかに望んだ人に、より適切な時間を提供している」とも述べた。

リヴァプールにおいて日曜埋葬を減少させた効果の大きさから、マンチェスター、バーミンガム、ロンドン、ウェスト・ハム、ノッティンガム、ブラックバーンなどの当局が、さらには政府の埋葬部門査察官までもが、リヴァプール教区の埋葬委員会に問い合わせ、関連資料を収集したいと申し出た。(77) この注目度の高さから、リヴァプール教区における日曜埋葬制限が画期的な出来事であったことが窺える。申し出を受け入れた埋葬委員会は、執行委員会に六六年春に作成させた報告書に、市長が先に召集した会合の議事録を序文として加えたものを報告書第二版として刊行し、入手を希望する当局に提供した。「日曜日午前の早い時間までに埋葬を制限しようという埋葬委員会の決議が、イングランド中の都市で採用されつつあることを知り、埋葬委員達は満足しているに違いない」と七一年一一月の会合で司会を勤めたジャクソンは誇らしげに語った。(78) 午前九時までの日曜埋葬制限はリヴァプール教区の自治体共同墓地では三〇年以上続くことになる。(79)

おわりに——日曜埋葬制限とアイルランド人——

一九世紀後半のイギリスの自治体共同墓地では日曜埋葬問題が各地で発生した。本章ではリヴァプール教区における日曜埋葬問題を取り上げ、その内実に迫った。

リヴァプール教区では、日曜日に埋葬数と訪問者が多かった。ただし日曜埋葬を禁止することは困難であったため、まずは、日曜埋葬が引き起こしていると考えられた問題の解決に、埋葬委員のジャクソンは取り組んだ。彼は、衛生医務官トレンチが提唱した遺体安置チャペルに注目した。複数の要因に基づく「遺体の家での保管」は接触伝染病を拡大していると考えられた。拡大を軽減する方策として、貧しいアイルランド人が多く住む地域に、遺体安置チャペルの建設をトレンチは提案した。ジャクソンもトレンチの方針を支持した。

しかしこの方策ではなく、日曜埋葬の禁止こそが、「遺体の家での保管」を解消でき、それによって接触伝染病がより一層軽減されるとの指摘が相次いだ。同時に葬儀屋と聖職者という日曜埋葬を実施する人々の一部が、日曜日に多くの葬儀を実施する忙しさから解放されるために、日曜埋葬の禁止を求め始めた。彼らの不満を、ジャクソンが中心となって作成した日曜埋葬の調査報告書の中で質問に答えた聖職者と葬儀屋も、ほぼ共有していると判明した。日曜埋葬が「遺体の家での保管」をもたらすと考えたジャクソンと、日曜埋葬が日曜日の過労に繋がっていると考えた聖職者と葬儀屋とでは、日曜埋葬を禁止ないし制限する目的が異なった。しかし日曜埋葬を禁止ないし制限しようとする点では一致した。

調査報告書での結論を武器にジャクソンは、リヴァプール市全域での日曜埋葬の制限を試みた。関係者が集まった会合でジャクソンは、「遺体の家での保管」と「遺体の家への移動」を接触伝染病の拡大原因と問題視した。「遺体の家への移動」では、貧しき者が入っている施設において接触伝染病で死去した場合、その遺体が持ち帰られた家で、新たな接触伝染病の罹病患者を出すと危惧された。しかし「遺体の家への移動」は法的に規制することが困難であると判明したため、その規制をジャクソンは断念した。ただし、日曜埋葬の午前九時までの制限には成功した。その結果、リヴァプール教区の自治体共同墓地では日曜埋葬が減少した。

日曜埋葬制限はリヴァプール市とその近郊の共同墓地で一斉に実施された。例外は、カトリック専用のフォード共同墓地であった。ここは、市内最大の共同墓地であるリヴァプール教区の自治体共同墓地を上回るカトリックの埋葬者数を誇った。つまり、ジャクソンが日曜埋葬制限の主たる対象とした、貧しきアイルランド人の日曜埋葬は制限されなかった。彼らによる、日曜埋葬を目的とした「遺体の家での保管」は許容されることになった。ジャクソンは、貧しきアイルランド人による日曜埋葬を、リヴァプール市内の複数の共同墓地から、カトリック専用のフォード共同墓地へとかなりの程度集約したと予想できる。

第6章 一八八七年ダービー市の日曜埋葬問題

鉄道の要地ダービーの風景
出典：Frederick S. Williams, *The Midland Railway* (London, 1876) p.545.

1900年頃のミッドランド鉄道の路線と接続路線の地図
出典：George Reville,'Railway Labour and the Geography of Collective Bargaining', *Jounal of Historial Geography*, vol, 31 (2005), p. 19.

はじめに――ダービー市と日曜埋葬問題――

本章でも前章に続き日曜埋葬問題を取り上げる。ただしそれぞれの章では問題の位相が異なる。本章で扱うダービー市にも、第四章で論じたように、一八五三年に設置された埋葬委員会が、五五年五月に自治体共同墓地を市外のチャデスデンに開設した。この墓地は隣接する道の呼称に因んでノッティンガム・ロード墓地と言われた。同様の方法で命名されたアトクスター・ロード墓地もダービーの埋葬委員会は管理した。こちらはもともと民間共同墓地として建設されたもので、それを埋葬委員会が委員会の設立直後に購入し、ノッティンガム・ロード墓地と併せて管理していた。本章では明示しない限りノッティンガム・ロード墓地を扱う。

ダービー市の人口は一八五一年の四万三六八四人から、八一年には八万一〇〇〇人、一九一一年には一一万五〇〇〇人へと増加した。[1] 一八七七年の市域拡大によって市の人口は、一八七一年のセンサスから推計すれば、五万人から六万一〇〇〇人に増加した。この市域拡大を差し引いても一九世紀後半のダービー市の人口は一貫して増加していた。死者数も実数は不明なものの、人口増加に比例して増加したと想定しうる。序章で言及したように、人口増加による死者数の増加は全国で生じていたからである。

死者が多い一九世紀の都市では共同墓地が次々に開設された。多くの都市部の教会墓地が埋葬を停止したため、共同墓地は都市の遺体をほぼ一手に引き受けることになった。例えばシェフィールド町区の自治体共同墓地では、町区における一年の死者二五三八人のうち二〇〇〇人が埋葬されると見積もられた。[2] ダービー市でも教会墓地の埋葬が停止され、自治体共同墓地たるノッティンガム・ロード墓地が建設され、遺体の埋葬が進んだ。この墓地では、墓の再調整による埋葬先確保までが実施されたことを第四章で論じた。自治体共同墓地はダービー市でも主たる埋葬先として活用されていたと言える。日曜埋葬の問題も埋葬先としてこの墓地が盛んに利用されたことに関連している。

第１節　日曜埋葬制限へ

日曜埋葬は一八八七年一月末のダービー市の埋葬委員会の会合で問題になった[3]。事の発端はある日曜日に実施された公開葬儀によって、ノッティンガム・ロード墓地に損害が発生したことである。大勢の葬儀の見物人が墓地の敷地を荒らしたということのようである。W・マーウッド牧師は「葬儀の実施が日曜日に許可されなければ、この問題は解消する」と指摘した。問題検討のため特別会合を翌月に開催することが決まった。

埋葬委員会が検討を始めた日曜日の埋葬は、確かに実施される件数が多かった[4]。ノッティンガム・ロード墓地での一八八五年の埋葬数は、土曜日が二〇二件、日曜日が二八四件、月曜日が一二〇件であり、八六年にはそれぞれ二二三件、二六八件、一一三件であった。前後の曜日に比して日曜日の埋葬数は多かった。埋葬委員会が管理したもう一つの墓地、アトクスター・ロード墓地では八五年と八六年の日曜埋葬は各九件であった。埋葬数から明らかなように、問題とされた日曜埋葬はノッティンガム・ロード墓地におけるものであった。六七年から七一年の間もこの墓地の年平均埋葬数は、土曜日が一二九・四件、日曜日が二四八・四件、月曜日が五三・八件であったため、日曜日の埋葬数が前後の曜日を大きく上回っていた[5]。五五年の墓地開設直後も日曜日には葬儀参列者、訪問者が絶えなかったため、開設から二ヵ月後の七月には、埋葬委員会は午後二時から五時までの日曜日の開園時間を夏期は一時から八時まで、冬期は一時から五時まで拡大した[6]。つまりこの墓地は、開設されてからほぼ一貫して日曜日の埋葬数が前後の曜日と比べて多かった。

ダービー以外の地域でも同様の傾向があった。前章で論じたように、リヴァプール教区の自治体共同墓地で日曜埋葬が問題となった一八六〇年代、日曜埋葬が制限される直前の時期に、埋葬数は週のうち最多が日曜日、最少が土曜日で、次いで月曜日が少なかった。(7) 日曜日の埋葬数と他の曜日の平均埋葬数の割合は三対一であった。(8) しかし多いといってもダービーのこの墓地では一年に三〇〇件に満たない日曜埋葬は、平均すると一回の日曜日に五から六件ということになる。これは、前章のリヴァプール教区の自治体共同墓地で日曜埋葬が制限される前の三五件と比べると少ない。(9) ダービーの墓地ではその多さだけが、禁止が求められた理由であるとは考えにくい。

二月二四日午後の特別会合で前回の会合で不満を述べたマーウッド牧師がまず提議した。(10)「ダービーの埋葬委員会が管理する共同墓地では、日曜日にいかなる埋葬にも実施許可を与えない。例外は感染症のケースであり、全てのそれらの遺体の埋葬は午前八時三〇分から九時三〇分までに実施すべきである」。埋葬委員は相次いでマーウッド牧師に賛意を示し、日曜埋葬の制限を要求した。委員による発言のなかでW・ラスベリーは、ある日曜日に行われた「志願兵の葬儀」を紹介し、その際に「多くの人が被害を被っている」とした。公開葬儀の典型が兵士の葬儀であった。一月の会合でマーウッド牧師が不満としたのは、この「志願兵の葬儀」であった。一方、三〇年以上の長きにわたって埋葬委員を務め、前回に続き今回も司会を務めたアブニー牧師は、葬儀屋が提出した制限を求める陳情文を紹介した。「もし我々がいつもの仕事を求められないような日曜日を持てたら、それは馬車の御者、棺を運ぶ人、葬儀で何らかの手伝いをする人といった、様々な立場で我々が雇う必要のある人に多大な恩恵となろう」。E・コランベルは、「日曜日には、聖職者と牧師は日曜礼拝という別な仕事を行うよう求められている」として同様に制限を求めた。

日曜埋葬の制限を求める根拠としては兵士の葬儀による混乱、葬儀屋と聖職者の日曜日の忙しさがあった。一方で日曜日の葬儀が許可されないなら、貧しい労働者は、週日の労働時間を葬儀の時間に転用せざるを得なくなることで、経済的損失を被ると複数の委員が危惧の念を示した。特に代表的な委員がシドニー・バートン・エケットであった。エケットはマーウッド案に対抗する修正案を示した。その要点は三点であった。第一に日曜日の大規模な葬儀によって被る敷地の被害を防ぐ規則を作成すること、第二に敷地の被害、秩序の乱れに繋がりかねない兵士の葬儀を軍、警察、市当局、民衆の協力で統制すること、第三に労働者の便宜のために日曜埋葬を制限しないことであった。

修正案でエケットが労働者のために制限に反対したのに対して、労働者が制限に肯定的であると牧師を中心にした委員が異議を唱えた。「多くの労働者と交流のある」W・H・テトリー牧師は「日曜埋葬制限に労働者は無関心」、さらには「埋葬委員会の財産保護」の観点から、墓地を保護するため日曜埋葬を制限すべきであると述べた。W・ナイト牧師は週六日働ける労働者の「家族で葬儀は稀」であると主張した。

こうして労働者による日曜埋葬を中心に埋葬委員同士が対立するなか、マーウッド案とエケット案でそれぞれ採決がとられた。まず挙手に付されたエケット案は七対三〇で採用されず、続くマーウッド案は圧倒的多数の支持を得て採用された。日曜埋葬の制限が決定した。制限開始日を翌週の会合で決定するだけとなった。今回の会合ではさらに葬儀ができる土曜日の時間を、三月から九月の夏期が二時から六時までに、一〇月から二月の冬期が二時から四時までに設定することが提議された。この案の承認も翌週の会合に持ち越された。

日曜埋葬制限の決定にはすぐ反応があった。早くも、制限が決定した二四日の夜に、友愛協会の一つアンシャント・フォレスター会（Ancient Order of Foresters）のダービーのある支部が会合を開いた。参加者は埋葬委員会が日曜埋葬制限を決定したことに驚きと懸念を示した。そして制限によって発生する多くの不便、困難を予想し、支部代表による半年に一度の総会で、この問題を検討することを決定した。(11)

相互扶助を目的に近代のイギリスで多く結成された友愛協会は、会費を払うほぼ全員が男性の加入者とその家族が失業、疾病、老齢、死亡などで困窮している際に、彼らに経済的援助を行う組織である。(12) 相互扶助の一環として加入者が抱いた日曜埋葬制限への不満を、先のアンシャント・フォレスター会は代弁したようだ。ではどれくらいの人の見解を友愛協会は代弁したのだろうか。ダービー市の正確な加入者総数は不明だが、他の都市の状況から類推は可能である。日曜埋葬問題が一八七〇年代に発生したダーリントン市でも、加入者数の多さを背景として友愛協会が日曜埋葬制限に強く反対した。市議会で制限に反対したある議員によると、「ダーリントンは複数の友愛協会を有している。それらは全体で約四〇〇〇人の会員を持つ。四〇〇〇人のうち三〇〇〇人は既婚男性であり、既婚男性一人が五人の家族を代表すると計算すると、その時一万五〇〇〇人、つまりこの都市の人口の約半数がその三〇〇〇人によって代表されている」(13)。人口が三万人のダーリントン市で三〇〇〇人の既婚男性が友愛協会に加入したのであれば、市民一〇人に一人が加入したことになり、総加入者数の四〇〇〇人という値をとれば、市民七・五人に一人が加入したことになる。一方、一八七二年の友愛協会に関する王立委員会の調査によると、人口二二七一万人のイングランドおよびウェールズで友愛協会の会員数は四〇七万であった。(14) 国民五人のうち一人が会員であったことになる。この値はダーリントン市における、市民七・五人のうち一人が会員という値をも大きく上回る。そのため友愛協会は、ダービー市でも、ダーリントン市と同様の割合の加入者があったと想定できる。少なくとも人口の半数程度を代表する友愛協会の広がりを背景に、ダービー市では複数の友愛協会が日曜埋葬制限に繰り返し反対することになった。

日曜埋葬の制限を決定した特別会合にはさらに反応があった。三月二日付の地元新聞『ダービー・マーキュリー』紙は先の特別会合について詳細に報じ、その関連記事も複数掲載した。(15) 関連記事の内訳は投書四通と社説である。投書のうち三通は匿名であり、一通のみに実名が記された。実名が記されたのは埋葬委員エケットによる二月二六日付の投書である。彼は二四日の特別会合が終わって直ぐ筆を執り、特別会合で提案した修正案の妥当性について書いた。「日曜日の兵士の葬儀において秩序を維持し、損害を防止するため警察の協力を求めた」のは、「かなりの損害があった最近の兵士の葬儀で、警官が二人しかいなかったためだ」。そこでエケットが「我が州の首席警察官代理（deputy chief of constable）のローソン氏」に助力を要請すると、ローソンは「共同墓地の管理人から求めがあれば、秩序を守るため、より多くの人員を派遣すると確約した」。エケットの投書は彼の案が特別会合で既に否決されたにも関わらず、その案に沿って彼が行動したことを意味する。この行動によってエケット案の実現可能性が高いことを彼は読者に訴えかけたと言える。

エケットが問題視した兵士の葬儀に関しては、この墓地の管理人が証言した。[16]「日曜日には、通常四〇〇人から五〇〇人がこの共同墓地を訪問した。兵士の葬儀は日曜日であろうと、週日であろうと、大抵二〇〇〇人位の見物人を迎えた。過去には一万人にも達したこともあった。日曜日における訪問者が多いため、その混雑は週日を遥かに凌いだ」。この証言は七二年九月に記録されたため、八七年の時点とは事情に違いがあるかもしれない。しかし公開葬儀の一つとして兵士の葬儀の人気が高かったのはわかる。

日曜日に兵士が埋葬されることが法的に定められていたのかは不明である。ただし国教会の教会における日曜礼拝のために、教会まで兵士が行進をすることが、一七世紀の内乱の頃から一九四六年まで法によって定められた。[17]したがって、日曜日に兵士が教会に現れることは珍しくはなく、教会への行進とそこでの礼拝に併せて、兵士の埋葬も教会に隣接した墓地、つまり教会墓地で実施するという慣習ができ、この慣習が自治体共同墓地に持ち込まれたのかもしれない。

匿名の投書三通のうち日曜埋葬制限に二通は反対し、一通は支持していた。反対した二通のうち一通は、制限撤回への支持文書を、エケット案に投票した埋葬委員七人に更なる尽力のために送付することを求めた。[18]

同じく反対した一通は、「最大多数の最大善」の原則に従って人口の多数を占める貧しい労働者のために日曜埋葬の継続を求めた。[19] 特に問題にしたのは埋葬における援助であった。つまり現在、日曜日の葬儀での手伝いは、「貧しき者のために貧しき者によって常に提供されている」。しかし日曜埋葬が制限されたら、埋葬は平日に行われるため、この自発的な無料の援助が難しくなり、「葬儀屋が有料の棺担ぎ人とアシスタントを提供することになり、葬儀にかかる費用は現在よりはるかに多額になろう」と危惧したのである。

日曜埋葬は葬儀屋が一手に引き受けていたわけではなかった。前章で言及した、リヴァプール教区における日曜埋葬の調査報告書では、調査に応えた葬儀屋が「反物商人ではない」と明記された。葬儀屋を兼業する者がいたのである。「反物商人」以外にも日曜埋葬が葬儀屋ではなく「行商人、八百屋、床屋など」によって主体的に遂行されたとの指摘もある。[20] この指摘はある葬儀屋が一八七一年にしたものであった。そのとき彼が参加した会合は、「葬儀業専門家協会」なる葬儀屋の一団が、日曜埋葬の制限をロンドンの各埋葬委員会に求めた集会であった。葬儀業の専門団体ができるほどにまで葬儀の専門化、商業化が進んだ大都会ロンドンでも、葬儀屋による葬儀の掌握が十分ではなかったことがわかる。一八八七年のダービー市の事情も、一六年前つまり七一年の先に挙げたロンドンと大差はなかったであろう。同様の、葬儀屋による葬儀の掌握が十分でなかったとの指摘は、一九世紀中葉の地方小都市に関してもある。[21] したがって日曜埋葬制限は、葬儀屋が休日確保に加えて、葬儀業を他の人々から遠ざけることで掌握する方策でもあった。[22]

日曜埋葬制限に賛成した匿名投書の一通は、ダービーの労働者階級が葬儀に際して「頻繁に不必要な飾りをつけ、浪費をしている」と問題視した。[23] 特に日曜日に「大勢の友人、隣人が集う機会、もしくは友愛協会か志願兵の葬列のための機会が提供され続ける限り、抗い難きこの飾りつけと支出への誘惑が発生する」。

この投書からは日曜日の葬儀として個人の葬儀、兵士の葬儀に加えて、友愛協会の葬儀があったことがわかる。

友愛協会は葬儀で加入者を経済的に支援するだけではなかった。協会の団旗を掲げ会員を葬列に参列させるなど、故人が協会の加入者であることを明示した葬列を作った。この明示性を「不必要な飾りをつけ、浪費をしている」とこの日曜埋葬の制限支持者は批判した。一八六〇年代に日曜埋葬が問題となったリヴァプール教区でも、ある制限支持者は友愛協会に関して二点の問題を指摘した。[24] まず友愛協会の一種で、労働者を中心に支援を埋葬に特化した埋葬協会による日曜日の葬列は、「他の曜日以上に注目される」ため、宣伝効果が高く、日曜埋葬を埋葬協会が積極的に実施しようとした点である。[25] 次に埋葬協会が葬儀屋に葬儀を依頼することで得られる手数料は、多くの人と道具の動員ができる日曜日の葬儀の方が週日よりも多額になるため、埋葬協会が日曜埋葬を積極的に実施した点である。埋葬協会はイギリスで一九世紀を通じて成長し、一八九七年には人口三一一六万人に対してその会員が四七〇万人、つまり国民七人に一人が加入した。[26] 九一年に人口九万四〇〇〇人となるダービー市では、八七年に三万八七〇〇人が加入したダービー埋葬協会（Derby Burial Society）だけで全国の加入者割合を大きく上回ったので、埋葬協会の関わる葬列はダービー市ではより頻繁に目撃されただろう。[27]

これらの日曜埋葬制限への賛否両論を記した投書を掲載する『ダービー・マーキュリー』紙は、同日の社説で埋葬委員会の働きを評価しつつも注意を喚起した。[28]「聖職者だけでなく、共同墓地で働く人と葬儀屋をも、日曜日の余分な仕事から解放したいのは十分理解しうる。しかしこの解放を実現しようとする際に、より大きな階級に苦しみを与えることがないように配慮すべきである」。そこで社説は「都市全体に対して適切に見解が求められる」べきことを要求した。さらに「埋葬委員会はダービーの人がいつ埋葬できるかを決めた今、どのように埋葬すべきかを考慮するために時間を少しでも割いて欲しい」と望んだ。つまり社説は、埋葬委員会が日曜埋葬を制限するだけでなく、埋葬の方法にまで踏み込んだ積極的な干渉を求めたのである。「葬儀を葬儀屋の見せ物にするという愚かで不快な習慣を放棄すべき時が近いのではないか」と記したように、社説は、昨今の葬儀、特に葬儀屋の関与する葬儀に批判的な見解を抱いていたからである。一九世紀中葉から末期にかけて、中流階級と上流階級が葬儀を簡素化させるのに対して、労働者を中心とした下層階級は、自らが会員となった埋葬協会の発達にあるように、彼らなりの葬儀への拘りを示し続けた。(29)この社説は、葬儀の簡素化をより進めるべく、葬儀屋に干渉しようとした。

日曜埋葬制限に関する支持派、反対派の見解が示されるなか、埋葬委員会の特別会合が予定通り前回の特別会合の翌週に当たる三月三日に開催された。(30)この会合では前回提議された土曜日の葬儀の時間について承認し、ついで日曜埋葬制限の開始日を決定する予定だった。まず複数の友愛協会から提出された日曜埋葬制限に反対する陳情文が、事務員によって紹介された。この紹介は、事務員が前回の会合から今回の会合までに受け取った書簡、陳情文などを紹介するという従来の慣例に従っていた。しかし日曜埋葬制限に反対していたエケットも、同様の陳情文を受け取ったとして紹介した。この議事進行にテトリー牧師は「今回の会合は既に言及した目的のために召集されている」と抗議した。これ以降、日曜埋葬制限に反対するために制限をいったん延期し再考すべきであるとする埋葬委員と、制限は既に決定したとする埋葬委員とが対立するが、制限決定は覆らなかった。そして土曜日の葬儀時間に関する前回の特別会合での提案が承認された。

その後いつから日曜埋葬を制限するかが議論された。制限に反対する者が制限開始日までしばらく期間を措き、六月の第一日曜日である五日を提案した。これに対して制限を支持する者は一〇日後と間近な三月の第二日曜日、一三日の制限開始日を示し、採決で後者が採用された。

こうして決まった日曜埋葬制限はダービー市のみに限らない。各地の埋葬委員会による調査によると、早くも一八六〇年代にロンドンとその周辺、さらにイングランドの六都市、そしてウェールズとスコットランドのほぼ全域で日曜埋葬が規制されていた。(31)このことは第5章で指摘した。七〇年代には、イングランドの二〇都市以上に制限都市が増え、(32)ロンドンの共同墓地二〇箇所のうち一七か一八箇所で規制されていた。(33)八〇年代には、調査対象の五〇都市のうち四〇都市で規制されていた。(34)つまり日曜埋葬が制限される都市が増加しつつある時期に、ダービー市の埋葬委員会でも制限を導入したことになる。

第2節　日曜埋葬制限への抗議

ダービー市では、二つの自治体共同墓地で日曜埋葬の制限が実施される期日まで決まったにも関わらず、制限への抗議が相次いだ。例えば前述した友愛協会、アンシャント・フォレスター会の別な支部は、三月一二日の会合で、共同墓地で日曜日に葬儀を制限することを「狭量な安息日遵守主義」として厳しく批判し、さらにマーウッド牧師とテトリー牧師による、「日曜日の葬儀に労働者が大挙するのは全くの興味本位からだ」との主旨の発言に抗議した。(35)同じ頃にやはり有力な友愛協会であるオッドフェロー大連合会（Grand United Order of Oddfellows）のダービー支部も、四季会で「本会は埋葬委員会による日曜埋葬制限に抗議する」との決議を採用した。(36)

日曜埋葬制限への抗議活動はさらに続いた。三月一八日の夕方にはギルド・ホールで納税者が市長に要求した抗議集会が開催された。(37)「非常に多くの参加があった」。出席者のなかには市長と八人の市会議員の姿もあり、彼らの同席に関して、参加者の一人アルバート・ソープは市当局による同意を自覚していた。

議事では埋葬委員会による日曜埋葬制限への批判が相次いだ。ソープは、「二人の尊敬すべき牧師」が制限を求めた理由を、三点に整理した上で反論した。つまり「日曜日の葬儀による墓地への損害」を防止するという理由には、「当局に損害の重要性を知らせ」、埋葬委員会と当局の二者で損害への対策をまず講ずべきだと応じた。

次いで「全くの興味本位」から、日曜日の葬儀に参列しようとする者を墓地に入らせないためという理由に対しては、牧師たちが参列者を誤解していると反論した。三番目の「共同墓地で働く人々に不都合である」という理由には、「少数者の快適さと便宜は、多数者の利益に常に従属する」と優先順位を間違えないようにと制限に反対した。

ソープは日曜埋葬制限後に発生するであろう問題にも言及した。「ダービーには鉄道に関係する人が多い。もし鉄道会社が日曜日以外の曜日に従業員を休ませたら、鉄道で移動する人々に危険が生じるだろう」[38]。そして彼は、「ダービーの労働者階級全体に、特に鉄道会社の仕事に従事している多くの人にかなりの困難と不便を与えるだろう、埋葬委員会による恣意的で性急な行動に抗議する決議」を提議し、これは採択された。

ダービー市内に本社を置くミッドランド鉄道会社が、市内に住む労働者を一八七八年に五〇〇〇人、九一年に一万二九〇人も従業員として雇用していた。市の人口は八一年が八万一〇〇〇人、九一年が九万四〇〇〇人であった[39]。五人一家族の世帯を基本単位とすると、市には一万六二〇〇人から一万八八〇〇人の既婚男性がいたことになる。つまり市の既婚男性の三分の一から二分の一が鉄道業に従事していたことになることから、ダービー市の鉄道業への依存度は高かった（本章扉図参照）。

ソープに続きH・ペンバートンも、埋葬委員会への批判として、埋葬委員の選出方法に不満を述べる陳情文が約一万二〇〇〇人を代表する人々から提出されたと述べた上で提議した。「本会議の見解として埋葬委員会は、ダービーの人々にひどく敬意を払わなかったことが明らかになった。埋葬委員会と協議し、かの決議を無効にするように要求する委員会が任命されねばならない」。この案は満場一致で成立し、二人の市会議員を含む一三人からなる委員会が埋葬委員会と交渉する代表団として設立された。

その後の議論では聖職者への不満が噴出した。ジェームズ・メーザーズが、共に制限を先導したマーウッド牧師とテトリー牧師を批判した。とりわけ後者が「多くの労働者と交流のある」と言ったことに、メーザーズは「彼は自分の言動を理解していない」と批判した。一方、市会議員のジョージ・フォスターによると日曜埋葬制限後に、聖職者である「埋葬委員会に従事している一〇人のジェントルマンは、直ちに埋葬委員のような世俗の仕事を辞めるだろう」。聖職者は制限を達成するだけでなく、制限決定直後に埋葬委員を辞することで、制限への批判も巧みに回避しようとするのではないかとフォスターは疑った。さらにW・ロウ市会議員は、制限が決定した会合で「埋葬委員会に属す全ての国教会の牧師と非国教徒の牧師が日曜埋葬制限を支持した」と指摘することで、聖職者が制限の強硬な支持派であると明らかにした。(40)

三月二二日には、友愛協会のオッドフェロー・マンチェスター連合（Manchester Unity of Oddfellows）のダービー支部会が会合を開催した。埋葬委員会による日曜埋葬制限が多くの不便、特に労働者への不便をもたらすので、撤廃されるべきであるとする動議が採択された。(41)

日曜埋葬制限への抗議活動が盛り上がるなか、四月七日に埋葬委員会の会合が開催された。(42) まず幾つもの友愛協会から提出された日曜埋葬制限に反対する陳情文を、事務員が紹介した。彼はさらに、エケットを含む埋葬委員三人から提出された日曜埋葬制限を撤廃することを視野に入れた特別会合開催を求める通知を読み上げた。特別会合は「議会制定法に従っている」ために四月一八日に開催の運びとなった。事務員は、三月一八日の抗議集会で任命された代表団が埋葬委員会との会合を要求している手紙も読み上げた。この代表団を四月一八日の特別会合に迎えることが同意された。

その後の議論では、まずテトリー牧師が友愛協会や抗議集会での批判に耐えかねて発言した。第一に「多くの労働者と交流のある」という発言に関して、この発言をしたと見なされている二月の特別会合に居合わせた聖職者は、「病や難問に遭遇している労働者を訪問し、また労働者が亡くなった時には彼らを埋葬する」、「多くの国教会の牧師と数人の非国教徒牧師」であった。そこで「労働者の代理人が私の判断ではその存在感で際だっている」と述べたに過ぎないと釈明した。つまりテトリー牧師は本人が労働者と実際に密な交流があったわけではなく、労働者と直接交流のある聖職者が多く特別会合に同席しているということを示唆したに過ぎなかった。第二に日曜埋葬制限の「問題を埋葬委員会の財産の保護問題とみなす」という発言に関しては、一般論として「一部の人は日曜日に全てを休みにしようとする」。それは財産を保護する権利として認めうる。しかしこの一般論から、墓地を日曜日に閉鎖する問題を正当化したわけではないと抗弁した。さらに、「人々が全くの興味本位から日曜日の葬儀に参加している」との発言も否定した。テトリー牧師は、二月の特別会合で、兵士の葬儀の秩序を、軍と警察の協力で維持しようというエケット案を問題にした。兵士の葬儀で「人々が全くの興味本位で動き回っている」とき、その大勢の人々に干渉しようと軍とこの都市の治安当局が協力をしようとしても、役割を巡って対立しかねないことに、テトリー牧師は危惧を表明したというのである。

テトリー牧師に続いて、ナイト牧師も聖職者への批判に関して補足発言をした。ナイト牧師は、テトリー牧師と違い「人々が全くの興味本位から日曜日の葬儀に参加する」ことを特別会合で指摘したと認めた。さらに該当する葬儀の例として、牧師は喉を切って自殺したある人物の葬儀を紹介した。その自殺方法は、他の点で有名だった故人をより有名にしたため、見物の容易な日曜日の葬儀には多くの群衆が殺到した。「それは大いに非難されるべき全くの興味本位」からでた行為と牧師は批判した。ナイト牧師は、このような「全くの興味本位」から多数の見物人が駆けつける可能性がある日曜埋葬を制限すべきであると主張した。一八世紀末以来の伝統あるロマン化された自殺に、ナイト牧師の批判は向けられていた。(43)

四月一二日には、友愛教会のオッドフェロー・ダービー・ミッドランド連合団（Derby Midland United Order of Oddfellows）が四季会を開催した。(44) ダービーの多くの支部から代表が出席し以下の決議を採択した。「本会は、日曜日の葬儀に共同墓地を利用させないという埋葬委員会の行動を非難する。この自治都市の納税者の権利を擁護するためにこの都市の他の協会と協力することを誓う」。決議文の写しが埋葬委員会に送付された。

埋葬委員会の特別会合が予定通り四月一八日に開催された。[45] 司会のアブニー牧師を入れて四六人もの多くの埋葬委員が出席していた。まず、三月一八日に開催された、日曜埋葬制限に抗議する会合において任命された代表団一三人から意見を聴取することになった。一三人のうち八人は肩書きないし所属組織が判明した。まず市会議員二人と以下の四つの友愛協会から代表が一人ずつであった。友愛協会・医学組合（Friendly Societies Medical Association）、オッドフェロー・ロンドン団（London Unity of Oddfellows）、そして既出のダービー埋葬協会とオッドフェロー・マンチェスター連合であった。残りの二人はダービー協同組合（Derby Cooperative Society）とミッドランド鉄道会社からの代表であった。

まず代表団の一員である市会議員のクレメント・バウリングは、公開葬儀と墓地の損害との関係について言及した。「これらの公開される葬儀は一般に兵士の葬儀である」。そのうち「正規兵（army）と民兵（militia）は日曜日には埋葬されないので、日曜埋葬への警告は志願兵に関係するものである」。実際、日曜日に開催された「軍旗護衛下士官（Colour-sergeant）エヴァンズの葬儀に集まった人々は、全くの興味本位から参列したとかつて批判された。これは全く観点の相違によるものである。現にその葬儀に私も出席した」。「葬儀参加者の行動には全く不適切、もしくはおかしな点はなかった」。だから私は「二〇年以上同僚であった志願兵らを弁護し、共同墓地で近くにいた人々を擁護できる」。ただし志願兵の葬儀で「発生した損害は何千もの人が統制なしに共同墓地に集まった時には制御することができないものだ」。「しかし埋葬委員会は検討対象から兵士の葬儀の問題を全く外したようだ。というのも私はブキャナン大佐から手紙を受け取った。大佐はそこで、自分の役目であるなら、特別な状況を除いて、埋葬委員会の同意の上で、兵士の葬儀を土曜日など日曜日以外の曜日に実施する用意があると書いたからである」。つまり埋葬委員会は、上級兵士と協議し、兵士の葬儀を日曜日以外に移すことができたにも関わらず、そうしなかっただけではなく、日曜埋葬も制限し労働者に不利益をもたらしたとバウリングは問題にしたのである。

バウリングはここでエケットがかつてとった行動をさらに発展させたと言える。エケットは前述したように三月二日付の投書で、埋葬委員会の特別会合で否決された自案に沿って行動したことを記した。つまり、日曜日の兵士の葬儀を統制すべく警察に協力を打診し、快諾を得た。一方バウリングは、兵士の葬儀とりわけ志願兵の葬儀を管轄する軍当局の一員から、葬儀を日曜日以外に移せるとの言葉を得た。エケットにしてもバウリングにしても、日曜埋葬の制限を撤回すべく制限の一因となった兵士の葬儀の統制を別々の角度から試みたわけである。

バウリングに次いでアルバート・ソープが発言した。ソープは既に三月一八日の抗議集会で積極的な発言をして、制限に反対していた。彼はここでは，ダービーの「住民が見解を表明できる機会となる一〇月の埋葬委員の選出まで，今回の過激な対策を少なくとも実施しないで欲しい」と要求した。

ジェームズ・メーザーズはミッドランド鉄道の労働者代表として発言した。「鉄道会社の同僚の葬儀に参列する機会を埋葬委員は持つべき」と迫った。埋葬委員は、鉄道業に従事する者の葬儀に不案内だというのである。市会議員のジョージ・フォスターは代表団の構成員について紹介し代表団の正当性を示した。彼によると代表団に、三万八七〇〇人の会員を持つ伝統あるダービー埋葬協会と、労働者階級のエリート五五〇〇人が属すダービー協同組合から各一名の代表が含まれた。二つの団体はダービーにおける有力な団体だった。(46)

代表団が退出した後は残った埋葬委員が議論を始めた。委員の間からも日曜埋葬制限の撤回を求める発言が相次いだ。T・ロウ下院議員は「一五年前、日曜埋葬の問題がある委員会によって調査されたとき、私は日曜日の葬儀が維持されるべきであると提議した。そしてこの案は多数の支持を得て成立した」。今回も、「もし埋葬委員会がこの権利を奪う予定であることが事前に広く知られていたら、埋葬委員会が、熟考の上でこの都市の問題について違う見方をするよう迫る発言があったはずと私は強く思っていた」。しかし実際は制限の提案から実施までの期間は短く、意見は求められなかった。そこで彼は、「今回の問題は、次の埋葬委員の選出まで結論を出さずにいるべきであると考える。それ故に二月二四日の決議は無効にされるよう提議する」。

W・ロウ市会議員もこの無効決議を支持した。ロウは日曜埋葬制限が始めて議題に挙がったときから制限案が抵抗を受けると予想していた。その抵抗は日曜埋葬を埋葬委員会が制限した原因と、制限が議題に挙がり、そして決まるまでの過程とに由来しているとロウは考えた。前者の原因に関して彼は、軍旗護衛下士官エヴァンズの葬儀に多くの人が集まったせいで墓地に損害が発生したことを理由に、「日曜埋葬が制限されることは馬鹿げている」と語った。というのも「エヴァンズの葬儀に際し、ある埋葬委員がその葬儀の広告を出し人々の注意を引きつけて大勢の興味を喚起した。そして、その結果は非常に多くの人が一斉に集まり、その群衆を統制する人がいなかったため、幾ばくかの損害が発生したのである」。エヴァンズの葬儀は、現場統制がされなかっただけでなく、見物人が埋葬委員によって意図的に集められた。制限支持派による画策をロウは疑っていた。一方、日曜埋葬制限が議題に挙がり決まるまでの過程を、T・ロウ同様にW・ロウは、労働者の日曜埋葬に関する意見の表明がその過程で考慮されなかったことを問題とした。なぜならロウによると、「労働者階級の家族は中流、上流階級の家族より一般に大きい。だから葬儀がより多く開催される。加えて労働者階級は他の階級よりかなり人口も多い。したがってこの問題に関して意見を求められる権利がある」からであった。

無効決議を同じく支持したJ・W・ニューボルドは、ダービーで多い鉄道員の事情に言及した。「鉄道会社で雇用されている非常に多くの人は、土曜日の夜は遅くまで仕事を終えられず、かつ月曜日の朝早くには出社しなければならない。その上、従業員は、重大な事故で亡くなった仲間の遺体に墓まで付き添うことを好む」。だから日曜埋葬制限は、日曜日以外に葬儀に参加することが困難な鉄道労働者から、その参加機会を奪うとニューボルドは問題にした。

こうして立て続けに日曜埋葬制限への反対が続くなか、制限支持を表明したのがE・R・グッドヘッドである。彼は制限決議を無効にするに足りる十分な理由がこれまでの発言では提示されていないと考えた。「日曜埋葬という権利がかつては必要であった。というのは労働時間がかなり長かったからだ。しかし今や、労働者階級は土曜日の午後に休みを確保したので、それはさほど必要ではない」[47]。さらに「共同墓地で働く人と葬儀屋の従業員は、その仕事に就いたとき、日曜日に働く必要があると分かっていただろう」という指摘にグッドヘッドは反論した。「どんな労働者がこんな主張をするのか」と彼は驚き、「数年前には労働者の主張は、労働者が短時間労働を求めるのを妨げるようなものではなかったのに」と労働者としての主張の一貫性に疑問を投げかけた。一八七〇年代、八〇年代には労働者、特に鉄道労働者は九時間労働日のスローガンを掲げた労働運動を展開した[48]。ダービーはミッドランド鉄道会社の本社があることで、労働運動の一つの拠点となった。この労働運動の激しさを意識して、グッドヘッドは発言したようだ。しかもダービーでは早くも一八三〇年代には、鉄道の敷設作業と運行を日曜日には認めないことを求めた安息日遵守運動が活発化していた[49]。バース、ヨークでも同様の運動があり、これらの都市は他に先行していた。この運動は短時間労働運動とも連携していた。ダービーは日曜日の労働制限の歴史ある都市であった。この歴史を踏まえた上で、短時間労働運動と安息日遵守運動との連携が危機に瀕しているとグッドヘッドは考えたのである。

同じく制限を支持したのはラスベリーである。彼は代表団が労働者の見解を正しく代表しているのか疑問を呈した。代表団は、ダービーで有力な団体が中心となっているものの、特定の集団の意向を表明しているのではないかとラスベリーは勘ぐったのである。そして「とにかく一年間は日曜埋葬制限を試行してみよう」と提言した。

さらにテトリー牧師も、日曜埋葬制限に反対する代表団と埋葬委員による主張が説得力に欠けると考え，この対立を打開すべく修正案を提議した。「一二月二四日に到達した決定を一二ヵ月間試行して、その期間の終了時にまだ納税者が全く埋葬委員に反対していることが判明すれば、埋葬委員は辞任しよう」。

W・H・ホイストンは、制限が聖職者には望ましいが、労働者には望ましいとは言えないと苦しい立場を表明した。もっとも「今後は日曜日に兵士の葬儀は行われないと人づてに聞いた。きっと他の問題に関しても、制限決議が無効になったとしても、人々は言われたことに気を配りその権利を乱用することはあるまい」と語り、制限支持派に一定の配慮をした上で、日曜埋葬は実施することができるとの見通しを示した。

そこで妥協案をF・ホア牧師が示した。「テトリー牧師の修正案は満場一致で採用されるべし。ただし何らかの不便がまだ解消していないと判明したら、埋葬委員会が全ての問題を再考するという条件付である」。この案を複数の埋葬委員が支持した。

T・ロウは妥協案を示したホア牧師に感謝し、「テトリー牧師が修正案を一二ヵ月から六ヵ月に変更するなら、それに全ての集団が満足するだろう」と語った。これをテトリー牧師は受け入れた。こうして日曜埋葬制限の支持派と撤回派が一致点を見出すことになった。対立していた両派の埋葬委員も和解した。

司会のアブニー牧師は、「埋葬委員の選出は九月二九日から一ヵ月以内に実施される。新たな埋葬委員は初会合を一一月三日に開く予定である」と指摘した。今回の会合の開催日は四月一八日なので、予定した試行期間が明ける六ヵ月後は一〇月中旬であった。新たな埋葬委員が参加する初会合が一一月三日に開催されるために、その日に今回の制限の試みを継続すべきか決しようというのであった。これらの議論を踏まえた最終的な妥協案が提議された。「埋葬委員会は、日曜日の葬儀に関する一二月二四日の会合で到達した決定を次の一一月三日まで試行する」。この動議は可決され、会合は散会した。

こうして日曜埋葬制限が一一月三日まで試行されることになった。今回の妥協案の成立後は制限に反対する動きはほぼ沈静化し、埋葬委員を選出する時期が到来する。

第3節　新埋葬委員

ダービー市の埋葬委員会を構成する七教区の教区会で、九名の埋葬委員のうち任期が切れる三人の後任が選出されることになった。後任を決める教区会は一〇月の第二週に五教区で、第三週に二教区で実施された。

一〇月一三日のオール・セインツ教区の教区会には大勢の参加者があった)。任期が切れる埋葬委員三人のうち二人は再選を希望した。二人は規定通り、推薦人と支持者を各一名確保して立候補し、新人三人も立候補した。日曜埋葬制限の撤回を新人三人が求め、継続を現職二人が求めるという新旧対立の構図であった。選出方法は挙手であった。挙手による支持者数は、撤回派の三人が五〇人、四九人、四八人、一方継続派の二人が二三人、一七人であった。この結果、撤回派の三人が選出される予定になった。しかし敗北した継続派二人の支持者が投票による選出を要求し、投票が一五日に実施されることになった。第三章で論じたように、教区会における埋葬委員の選挙制度は挙手と投票を併用する。挙手が一人一票制であるのに対して、投票は投票者の納税額によって付与される票が変動する複数投票制である。しかも挙手と投票で結果が異なる場合には、投票による結果が挙手による結果に優越する。一五日に実施された投票の結果は、撤回派が二八一票、二七六票、二五四票、継続派が二五五票、二三六票だった。撤回派の一人が継続派の一人に一票差で敗れた。挙手の時とは異なる結果であった。挙手に対する投票の優越から、埋葬委員には撤回派二人、継続派一人が選出された。

リトル・チェスター教区も一三日に納税者が参加する教区会を開催した。[51] 任期の切れる埋葬委員三人に代わって、日曜埋葬制限の撤回を求める三人を埋葬委員に任命するようアーサー・ベーカーが推薦し、支持者も確保した。推薦人ベーカーによると人口九万人のダービーでは一万人がミッドランド鉄道会社に勤務していた。この一万人だけが「時間単位で給料を受け取っている」[52]。だから、他の多くの労働者階級の人々は、週日のうちのある日に葬儀に参列すると一日分の給金を失う。これは経済的な損失が大きい。日曜埋葬が実施できれば、日曜日は勤務日でないため、この問題が避けられるとベーカーは考えたのである。制限撤回派三人の埋葬委員への任命案が満場一致で可決された。

リトチャーチ教区でも教区会が一四日に開催された。[53] 大勢の参加者があった。推薦人は現職の制限継続派一人に代えた撤回派の新人一人と、現職の制限撤回派二人を候補として擁立した。制限撤回派三人の任命案は満場一致で可決された。

セント・ピーター教区では一〇月一五日に、「これまでのほんの数人の参加ではなく大勢の参加があった」教区会が開催された。[54] 埋葬委員選出への関心を日曜埋葬問題は喚起したようだ。現職の三人が退任するため制限撤回を求める新人三人を、既にミッドランド鉄道会社の労働者代表として代表団に加わり制限を求めていたジェームズ・メーザーズが推薦した。推薦された三人は満場一致で埋葬委員に任命された。

セント・アークムンド教区でも一〇月一五日に教区会が開催された[55]。多くの納税者が参加した。任期が切れる三人にダービーを離れることで辞任する一人を加え計四人の埋葬委員の空席が生じるため、その後任が選出されることになった。現職の三人が再選を望んだのに加えて五人の新人も立候補したため、計八人も立候補した。立候補者の間で重視されたのはやはり日曜埋葬に関する見解である。候補者の内訳は、現職の三人のうち継続が二人と不明が一人であり、新人五人のうち撤回が四人と中立が一人であった。中立で司会も兼ねた牧師補は、「埋葬委員に選出されても、この問題では中立でいたい」と語った。この判断は制限を求める牧師としての立場と、制限撤回を求める教区民への教区牧師としての配慮という、両義的な牧師補の立場を自覚したものであった。挙手で日曜埋葬制限の撤回を求める三人と中立の牧師補が埋葬委員に選出された。結果に不満だと投票実施の要求もあった。しかし「敗れた候補者ないしその推薦人のみが投票を要求できる」と司会は述べ、該当しなかった投票要求は却下された。

セント・マイケル教区では一〇月二〇日に教区会が開催された。(56)「非常に多くの参加があった」。任期が切れる埋葬委員三人は再選を望み、立候補した。全員が日曜埋葬制限の撤回を求めた。一方、制限の継続を求める新人三人も立候補した。挙手によって撤回派の三人が三〇人、二九人、二九人から支持を得た。その一方で継続派の三人は全員が二〇人から支持を得た。撤回派の三人が再選されることになった。しかし敗れた三人が投票実施を求めたため、それが認可され、投票が二二日に実施された。結果は撤回派の三人が一〇六票、一〇五票、九八票、一方で継続派の三人が五四票、五二票、四九票を得たため、撤回派の三人が再選された。

セント・ウォーバーグ教区では一〇月二二日に教区会が開催された。(57)五人の候補者が立候補した。挙手で、日曜埋葬制限の撤回を求める三人が、七九人、七六人、七五人から支持され、一方で継続派二人が一八人と一四人の支持に留まったため、撤回派の三人が選出された。

結局、ダービー市の埋葬委員会を構成する七教区の教区会から新たに選出された埋葬委員の内訳は、日曜埋葬制限の撤回派が二〇人、中立派が一人、継続派が一人であった。明らかなこととして、教区会に参加した多くの納税者は日曜埋葬制限の撤回を支持した。

新たに選出された埋葬委員が埋葬委員会の会合に初参加したのは、予定通り一八八七年一一月三日のことだった。(58)かねて問題であった日曜埋葬の議論が再開した。W・ロウ市会議員は四月一八日に成立した決議、つまり「埋葬委員会は、日曜日の葬儀に関する二月二四日の会合で到達した決定を次の一一月三日まで試行する」決議を無効にする動議を提出し、それは成立した。

しかしナイト牧師はロウに対抗すべく修正案を提議した。「日曜埋葬制限を決議するに到った原因と同種のスキャンダルを再発防止する十分良い手段が実施されない限り、埋葬委員会は日曜埋葬を共同墓地で再開しない」。ナイト牧師は「数年前、周囲を囲む群衆によって墓穴に落ちそうになり」、墓前で「一度ならず、悲しみに暮れている人が、群衆によって相応しい位置からわきへ追いやられたこと」を覚えていた。牧師は、これらの「スキャンダルは取り除かれるべき」と強調し、先の修正案を提議した。

一方、「墓前でのスキャンダル」に関して、防止策が取られつつあることを、グッドヘッドは指摘し、それを評価した。「どんな兵士の葬儀も日曜日には二度と実施しないと志願兵を代表して市会議員バウリングが約束した」からであった。

当のバウリングは四月の特別会合に日曜埋葬制限に抗議した代表団の一員として参加していた。さらに一〇月にセント・アークムンド教区の教区会で埋葬委員に新たに就任したため、今回の会合には埋葬委員として参加した。撤回派のバウリングは、ナイト牧師とグッドヘッドら継続派以上に「墓前でのスキャンダル」の防止に努めると強調した。

ナイト牧師はこれらの議論と方策を評価し、自身が提議した修正案の必要性が減じていると認識したため、修正案を撤回した。

こうして日曜埋葬制限の継続派によって制限が求められる一つの原因が解消したため、日曜埋葬を再開するよう求める発言が相次いだ。日曜埋葬を制限した「過去六ヵ月を経て、共同墓地の入口は納税者の意向に従って日曜日に開放されるべき」。さらに「誰も責任のなすり合いに腐心すべきてない。日曜日の葬儀に反対していた人は、世論がそれに反対しているという事実をほぼ示してくれた。埋葬委員会はW・ロウの動議を全会一致で可決すべきである」。

日曜埋葬制限を無効にすべきとする論調が会合で支配的となった。W・ロウの動議がT・ロウの提案で修正された。「先の二月と三月に開催された会合で可決した決議は、今後は無効にされる。共同墓地はそれらの決議が可決される以前と同様に日曜埋葬に利用できる。かつて効力を持っていた規則が直ちに復活させられる」。採決を経て本案は可決された。しかし、全聖職者を含む三分の一の埋葬委員が賛否を示さず、中立のままで、会合は散会したのである。

おわりに——日曜埋葬問題と二つの自治体——

ダービー市の自治体共同墓地を運営したのは、市を構成する七教区によって設立された埋葬委員会であった。一八八七年の埋葬委員会は、公開葬儀の一種である兵士の葬儀を契機に、日曜埋葬を「上から」制限しようとする。日曜埋葬制限の強硬な支持派を構成した聖職者は、日曜埋葬を安息日の理念と調和させるのが難しく、かつ聖職者が日曜日に葬儀の司式と他の務めを両立させるのが困難でもあると考えたために、日曜埋葬の制限を強く求めた。聖職者は埋葬委員会での指導的な地位を背景に日曜埋葬の制限に成功した。制限の穏健な支持派である葬儀屋と葬儀の簡素化を求める人は、前者が休日としての日曜日を確保するために、後者が墓地の秩序を守るために、共に聖職者による日曜埋葬の制限に協力した。しかし制限に反対する活動が「下から」次第に活発化する。制限の強硬な撤回派である友愛協会は、加入者の不満を吸い上げ、再三にわたって制限撤回の会合を開催し、撤回を求める陳情文を埋葬委員会に提出した。制限の穏健な撤回派は労働者と納税者であった。労働者は市の基幹産業である鉄道労働者としてたびたび引き合いに出された。納税者は制限撤回を求める候補者を埋葬委員に教区会で選出した。結局、撤回派の委員が過半数を占めるようになった埋葬委員会は日曜埋葬制限を撤回した。

日曜埋葬問題を巡るダービー市のこのような動向の意味をより明確にすべく、前章で論じたリヴァプール市における日曜埋葬問題とダービー市の日曜埋葬問題とを比較したい。

日曜埋葬が問題となったリヴァプール市とダービー市では問題への対応が異なった。リヴァプール教区の自治体共同墓地では、日曜埋葬制限が埋葬委員会、聖職者と葬儀屋といった埋葬を実施する側、いわば「上から」課せられた。聖職者と葬儀屋が制限を求めた点はダービー市と同じである。ただしリヴァプール教区で埋葬委員会が「遺体の家での保管」問題を解消するために制限を求めた点は、ダービー市では表面化しなかった。リヴァプール教区での「上から」の制限に対して、埋葬される側、特に貧しいアイルランド人はダービー市の場合とは異なる方法で「下から」対処した。アイルランド人は、その貧しさ故に、友愛協会に会費を支払い加入することができず、かつ一定の担税力と引き替えの選挙権を所持できなかった。加えて彼らは、カトリック教徒の集団であったために特定宗派の意向が反映しにくい埋葬委員会に見解を届けることも困難であった。しかしながらリヴァプール市には複数の共同墓地が至近距離に立地し、かつその中にはカトリック専用のフォード民間共同墓地があった。リヴァプール市とその近郊にある全ての共同墓地が日曜埋葬を制限するなか、アイルランド人は、カトリックの司教を通じてこの墓では制限の試みを拒否させるのに成功した。

複数の共同墓地が至近距離に立地したリヴァプール市と異なり、ダービー市では墓地がノッティンガム・ロード墓地のみにほぼ限定されたため、同じ方策を実施できない。ただし、ノッティンガム・ロード墓地で公開葬儀を行うことを促したこの限定性は、日曜埋葬の制限に反対する運動を喚起する一つの条件となった。聖職者を中心とした埋葬委員会とそれに協力した葬儀屋と葬儀の簡素化を求める人によって、ダービー市の自治体共同墓地では日曜埋葬がいったん制限された。しかしこの制限に反対する運動が生じ、その際に各種の勢力を埋葬委員会へと繋ぐ「下から」の回路が、埋葬委員会の体制変更を目的に活用された。ここにおいてイギリスの政治文化の一つの特色である民主性がその姿を表す。それは友愛協会と鉄道会社による度重なる陳情文提出と会合開催であり、教区会における納税者による制限撤回派の埋葬委員の選出であった。しかしながらこの民主性は活用する側に、友愛協会に加入する際にも、納税者となる場合でも、経済力という制約を課した。つまりイギリス人は納税をすることで納税者＝政治的市民となるだけではなく、友愛協会への加入に際しても会費を納入することで、初めて政治的市民として埋葬委員会に働きかけることができた。経済力に裏打ちされた「納税者民主主義国家」イギリスの政治的市民の特性をダービー市における日曜埋葬問題の顚末は垣間見せる。

結　論——議論の場としての埋葬委員会——

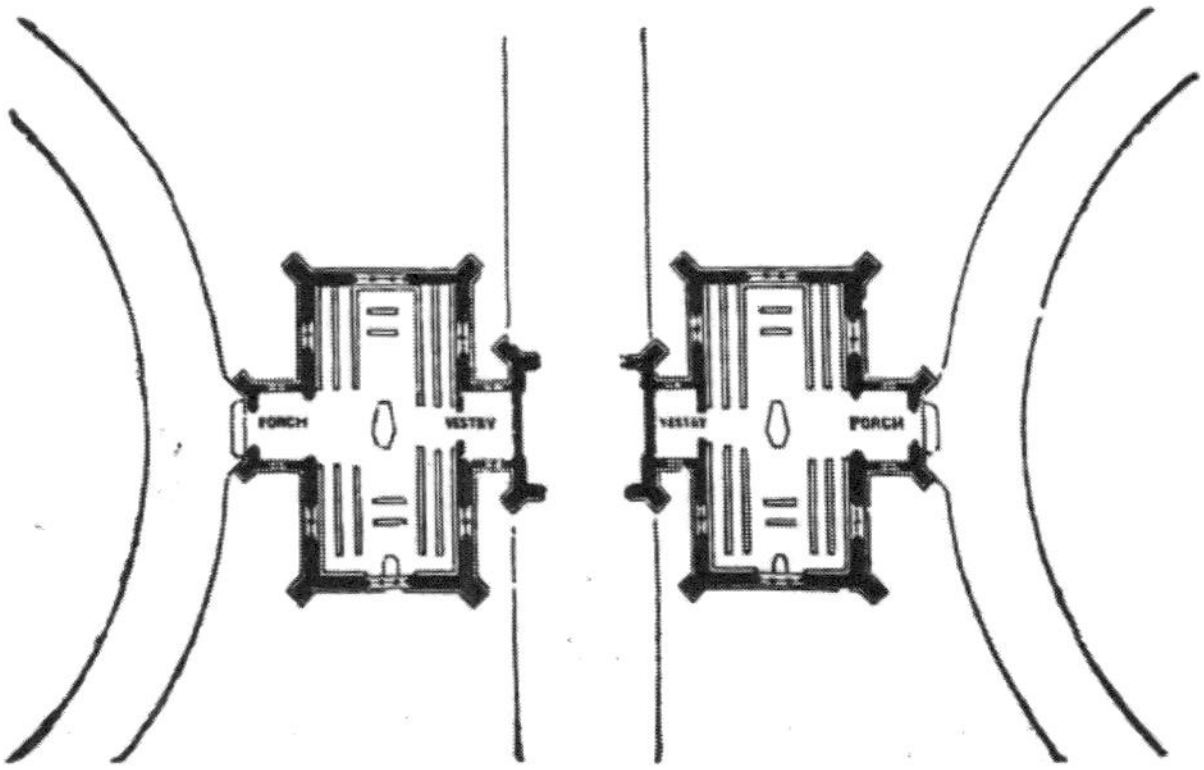

ハダズフィールドのチャペル（上　立面図、下　平面図）
ハダズフィールドに1855年に開設された自治体共同墓地の連結チャペル
出典 : *Huddersfield Chronicle* (18 December 1852) 5c-e.

第1章から第6章までは、埋葬委員会による議論を分析してきた。そもそも自治体共同墓地を運営する埋葬委員会で議論が絶えなかったのは何故なのか。この問いに答えることで最後に本書全体の意味について考えたい。埋葬委員会における議論の対象は、聖別地と非聖別地、聖別地の境界線、二つのチャペル、埋葬委員会の宗派性、新たな埋葬先の模索、日曜埋葬問題などであった。

例えば聖別地と非聖別地に関して、共に面積が均等であるように、全国であれリヴァプール教区であれ埋葬委員会は配慮した。とりわけ宗派間の緊張が高い都市で、この均等原則が採用された。リヴァプール市では、アイルランド移民の大量流入によって急増したカトリック信者と、プロテスタント信者が大半を占めた市民との対立に、宗派間の緊張の高さが表れた。したがってこの緊張が助長されないように、リヴァプール市の中心を占めたリヴァプール教区の埋葬委員会は聖別地とそれ以外の埋葬地の面積を均等にした。シェフィールド町区においては、チャーチ・パーティーが保守党の支援を得て投票で勝利し、埋葬委員会で過半数となる委員五人を確保したにも関わらず、新たな委員を受け入れた埋葬委員会は、投票以前のチャーチ・パーティーの希望に反して、聖別地を拡大しなかった。この町区における聖別地と非聖別地の面積均等は、墓地開設後二〇年近く経過した一九〇〇年五月の時点でも維持された。リヴァプール教区やシェフィールド町区では、聖別地と非聖別地の面積均等が宗派間の緊張の高さを刺激しないように設定、維持されたにも関わらず、面積均等という事実は宗派間の緊張の高さを暗示していた。

デヴォン州のティバートンにある自治体共同墓地の聖別地の境界線に関して、主教は、聖別式の司式と引き替えに、「十分な高さの塀」を境界線として設置するように埋葬委員会に迫った。しかしながら当地の埋葬委員会は、道ないし既に設置された「高さ一フットの小さな塀」と同様の低い囲いが、聖別地の境界線として、多くの墓地で設置されていることを根拠に、主教の要求を拒んだ。聖別地と非聖別地の面積均等と同様に、埋葬委員会は聖別地の境界線を明示しないことで、聖別地と非聖別地の差異を強調しないように努めた。

聖別地と非聖別地にともに建設される二つのチャペルでも建物同士の同質性が追求された。埋葬委員会は一方のチャペルが装飾、大きさ、付属施設という点で、もう一方のチャペルとの間に極端な差が生じないように配慮した。

埋葬委員会における宗派性に関しても、埋葬委員会は可能な限り特定宗派を優遇しないように気を配った。ただしこの宗派性排除という姿勢は脆弱な基盤の上に成立していた。なぜなら埋葬委員会も自治体共同墓地も国教会との繋がりを有したからである。埋葬委員会は、ヴェストリーという、行政単位であるだけではなく、国教会の単位でもある組織を活用して設置された。自治体共同墓地は教会墓地、特に国教会の教区教会墓地との歴史的連続性を持った。つまり埋葬委員会と自治体共同墓地は共に国教会を優遇しかねない立場にあったのである。それゆえに、リヴァプール教区においてタイラーは、国教会への更なる優遇を求めて国教徒の埋葬委員候補者を擁立し、敗北はしたが、一定の支持を得た。ただしタイラーが勝利したとしても、埋葬委員会が国教会を優遇したかどうかは疑わしい。なぜならシェフィールド町区では、チャーチ・パーティーが投票によって埋葬委員の多数派たる五人を確保したにも関わらず、埋葬委員会は、投票以前に決定していた聖別地と非聖別地の面積均等を投票後も維持したからである。埋葬委員会は、委員の多数派が信仰する宗派を優遇せず、宗派性排除の姿勢を固持した。

ダービー市における埋葬先の模索に際しても、共同墓における追加埋葬は、墓地の規則上は可能であったにも関わらず、埋葬されている故人と無関係な第三者には認められなかった。第三者の埋葬は貧民埋葬を想起させたのだろう。追加埋葬が認められたのは故人の親戚、友人のみであった。

つまり埋葬委員会は、いずれの議論でも極端な解決策を採用せず、適度な妥協点を見出した。

埋葬委員会の委員のみが議論対象に判断を下すのではなかった。埋葬委員会は三人の委員を毎年入れ替えた。入れ替えに際して委員を輩出していたヴェストリーは、納税者による話し合い、挙手、投票という三つの異なる手法を採用し、新たな埋葬委員を選出した。入れ替えに際して、選挙が実施されない場合には、ヴェストリーに出席した納税者が話し合いを行い、現職の委員であれ、新人の候補者であれ、満場一致の形で新たな埋葬委員として承認した。承認を何度も受けることで、一期三年の任期を数十年にわたって務める埋葬委員も稀ではなかった。入れ替えに際して、選挙が実施される場合には、納税者が挙手で埋葬委員を選出した。挙手による結果に敗北した候補者の側が不満であれば、敗北した側が投票を要求することで、投票が実施された。挙手が一人一票制であるのに対して、投票は納税額に応じて票が変動する複数投票制であり、投票の結果が挙手の結果に優越した。「納税者民主主義国家」の原理が、納税者と非納税者を分ける境界線のみならず、納税者間の所持票に格差が設定される際にも適用された。ただし人々が納税者となる敷居はさほど高くなかった。ヴェストリーにおける選挙権は男女の全納税者に付与された。しかも年間の課税評価額が五〇ポンド未満の人々、つまり多くの労働者に対しても一票が付与され、彼らは、より高額の課税評価額を得ている複数票保持者と共に納税者＝選挙権保持者となった。

納税者も、埋葬委員と共に、埋葬委員会の動向を左右した。埋葬委員だけが自治体共同墓地に関する議論対象に判断を下すのではなく、納税者も埋葬委員を選出することで間接的にその判断に関わった。つまり埋葬委員会は「下から」の意見を取り込むという点で、一定程度開かれていた。この埋葬委員の選出方法が活用されたのが、シェフィールド町区におけるチャーチ・パーティーと反チャーチ・パーティーの対立であり、ダービー市における日曜埋葬問題であった。

シェフィールド町区では、チャーチ・パーティーは保守党の支援を得て投票では勝利したものの、一票しか付与されていない労働者からの得票数では、反チャーチ・パーティーに及ばなかった。得票数の分布傾向から、投票者はチャーチ・パーティーであれ、反チャーチ・パーティーであれ、どちらか片方の一方的な勝利を望んでいなかった。埋葬委員会だけでなく、投票者も適度な妥協点を選択したのである。得票数の分布傾向は、聖別地と非聖別地の面積を均衡させるのに寄与したことだろう。

ダービー市でも、納税者が日曜埋葬の制限撤回派の埋葬委員を選出したことで、撤回派の委員が多数派となった埋葬委員会は、一度は決定した日曜埋葬制限を撤回した。自治体共同墓地を利用する共同体にとってより適度な妥協点は、半年間試行された制限を埋葬委員会に撤回させ、日曜埋葬を再度許可させることだった。

このように埋葬委員会において、議論は適度な妥協点に落ち着いたが、議論そのものは絶えなかった。その理由の一つは、この墓地が自治体によって運営されたためである。この点に関しては、自治体共同墓地と民間共同墓地との比較が有効である。序章で記したように、民間共同墓地の建設動機を網羅的に検証したラグによると、民間共同墓地の主たる運営主体であった株式会社は、一九世紀前半に増加し社会進出も果たした非国教徒を引きつけるために非聖別地を掲げることで墓地の建設に最も成功した(1)。墓地の建設が成功した割合は、非聖別地の提供を主目的する、宗教上の不満解消を動機とした場合で九割に対して、衛生改善と投機を動機とした場合に、それぞれ七割と四割に留まった。

そもそも非聖別地への需要は国教会体制の確立と共に生じた。つまり教会墓地における国教会の支配が成立することで、それに従わない非国教徒が、自分たちの宗教儀礼で葬儀を実施できる非聖別地を埋葬地とする墓地を求め始めたのである。したがって国教会体制の確立期である一六六〇年代に、埋葬地が非聖別地のみの先駆的な民間共同墓地であるロンドンのバンヒル・フィールズ埋葬地の起源があったのは偶然ではない(2)。国教会体制が動揺し始める一九世紀に入ると非聖別地への需要は更に高まり、リヴァプールの一八二五年に開設されたネクロポリス民間共同墓地、ロンドンでは一八四〇年に開設されたアブニー・パーク民間共同墓地などは、埋葬地が非聖別地のみの著名な民間共同墓地であった。(4)その上に非国教徒の中でもカトリックのみを対象とした民間共同墓地も建設され、その一つが第5章で取り上げた、一八五九年にリヴァプールに開設されたフォード民間共同墓地であった。

非聖別地が優位であった民間共同墓地とは異なる傾向を示したのが自治体共同墓地である。自治体共同墓地には聖別地が必ず設定された。むしろ聖別地こそが墓地の起点であると第2章で述べた。しかしながら非聖別地の存在が確認できない自治体共同墓地はなかったようである。一八五五年から五九年までにイングランドおよびウェールズで四二五箇所の自治体共同墓地が建設された。(5)面積においては聖別地が優位だが、いずれの墓地にも聖別地だけでなく、非聖別地も設定された。

聖別地と非聖別地に関する民間共同墓地と自治体共同墓地の比較から明らかであろう。民間共同墓地は、国教会の支配から逃れ自由な埋葬を求めた非国教徒が埋葬された非聖別地のみを、埋葬地とすることができた。しかし皮肉なことに、民間共同墓地は埋葬者を特定の人々に限定してしまうまでに特化した。これに対して自治体共同墓地は都市全体に奉仕する必要があった。一九世紀に国教会体制が動揺するなか、国教会が支配した教区教会墓地が衰退し始めていた。イギリス国民に、教区教会墓地ではない新たな墓地として提供されたのが自治体共同墓地であった。そのため自治体共同墓地は民間共同墓地に比べて開放的にならざるを得ず、その結果として墓地を運営する埋葬委員会では議論が喚起され易かった。

自治体共同墓地、そしてそれを運営した埋葬委員会が議論対象となり易かったにも関わらず、その議論は常に適度な妥協点に一定期間内に到達した。議論のための議論が続くことはなかった。特に一九世紀後半はイギリス史上最も多産多死の時期であり、なかでも都市の墓地では死者を埋葬する必要性が高かった。この高さゆえに、ダービー市では自治体共同墓地における徹底した埋葬先の模索と発見がなされた。全国の自治体共同墓地では物質的には遺体を埋葬し、精神的には故人の魂に聖職者が葬儀を司式する必要があった。遺体を墓に葬る必要性が高かったため、自治体共同墓地とそれを運営した埋葬委員会に関する議論は、適度な妥協点に、必ず一定期間内に到達しなければならなかったのである。

本書で論じた自治体共同墓地はその後にどのような展開を辿ったのか。関連法の変遷を辿ることで本書の議論の有効範囲を確認したい。一八七九年には公衆衛生法が成立した(6)。同法は一八七五年に成立した公衆衛生法と一八四七年に成立した共同墓地条項法を結びつけた法である。遺体安置所の拡大版として自治体共同墓地を捉えた一八七九年の公衆衛生法によると、衛生当局が自治体共同墓地を建設・運営でき、しかも聖別地を設定する義務を負わなかった。チャペルの建設は聖別地で必要とされたものの、非聖別地では任意であった。埋葬法は内務省によって管轄されたのに対して、一八七九年の公衆衛生法は地方自治局によって管轄された(7)。公衆衛生法は自治体共同墓地に埋葬法と異なる体制で関与した。

二つの体制の集約を図った一九〇〇年に成立した埋葬法では、自治体共同墓地への管轄部局が地方自治局に一本化された(8)。聖別地の設定とチャペルの建設は現地の埋葬当局に一任された。非聖別地に埋葬当局が費用を負担して建てることができたチャペルはその利用を特定の宗派に限定しなかった。特定の宗派に利用を限定するチャペルは特定宗派の利用に限定された埋葬地にその利用者が費用を負担して建てた。こうして、自治体共同墓地が国教会を含めた全宗派の混在した一つの埋葬地となる前提が生じ、この墓地における宗教上の平等が法の上では達成された。本書で論じた埋葬法体制は一九世紀末には変容し始める。

謝辞

本書は筆者が京都大学大学院人間・環境学研究科に二〇一二年に提出した博士論文「一九世紀後半イギリスの自治体共同墓地」を加筆・修正したものです。刊行にあたっては「平成二九年度京都大学総長裁量経費人文・社会系若手研究者出版助成」を受けました。

各章の初出一覧は以下になります。

序　章　久保洋一「一九世紀イギリスの墓地――共同墓地を中心とした研究動向の整理―」『歴史文化社会論講座紀要』第一〇号、二〇一三年。

第一章　久保洋一「一九世紀イギリスにおける墓地――リヴァプールにおける自治体立共同墓地の建設――」『歴史文化社会論講座紀要』第六号、二〇〇九年。

第二章　久保洋一「一九世紀後半イギリスにおける墓地――自治体立共同墓地新設について――」『人間・環境学』第一六巻、二〇〇七年。

第三章　久保洋一「一八七七―八〇年シェフィールドの埋葬委員の選出――一九世紀後半イギリスの自治体共同墓地の運営――」『歴史文化社会論講座紀要』第九号、二〇一二年。

第四章　久保洋一「一九世紀後半イギリスの墓地――ダービー市の自治体共同墓地における墓の利用――」『歴史文化社会論講座紀要』第七号、二〇一〇年。

第五章　久保洋一「一八六〇年代リヴァプールにおける日曜埋葬問題――一九世紀後半イギリスの自治体共同墓地の運営――」『歴史文化社会論講座紀要』第八号、二〇一一年。
第六章　久保洋一「一八八七年ダービー市の日曜埋葬問題――一九世紀後半イギリスの自治体共同墓地――」『社会科学』（同志社大学人文科学研究所）第四二巻、第二・三号、二〇一二年。
結　論　久保洋一「結論」『一九世紀後半イギリスの自治体共同墓地』（京都大学博士（人間・環境学））、二〇一二年。

本書の進展には多くの方々から有益なコメントをいただきました。

京都大学大学院人間・環境学研究科川島昭夫名誉教授には本書の進展に関して貴重なご意見を賜り深く感謝する次第です。川島名誉教授には筆者が同研究科博士後期課程在籍中とその後の数年間を加えると一〇年以上にわたって、研究発表を中心に数々の御指摘をいただきました。御指摘の点に全てお答えできたわけではありませんが、著者なりの回答を本書で示したものと考えています。

京都大学大学院人間・環境学研究科合田昌史教授には演習での研究発表を中心に現在も筆者が研究を継続する環境を提供していただきました。近世ポルトガル史を研究されている合田教授から頂いた筆者の研究への御指摘には教えられることが多々ありました。

京都大学大学院人間・環境学研究科西山良平名誉教授には同研究科が刊行している各種の学術雑誌への投稿に際してさまざまなコメントをいただき、文章を執筆する際の注意点を数多く学ばせていただきました。さらには本書の原型となった博士論文でも副査として、論文の完成度を高めるために多くの御指摘をいただきました。ここに深甚なる謝意を表します。

京都大学大学院人間・環境学研究科多賀茂教授には博士論文の副査として、数々の有益なコメントを賜りました。ありがとうございました。研究の専門とする国が多賀教授がフランスであり、著者がイギリスと異なるために、お互いにあまり面識がなかったにも関わらず、著者の博士論文の副査依頼を多賀教授が快諾していただき感謝しています。国こそ違え、多賀教授の研究には親近感を長らく抱いていました。

本書は近年急速に発展している情報技術に、とりわけインターネット上の進化著しいデータベースに多くを負っています。個人では利用が困難なデータベースを京都大学を通じて利用することができました。特に京都大学吉田南総合図書館には各種の便宜を図っていただきました。謝意を表するとともに同館のさらなる発展を祈願しております。

川島研究室と合田研究室のメンバーには公私にわたってお世話になりました。院生室における何気ない雑談の中に研究のヒントが含まれていることがあり、研究環境の大切さを実感しました。

実家の鹿児島にいる父、逸生と、福岡にいる妹、優子、そして名古屋にいるパートナーの北村陽子は協力を惜しまず、研究が滞りがちだった著者を支えてくれました。感謝の念に絶えません。

二〇一八年二月

久保洋一

地名索引

ア　行

イースト・グリンステッド　East Grinstead　67
ウィンチェスター主教区　Diocese of Winchester　69
ウェスト・ハム　West Ham　165
ウエスト・ルー　West Looe　62
エセックス　Essex　73
エディンバラ　Edinburgh　12-14, 161, *x*
オーバー・ダーウェン　Over Darwen　66

カ　行

グラスゴー　Glasgow　9-10, 12, 161, *x, xvi*
クロイドン　Croydon　65, *xv*
グロスタシァ　Gloucestershire　16, 62, 140
コヴェントリー　Coventry　25-26, 43
コーンウォル　Cornwall　141

サ　行

サウサンプトン　Southampton　25-26
サセックス　Sussex　67, 140, *xv*
サリ　Surrey　9, 69
シェフィールド教区(市)　Sheffield parish (city)　82, 92, 96, *xvi, xviii*
　アタークリフ・アンド・ダーノール町区　Attercliffe and Darnal (township)　83, 110
　アッパー・ハラム町区　Upper Hallam　82
　エクルソール町区　Ecclesall　82
　シェフィールド町区　Sheffield　81-84, 86, 89-93, 95-96, 99-103, 108-111, 170, 196-198
　ネザーハラム町区　Nether Hallam　82
　ブライトサイト町区　Brightside　101, *xviii-xix*
シティ　City of London　1, 73-74
セント・メリルボーン　St. Marylebone　59, 65, 68

タ　行

ダービー(市)　Derby (city)　113-116, 119-120, 123, 127, 135, 169-171, 174, 176-180, 188, 190, 192-194, 197-199, 201, x*xv*
　オール・セインツ教区　All Saints (parish)　120, 188
　セント・アークムンド教区　St.Alkmund　123, 189, 191
　セント・ウォーバーグ教区　St. Werburgh　120, 190
　セント・マイケル教区　St. Michael　190
　セント・ピーター教区　St. Peter　114, 189
　リトチャーチ教区　Litchurch　125-126, 189
　リトル・チェスター教区　Little Chester　114, 189
ダーリントン　Darlington　64, 67, 78, 140, 174, *xvi, xxv*
チャデスデン　Chaddesden　115, 170
ティバートン　Tiverton　69, 196
デヴォン　Devon　69, 120, 140-141, 196
トゥーティング　Tooting　73

ナ　行

ニューイントン　Newington　64
ノッティンガム　Nottingham　120, 126, 128, 133, 165, 170-171, 193

ハ　行

バークシァ　Berkshire　16
バース　Bath　186
ハーフォードシァ　Hertfordshire　64, 69
バーミンガム　Birmingham　43, 67, 75-76, 140, 149, 161, 165, x*vi*
ハダズフィールド　Huddersfield　26-27, 195, *xii*
ハムステッド　Hampstead　65, 67-69, *xv*
パリ　Paris　8
ハル　Hull　1, 161
ハロゲート　Harrogate　22
ビショップ・オークランド　Bishop Auckland　63, 140
ブラックバーン　Blackburn　165

マ 行

マンチェスター　Manchester　122, 161, 165, 181, 183

ヤ 行

ヨーク　York　11, 14 , 135, 186, *xviii*

ラ 行

ラトランド　Rutland　17-19, 22-23, x*i*
ランカシァ　Lancashire　64, 140-141
ランベス　Lambeth　73-74
リヴァプール(市)　Liverpool (city)　32-33, 36-37, 42, 46, 50-51, 57, 71, 139, 143, 145, 148-149, 157-158, 164, 166-167, 193, 196, x*vi, xix, xxiii-xxiv*
　ウェスト・ダービー教区　West Derby (parish)　32-33, 157
　ウォルトン教区　Walton　32, 34, 41, 147
　エバートン教区　Everton　32-33
　カークデール教区　Kirkdale　32-33
　トックステス・パーク教区　Toxteth Park　32-33, 53, 56-57, 71, 143, 149, 158
　ファザカーリー教区　Fazakerley　32
　リヴァプール教区　Liverpool　31-35, 37, 39, 44, 48, 50-51, 56-57, 63, 65, 67, 71-72, 78, -80, 107, 140, 143-144, 146-147, 149, 157-158, 161, 163-167, 172, 176-177, 193, 196-197, *xviii, xxiii*
　リヴァプール司教区　Diocese of Liverpool　52, 139, 146
　ニューシャム・ハウス・エステート　Newsham House Estate　37, 40
リクマンズワース　Rickmansworth　64, 69
リーズ　Leeds　15, 25, 26, 161
リトル・イルフォード　Little Ilford　73
レスター　Leicester　19, 25-26, 44, 173-174, 179
レスタシァ　Leicestershire　17-19, 22-23, x*i*
レディング　Reading　16, x*i*
ロザハイト　Rotherhithe　63
ロンドン　London　1, 5-6, 8, 10, 27, 35, 43-44, 59, 61-65, 67-69, 73, 75, 77, 133, 141, 144, 147, 155, 158, 165, 176, 178-179, 183, 199-200, x*i*, x*vi*, *xxvi*

人名索引

ア　行

アーノルド、A. J.　Arnold, A. J.　6
ウィギンズ、デボラ　Wiggins, Deborah　4-5
ウィルモット、ヘンリー　Wilmot, Henry　120, 126
ウェズレー、ジョン　Wesley, John　1, 17, 54, 161
エケット、シドニー・バートン　Eckett, Sideny Burton　173-175, 178, 181-182, 184

カ　行

カール、ジェイムズ・スティーブン　Curl, James Stevens　6
キャンベル、オーガスタス　Campbell, Augustus　34-37, 39-41, 46, 52, *xviii*
グレイ、ジョージ　Grey, George　34-35
クレッグ、W.E.　Clegg, W. E.　84, 87, 95, 98, 100
ゲイ、ウィリアム　Gay, William　43, 48
ケンプ、エドワード　Kemp, Edward　48, 50
コーヴィッジ、クーパ ー　Corbidge, Cooper　87-89, 97-98
ゴス、アレクサンダー　Goss, Alexander　52, 139, 146, 162-164
ゴドウィン、ジョージ　Godwin, George　60, xi*v*
コランベル、E.　Collumbell, E.　123-124, 127-128, 131-132, 134-135, 137, 172, *xxi*
ゴーラー、ジェフリー　Gorer, Geoffrey　3, *ix*

サ　行

ジェフリー、ジェイムズ・レデクリフ　Jeffery, James Reddecliffe　3, 35-36, 42, 52-55, 157, 159
ジャクソン、サミュエル・ベネス　Jackson, Samuel Beneth　35-36, 40-41, 46, 144-145, 147, 152-153, 156-158, 160, 163-167, *xxiii*
ジャランド、パット　Jalland, Pat　3
スコット、ロナルド・デーヴィッド　Scot, Ronald David　9, 12-14, 44, 155, 178
スネル、K.D.M.　Snell, K. D. M.　17-19, 22-23, x*i*
スミス、マイケル　Smith, Michael　12, 14, 149, 158
セイヤー、ダンカン　Sayer, Duncan　16
ソープ、アルバート　Thorpe, Albert　179-180, 184

タ　行

タイラー、W. K.　Tyrer, W. K.　45-48, 57, 107, 197
ダンカン、ウィリアム・ヘンー　Duncan, William Henry　14, 16, 145, 207, *xxiii*
チャドウィック、エドウィン　Chadwick, Edwin　3-5, 7, 27, *ix*
デヴォンシァ公　Duke of Devonshire　120
テーラー、ウィリアム　Taylor, William　8, 14
デニー、W.H.　Denny, W. H.　36-37
ディクソン、B.　Dixon, Benjamin　87, 89-90, 95, 99-100
ドッド、ジョン・セオドア　Dodd, John Theodore　92, 95-96, 206
トレンチ、W.S.　Trench, W. S.　144-147, 166, *xxiii*

ナ　行

ニューランズ、ジェームズ　Newlands, James　37, *xiii*
ノーフォーク公　Duke of Norfolk　91, *xviii*
ノックス、ジョン　Knox, John　9, 85

ハ　行

バーナード、シルヴィア・M.　Barnard, Sylvia M.　15-16
ハーマン、アガサ　Herman, Agatha　10, 14
バーレル、C.M.　Birrell, C. M.　54-55
ハヴィー、G.H.　Harvey, G. H.　85, 87-90, 93, 95, 97-98
バックマン、スーザン　Buckman, Susan　11, 14

バリー、トマス・D　Barry, Thomas D.　36, 43-44
ピース、ジョゼフ　Pease, Joseph　64, 78
ピール、ロバート　Peel, Robert　4
ビッドミード、J.M.　Bidmead, J. M.　6
フィッシャー、パム　Fisher, Pam　84, 147, 158, 162
ブランデイジ、アンソニー　Brundage, Anthony　3-4, *ix*
フォアマン=ペック、J.　Foreman-Peck, J.　6
ベシック、ジョージ　Beswick, George　132
ホランド、P.H.　Holland, P. H.　38, 133-135, 137, *xxi*

マ　行

見市雅俊　4, *ix*
ミルワード、R.　Millward, R.　6
マクドゥーガル、ロナルド　M'dougall, Ronald　148-151

ラ　行

ラカー、トマス・W.　Laqueur, Thomas W.　5-6, 14, 70, 84-85
ラグ、ジュリー　Rugg, Julie　3, 6-8, 14, 19-23, 27, 199, *xvi*
ラングリー、バティ　Langley, Batty　87, 89-93, 95, 97-98, 102
リトルジョン、ヘンリー・ダンカン　Littlejohn, Henry Duncan　14
レング、W. C.　Leng, W. C.　101
ロバートショウ、ジュレミー　Robertshaw, Jeremy　87, 89-90, 92-95, 97-98

事項索引

ア　行

アイルランド大飢饉　Irish Great Famine　145
遺体安置チャペル　mortuary chapel　144, 152, 156, 166
一般法　public act　23-24, 26
委任立法　statutory instrument　24
『イラストレイテッド・ロンドン・ニュース』 *Illustrated London News*　61
ヴェストリー　vestry　83-84, 88, 107-109, 112, 197-198, *xix*
　教区会　27, 34-36, 39, 41-42, 45-48, 50-51, 62-64, 83, 108-109, 120-121, 123, 126-127, 135, 188-191, 193-194, x*v, xx*
　町区会　83-84, 86, 88-90, 94-95, 97-101, 103, 105-108, 111-112
『英国医学雑誌』 *British Medical Journal*　60
衛生委員会　health committee　151, 158, 160
衛生医務官　medical officer of health　14, 144-145, 166, *xxiii*
衛生査察官　sanitary inspector　*xxiii*
オックスフォード大学法　Oxford University Act　79

カ　行

解剖法　Dissection Act　12, *x*
課税台帳　rates books　86, 88-89, 100, *xviii*
火葬　cremation　21-22
カタコンベ　catacomb　31, 50-51, 116, 122, 130, 135
家庭重視思想　cult of domesticity　135
カトラーズ・ホール　Cutlers' Hall　87, 89
カトリック解放法　Catholic Emancipation Act　79
肩葬列　spoke funeral　13
議会史料　Parliamentary Papers　141
議会制定法　statute　23-24, 181, *xi*
記念碑重視主義　monumentalism　3, 18, 21
キャムデン協会　Camden Society　11
救貧法　Poor Law　87, 97, 122, xi*v, xviii, xx*
『教会墓地ないし共同墓地の聖別の文言集』 *Form of consecration of a churchyard or cemetery*　68
教区会法　Vestries Act　108-109
『教区法案内書』 *The Handy Book Parish Law*　88
共同墓　common grave　16, 116-117, 122, 133, 135-136
共同墓地　cemetery
　共同墓地株式会社　cemetery companies　7, 12, 13
　共同墓地条項法　Cemetery Clauses Act　26, 201
　自治体　municipal
　　アトクスター・ロード　Uttoxeter Road　170-171
　　アンフィールド・パーク　Anfield Park　43, 149
　　インテーク・ロード（後にシティ・ロード） Intake Road（City Road）　106
　　ウォルトン（ライス・レーン） Walton（Rice Lane）　32, 34-41, 43, 49, 56, 147, 159
　　ウッドハウス・ヒル　Woodhouse Hill　29
　　シティ・ロード　City Road　1
　　スミスダウン・レーン　Smithdown Lane　149, 158
　　ノッティンガム・ロード　Nottingham Road　120, 126, 128, 133, 170-171, 193
　　ベケット・ストリート　Beckett Street　15-16, 25
　壮麗な七つの共同墓地　The Magnificent Seven Cemeteries　8, 10, *x*
　貧民共同墓地　pauper cemetery　10
　ペール・ラシェーズ　Pere-Lachaise　8-9
民間　private
　アブニー・パーク　Abney Park　8-10, 200
　ケンザル・グリーン　Kensal Green　5
　ジェネラル（一般、シェフィールド） General　102

ジェネラル(一般、リーズ)　General　15
セント・ジェームズ　St. James　25, *xvi*
ネクロポリス(グラスゴー)　Necropolis　9-10, 199, *xvi*
ネクロポリス　(ロウ・ヒル、リヴァプール)　Necropolis（Low Hill）　25, 37-38, 40, 57
ハイゲート　Highgate　5
バンヒル・フィールズ　Bunhill Fields　199, *xxvi*
フォード　Ford　158-159, 162-164, 167, 193, 200
ブルックウッド　Brookwood　9-10
共同埋葬　public interment　149-150
挙手　show of hands　36, 84, 86-88, 97-102, 105-106, 108-111, 173, 188, 190, 198, *xiv*
ケンブリッジ大学法　Cambridge Univetsity Act　79
公衆衛生改革　Public Health Reform　3
公衆衛生法　Public Health Act
1848年　26
1875年　201
1879年　201
衡平法　equity　23
国王の諸裁判所　King's courts　23, *xi*
ゴシック様式　Gothic style　49, 73, 75
国教会　Church of England　4-5, 7, 12-14, 16, 18, 20-21, 39, 46, 48, 51-57, 68, 70-73, 78-80, 104-106, 111, 153, 175, 181, 197, 199-201, *x, xvi, xix*
国教会の非国教化　disestablishment　5, 104, *xix*
個別墓　private grave　16
個別法　private act　23-24
個別埋葬　private interment　149
コモン・ロー　common law　23, 88, 98, 162
コンペティション　competition　42-43, 49

サ　行

採決の検査　scrutiny of votes　88-89
審査法　Test Act　79, 101
『シェフィールド・アンド・ロザラム・インデペンデント』　*Sheffield and Rotherham Independent*　83
シティ・ロード・チャペル　City Road Chapel　1
指定墓地　reserved grave space　116-118, 122, 135
疾病予防法　Diseases Prevention Act　160, *xxiv*
死布　mortcloth　12--13
自治体法　Corporation Act　79
自由保有権　freehold　117, 121-122
自由党　Liberal Party　109-110, 112, *xviii*
首都埋葬法　Metopolitan Interments Act　3, 27, 83, *ix*
枢密院　Privy Council　20, 24, 160
枢密院令　order in council　24
スコットランド国教会　Church of Sotland　12-14
スコットランド埋葬法　Socttish Burial Act　14
『スティアの教区法』　*Steer's Parish Law*　98
接触伝染病　contagious disease　146, 150, 151, 156, 158, 166-167
戦没者追悼墓地　war memorial　4
整形式庭園　formal garden　8
聖別(式)　consecration　4, 7, 15-17, 24-25, 34-35, 38-39, 51-55, 57, 59, 67-75, 78, 80, 87, 91-97, 106-107, 111, 115, 119, 129-131, 136, 146, 149, 161, 196-197, 199-200, *xvi-xix*
葬儀業専門家協会　Funeral Job Masters' Association　176
総合衛生局　General Board of Health　26-27

タ　行

『ダービー・マーキュリー』　*Derby Mercury*　174, 177
大学審査法　Universities Tests Acts　79
大法官裁判所　court of chancery　23
『タイムズ』　*The Times*　42, 60, 141
短時間労働運動　Short time movement　186
『治安判事』　*Justice of the Peace*　98, *xviii*
チェスター主教　Bishop of Chester　51, 69, *xvi*
地方自治局　Local Government Board　100, 201
地方自治法　Local Government Act
1894年　109-110, 114
1899年　114
1972年　21-22
地方団体　local board　64, 109, 112

チャドウィック報告書　Chadwick Report
4, 7, 27
チャペル　chapel　1, 31, 42-44, 48-55, 57, 59, 67-68, 73-78, 80, 91, 144-152, 156, 160-161, 166, 195-197, 201, *xii, xvii, xviii*
チャーチ・パーティー　Church Party　85, 87, 89-97, 99, 101-102, 104-107, 109, 111-112, 196-199, *xix*
チャーチメン協会　Churchmen's Association
92
詰め込み埋葬　pit burial　13, 122
通夜　wake　145-148, 151, 155, 162-163
デザイン　design　11, 41-45, 47-50, 57, 65-67, 80, *vii-viii*
テンペランス・ホール　Temperance Hall
90, 93, 95, 101-102, *xviii*
投票　poll　36, 47, 86, 88-89, 94, 97-98, 100-112, 175, 188, 190, 196-199, *xiii, xuiii-xix*
登録法　Registration Act　70
都市法人法　Municipal Corporation Act
26, 32
徒歩葬列　walking funeral　12-13
土曜半休制度　Saturday half-holiday system
142, *xxiv-xxvi*

ナ　行

内務省　Home Office　38, 61-62, 65, 92-93, 95, 201
内務大臣　Secretary of State for the Home Office　34-35, *xx-xxi*
日曜日　Sunday　71, 140, 142-145, 149-162, 164-166, 171-173, 175-180, 182-184, 186-187, 189, 191-192, *xxii*
安息日　Sabbath　13, 142-143, 150-151, 154-155, 161, 179, 186, 192
安息日遵守運動　Sabbatarianism　142, 186
日曜葬儀　Sunday funeral　140, 151, 154-155, 162
日曜埋葬　Sunday interment　13, 139-145, 148-159, 161-167, 169-196, 198-199, *xxv*
日曜礼拝　Sunday service　150-151, 154, 172, 175
熱病　fever　146, 152, 157-158, 160
納税者民主主義　ratepayers' democracies
112, 194, 198
納体堂　vault　50, 116-118, 122, 135

ハ　行

梯子葬列　spoke funeral　13
『パンチ』　*Punch*　61
ピース家　the Pease　64
貧民　pauper　5, 10, 12, 28, 36, 39-49, 50, 62, 87, 89-90, 95, 97-101, 108-109, 122, 146, 148, 197
貧民葬儀　pauper funeral　5, 146, 148, *x*
貧民埋葬　pauper interment　5, 12, 122, 197
貧民監督官　overseer of the poor　28, 36, 50, 62, 87, 89-90, 95, 97-101, 108, 109, *xviii*
『ビルダー』　*The Builder*　43, 60-62, *xiv, xxiii*
複数投票制　plural voting　103, 107-110, 112, 188, 198, *xix*
風景式庭園　landscape garden　8
保守党　Conservative Party　105-106, 109-110, 112, 196, 198, *xix*

マ　行

埋葬委員会　burial board　27-28, 32-57, 62-71, 78, 80, 82-87, 89-93, 95-96, 98-99, 101-102, 104, 106-107, 109-112, 114-122, 126-128, 130-137, 142-144, 149, 153, 156-158, 163-165, 170-173, 176-185, 187-188, 190-201, *xu, xxi*
埋葬協会　burial society　12, 147, 177-178, 183-184
埋葬部門査察官　insepctor for the burial department　38, 65, 133, 165
埋葬法　Burial Act　3-5, 7, 14-18, 24, 27-28, 32, 34-35, 39, 47, 56, 61-62, 66, 68, 83, 101, 114, 201, *ix, xx*
1852年　改正首都埋葬法　Metropolitan Burial Act　3, 27, 83, *ix, xxii*
1853年　改正全国埋葬法　General Burial Act　3, 7, 27, 34, *ix*
1900年　埋葬法（1900年）　Burial Act 1900
201
ミアズマ　miasma　4
ミッドランド鉄道（会社）　Midland Railway (Company)　169, 180, 183-184, 186, 189, *xxvi*

ヤ　行

友愛協会　Friendly Society　12, 147, 173-

174, 176-179, 181, 183, 192-194

ラ　行

『ランセット』 *Lancet* 60
リヴァプール司教（主教） Bishop of Liverpool 52, 139, 146
『リヴァプール・マーキュリー』*Liverpool Mercury* 36, 47-48, *xiii*
労働テスト labour test 50
ロンドン主教 Bishop of London 64, 68-69, *xvi*

注

序　章

（1）　B.R.Mitchell; collaboration of Phyllis Deane, *Abstract of British Historical Statistics* (London, 1962) pp.34-35.

（2）　1851年のセンサスでは、都市（town）と定義される共同体の人口の基準は2,500人以上であった。そのためイギリス社会全体が都市型社会と言えるかには疑問符がつくものの、大半の共同体で人口が増加していた。Simon Gunn,'Urbanization', in Chris Williams, ed., *A Companion to NineteenthCentury Britain*（Oxford, 2004）p.240.

（3）　Julie Rugg,'From Reason to Regulation:1760-1850', in Peter C. Jupp and Clare Gittings, eds, *Death in England: An Illustrated History*（New Jersey, 2000）p.219; Mitchell, *British Historical Statistics,* pp.29-30.

（4）　Mitchell, *British Historical Statistics,* p.6.

（5）　Pat Jalland,'Victorian Death and its Decline:1850-1918', in Jupp and Gittings, eds, *Death in England*, p.237.

（6）　Mitchell, *British Historical Statistics,* pp.36-37.

（7）　Gorer Geoffrey, *Death, Grief and Mourning in Contemporary Britain*（London, 1965）〔G・ゴーラー著、宇都宮輝夫訳『死と悲しみの社会学』ヨルダン社、1986年〕

（8）　Jalland,'Victorian Death and Its Decline: 1850-1918', p.230.

（9）　K.D.M.Snell,'Churchyard Closures, Rural Cemeteries and the Village Community in Leicestershire and Rutland, 1800-2010', *Journal of Ecclesiastical History*, vol.63, no.4（2012）p.742.

（10）　同法は1850年に成立した首都埋葬法（Metropolitan Interments Act）を全面改正したものなので改正首都埋葬法と表記する。15 & 16 Vict. c.85.

（11）　同法は、改正首都埋葬法を全国にほぼ適用した法であるので改正全国埋葬法と表記する。16 & 17 Vict. c.134.

（12）　Anthony Brundage, *England's "Prussian Minister": Edwin Chadwick and the Politics of Government Growth, 1832-1854*（University Park, 1988）ch 5〔アンソニー・ブランデイジ著、廣重準四郎・藤井透訳『エドウィン・チャドウィック：福祉国家の開拓者』ナカニシヤ出版、2002年〕

（13）　見市雅俊「死者の管理学――エドウィン・チャドウィックと19世紀ロンドンの埋葬問題――」『中央大学文学部紀要・史学科』第31号、1986年、155頁、166頁；見市雅俊「生者のための都市空間の誕生」松村昌家他編『英国文化の世紀２　帝国社会の諸相』研究社出版、1996年、第８章。

（14）　小関隆「プリムローズの記憶――コメモレイトされるディズレイリ――」『人文学報（京都大学人文科学研究所）』第89号、2003年。

（15）　Deborah Wiggins, *The Burial Acts: Cemetery Reform in Great Britain, 1815-1914*（Texas Tech University, Ph.D., 1991）; Deborah Wiggins, 'The Burial Act of 1880, The Liberation Society and George Osbourne Morgan', *Parliamentary History*, vol.15, pt.2（1996）

（16）　Thomas W. Laqueur, 'Cemeteries, Religion and the Culture of Capitalism', in Jane Garnett and Colin Matthew, eds, *Revival and Religion since 1700*（London, 1994）

（17）　Thomas W. Laqueur, 'The Place of the Dead in Modernity', in Colin Jones and

Dror Wahrman, eds, *The Age of Cultural Revolutions: Britain and France, 1750-1820* (Berkley, 2002)

(18) Thomas W. Laqueur, 'Bodies, Death,and Pauper Funerals', *Representation*, vol. I, no.1 (1983) p.116.

(19) 貧民葬儀の対象となった遺体は、1832年の解剖法で合法的に解剖用に提供できるようになった。そのため貧民葬儀はより一層嫌悪されるようになった。解剖法に関しては以下が詳しい。Ruth Richardson, *Death, Dissection and the Destitude* (Chicago, 2nd edn 2000, 1st edn 1987)

(20) James Stevens Curl, *The Victorian Celebration of Death* (Detroit, 1972) ;James Stevens Curl, *The Victorian Celebration of Death* (Stroud, Rep.2001, 1st edn 2000) ; カールと同様、図版を渉猟して著名な民間共同墓地を以下の書物も概観する。Sarah Rutherford, *The Victorian Cemetery* (Oxford, 2008)

(21) Julie Rugg, 'James Stevens Curl,*The Victtorian Celebration of Death*', *Mortality*, vol.6, no.2 (2001) pp.231-232.

(22) A.J.Arnold and J.M.Bidmead, "Going'to Paradise by Way of Kensal Green': A Most Unfit Subject for Trading Profit?', *Business History,* vol.50, no.3 (2008)

(23) Julie Rugg, *The Rise of Cemetery Companies in Britain, 1820-53* (University of Stirling, Ph.D., 1992) p.68; より簡便には以下を参照。Julie Rugg, 'Ownership of the Place of Burial: a Study of Early Nineteenth-Century Urban Conflict in Britain', in Robert J.Morris and Richard H. Trainor, eds, *Urban Governance Britain and Beyond since 1750* (Aldershot, 2000)

(24) 株式会社以外の組織が開設した共同墓地の数は、国教会が6箇所、市議会が2箇所、そしていずれも1箇所の改良委員会、企業家、公益財団（グラスゴーのMerchants' House）であった。Rugg,*The Rise of Cemetery Companies in Britain*, p.62.

(25) Rugg, *The Rise of Cemetery Companies in Britain*, p.359.

(26) Rugg, *The Rise of Cemetery Companies in Britain,* pp.87, 92, 97,225.

(27) Rugg, *The Rise of Cemetery Companies in Britain,* chs 2, 5.

(28) 1832年の解剖法によって、貧民葬儀の対象となり、かつ引き取り手のない遺体が解剖の合法的な対象とされることで、遺体の供給不足は軽減された。Rugg, *The Rise of Cemetery Companies in Britain,* ch. 2.

(29) 共同墓地を中心に埋葬場所の定義に関しては以下の論文が詳しい。Julie Rugg, 'Defining the Place of Burial: What Makes a Cemetery a Cemetery', *Mortality,* vol.5, no.3 (2000)

(30) William Taylor,"A Contribution for Life': The Garden Cemetery and the Cultivation of National Enterprise and Individual Sentiment as Aspects of British Character', *National Identities*, vol.1, no.1 (1999)

(31) 「壮麗な七つの共同墓地」とは、Kensal Green（設立年（以下略）、1833年）、Norwood（1837年）、Highgate（1839年）、Nunhead、Brompton、Abney（三つとも1840年）、Tower Hamlets（1841年）である。いずれも民間共同墓地として設立された。ただしブロンプトンのみが1850年頃に政府によって買収され、運営された。Darren Beach, London Cemeteries (London, 2006) p.8; John Turpin and Derrick Knight, *The Magnificent Seven: London's First Landscape Cemeteries* (Amberley, 2011)

(32) Ronald David Scot, *The Cemetery and the City: The Origins of the Glasgow Necropolis, 1825-1857* (University of Glasgow, Ph.D., 2005)

(33) センサスによると、1821年に人口が14万7千人であったグラスゴーは、13万8千人のエディンバラを抜きスコットランド最大の都市となった。1821年以降2001年に至ってもこの地位をグラスゴーは保っている。

(34) Scot, *The Cemetery and the City*, p.21.

(35) Scot, *The Cemetery and the City*, p.169.
(36) Scot, *The Cemetery and the City*, p.142.
(37) Scot, *The Cemetery and the City*, p.174.
(38) Hugh Meller and Brian Parsons, *London Cemeteries: An Illustrated Guide & Gazetter* (Stroud, 4th edn 2008, 1st edn 1981) p.105.
(39) John M.Clarke, *London's Necropolis: A Guide to Brookwood Cemetery* (Stroud, 2004) . XI.
(40) Darren Beach, *London Cemeteries* (London, 2006) p.185.
(41) Agatha Herman, 'Death Has a Touch of Class: Society and Space in Brookwood Cemetery 1853-1903', *Journal of Historical Geography*, vol.36 (2010)
(42) John M.Clarke, *The Brookwood Necropolis Railway* (Oxford, 3rd edn 1995, 1st edn 1983)
(43) Susan Buckham, 'Commemoration as an Expression of Personal Relationships and Group Identities: A Case Study of York Cemetery', *Mortality*, vol.8, no.2 (2003)
(44) Susan Buckham,"The Men That Worked for England They Have Their Graves at Home' Consumerist Issues within the Production and Purchase of Gravestones in Victorian York', in Sarah Tarlow and Susie West, eds, *The Familiar Past?: Archaeologies of Later Historical Britain* (London, 1999)
(45) Michael Smith, 'The Church of Scotland and the Funeral Industry in Nineteenth-century Edinburgh', *The Scottish Historical Review*, vol.LＸＸＸⅧ, no.1 (2009) ; 19世紀のスコットランドに関しては、葬儀業の展開を中心に死の問題を論じた以下も参照。Elaine Mcfarland, 'Researching Death, Mourning and Commemoration in Modern Scotland', *Journal of Scottish Historical Studies*, vol.24, no.1 (2004)
(46) Sylvia M.Barnard, *To Prove I'm Not Forgot: Living and Dying in a Victorian City* (Stroud, Revised edn 2009, 1st edn 1990)
(47) Barnard, *To Prove I'm Not Forgot*, pp.18-19; 5&6 Vict. c.ciii.
(48) Barnard, *To Prove I'm Not Forgot*, pp.33-34.
(49) Barnard, *To Prove I'm Not Forgot*, p.243.
(50) Duncan Sayer, 'Death and the Dissenter: Grooup Identity and Stylistic Simplicity as Witnessed in Nineteenth-Century Nonconformist Gravestones', *Historical Archaeology* (2011) vol.45,no.4.
(51) レディングの人口はセンサスによると1841年に19,000人であった。
(52) Snell, 'Churchyard Closures'.
(53) スネルはレスタシァとラトランドの二州で120の共同墓地が設置されたと言及したけれども、この120という数が、都市の共同墓地36箇所と農村の共同墓地79箇所の和である115と一致しないことには何も言及していない。Snell, 'Churchyard Closures',pp.723,741.
(54) Snell, 'Churchyard Closures',p.754.
(55) Julie Rugg, *Churchyard and Cemetery: Tradition and Modernity in Rual North Yorkshire* (Manchester, 2013)
(56) common lawの用例としてはここで述べた「国王の諸裁判所の判例法」を意味する用例に加えて、議会制定法statuteと対比される判例法を意味する用例もある。単語の頭文字は小文字のcommon lawが適用される、これら二つの用例に加えて、単語の頭文字が大文字となるCommon Lawの用例では、大陸法との対比で「判例法主義の法秩序(英米法系)」を意味する用例となる。中村民雄「イギリス法」北村一郎編『アクセスガイド外国法』東京大学出版会、2004年、49-51頁。
(57) *The Statutes of the United Kingdom of Great Britain and Ireland* (London, 1853) vol. XXI.

(58)　John Prest, *Liberty and Locality: Parliament, Permissive Legislation, and Ratepayers' Democracies in the Nineteenth Century*（Oxford, 1990）p.2.
(59)　Rugg, *The Rise of Cemeteries Companies in Britain*, p.90.
(60)　法が必要な多くの民間共同墓地の資本金は数千ポンドから数万ポンドに及んだ。Rugg, *The Rise of Cemeteries Companies*, pp.87,92,97.
(61)　7 Geo. Ⅳ c.lii.
(62)　5 & 6 Vict. c.ciii.
(63)　6 & 7 Vict. c.lxvii.
(64)　7 & 8 Vict. c.lxxvi.
(65)　11 Vict. c. ii.
(66)　Julie Rugg, 'Radical Departures ? Changing Landscapes of Death in Leicester', Richard Rodger and Rebecca Madgin, eds, *Leicester: A Modern History*（Lancaster, 2016）pp.137-144.
(67)　10 & 11 Vict. c.65.
(68)　Prest, *Liberty and Locality,* p. 28.
(69)　久保洋一「ハダズフィールドの二つのチャペル――19 世紀イギリスの共同墓地――」『歴史文化社会論講座紀要』2015 年、12 号；「ハダズフィールドのチャプレン――19 世紀イギリスの共同墓地――」『歴史文化社会論講座紀要』2016 年、13 号。
(70)　15 & 16 Vict. c.41.
(71)　13 & 14 Vict. c.52.
(72)　15 & 16 Vict. c.85.
(73)　*British Parliamentary Papers,* 1876［C.1447］L Ⅷ 531, Return of London Burial-Grounds Partially Open and Closed by Orders in Council,1853-75; *BPP*, 1876［C.1448］L Ⅷ 533, Return of Burial-Grounds Partially Open and Closed by Orders in Council,1854-75.
(74)　*BPP*, 1876（60）L Ⅷ 535, Population and Burial Places（England and Wales）
(75)　Barry M.Doyle, 'The Changing Functions of Urban Government: Councillors, Officials and Pressure Groups',in Martin Daunton, ed., *The Cambridge Urban History of Britain, Volume III 1840-1950*（Cambridge, 2000）p.287.
(76)　Robert Millward, 'The Political Economy of Urban Utilities', in Daunton, ed.,*Cambridge Urban History*, p.324.

第 1 章

（1）　R.B.Walker, 'Religious Changes in Liverpool in the Nineteenth Century', *Journal of Ecclesiastical History,* vol. XⅨ, no.2（1968）pp.195-196; John Belchem, ed., *Liverpool 800*（Liverpool, 2006）pp.512-513.
（2）　Brian D. White, *A History of the Corporation of Liverpool 1835-1914*（Liverpool, 1951）p.1.
（3）　*Liverpool Mercury*（5 January 1897）6h.
（4）　教会墓地は、通常は墓地が教会を取り囲む。しかしセント・マーチン教会の埋葬地は、教会を取り囲まず、教会から離れた場所にあるため、このような表現になったようだ。このような教会が所有する埋葬地も法制度上は教会墓地と同等の扱いを受けた。
（5）　*Liverpool Mercury*（13 August 1856）2g.
（6）　*Liverpool Mercury*（27 August 1856）2c-e.
（7）　埋葬法のどの条項を指していたのかは不明である。
（8）　*Liverpool Mercury*（27 August 1856）4c; 投票の問題は第 3 章で論じる。
（9）　*Liverpool Mercury*（5 September 1856）6a;　教区会終了直後から『リヴァプール・マー

キュリー』紙は投票が合法であると主張していた。*Liverpool Mercury*（27 August 1856）4c.

(10) *Liverpool Mercury*（6 September 1856）5d.

(11) *Liverpool Mercury*（20 September 1856）3b.

(12) *Liverpool Mercury*（17 November 1856）2g.

(13) 公園に関する研究は多数に上る。とりあえずは以下を参照。Elizabeth Baigent, "God's Earth Will Be Sacred': Religion, Theology, and the Open Space Movement in Victorian England', *Rural History*, vol.22, no.1（2011）; S Martin Gaskell, 'Gardens for the Working Class: Victorian Practical Pleasure', *Victorian Studies*, vol.23, no.4（1980）

(14) *Liverpool Mercury*（8 July 1857）6b.

(15) *Liverpool Mercury*（9 December 1857）6a; ニューランズは自治体が雇ったイギリス史上初の技師であった。*Oxford Dictionary of National Biography*（Oxford,2004）; C. Hamlin, 'James Newlands and the Bounds of Public Health', *Transactions of the Historic Society of Lancashire and Cheshire,* vol.143（1993）

(16) James Stevens Curl, *The Victorian Celebration of Death*（Stroud, Rep.2001, 1st edn 2000）p.42; Julie, Rugg, *The Rise of Cemetery Companies in Britain, 1820-53*（University of Stirling, Ph.D., 1992）pp.162-163.

(17) *Liverpool Mercury*（4 February 1825）8c;（1 April 1825）6a-c.

(18) *Liverpool Mercury*（8 February 1859）4h.

(19) *Liverpool Mercury*（28 August 1857）7b.

(20) *Liverpool Mercury*（5 January 1897）6h.

(21) *Liverpool Mercury*（17 September 1856）2f.

(22) *Liverpool Mercury*（28 August 1857）7b; 成立した法は以下。20 & 21 Vict. c. 81.

(23) *Liverpool Mercury*（9 December 1857）6a.

(24) *Liverpool Mercury*（2 March 1858）5e.

(25) *Liverpool Mercury*（5 January 1897）6h.

(26) *Liverpool Mercury*（8 June 1858）4f.

(27) *Liverpool Mercury*（15 October 1858）4f.

(28) *Liverpool Mercury*（8 February 1859）4h.

(29) *Liverpool Mercury*（31 August 1859）3d; *Daily News*（31 August 1859）3f; *The Preston Guardian*（3 September 1859）2e.

(30) *Liverpool Mercury*（27 September 1859）3e.

(31) *Liverpool Mercury*（18 February 1860）4gh.

(32) *The Times*（1 September 1859）9f.

(33) *Liverpool Mercury*（7 February 1860）4g.

(34) *Liverpool Mercury*（6 March 1860）3d.

(35) *The Times*（3 April 1860）12e; *Daily News*（3 April 1860）3f; *Liverpool Mercury*（6 April 1860）1d; *Manchester Times*（7 April 1860）7b.

(36) *The Builder*, vol.18, 1860, p.402.

(37) *Liverpool Mercury*（31 August 1860）7d.

(38) *Liverpool Mercury*（8 September 1860）1a.

(39) *Liverpool Mercury*（7 December 1860）10c

(40) *Liverpool Mercury*（28 April 1863）6e.

(41) *Liverpool Mercury*（8 October 1861）3c.

(42) *Liverpool Mercury*（8 May 1860）3d.

(43) *Liverpool Mercury*（30 August 1861）3e.

(44) *Liverpool Mercury*（12 February 1862）2f.

(45) *Liverpool Mercury* (6 September 1862) 4e.
(46) *Liverpool Mercury* (30 August 1861) 3e.
(47) *Liverpool Mercury* (30 August 1861) 3e.
(48) *Liverpool Mercury* (30 August 1861) 3de.
(49) 史料に明記されていないものの、採決の方法は挙手だっただろう。
(50) *Liverpool Mercury* (3 September 1861) 2gh.
(51) 投稿記事は以下である。*Liverpool Mercury* (30 August 1861) 6d; 論説は以下である。*Liverpool Mercury* (3 September 1861) 2e.
(52) *Liverpool Mercury* (4 September 1861) 2g.
(53) *Liverpool Mercury* (5 September 1861) 2g.
(54) *Liverpool Mercury* (6 September 1861) 3g.
(55) *Liverpool Mercury* (10 August 1861) 1g.
(56) *Liverpool Mercury* (6 September 1862) 4e.
(57) *Liverpool Mercury* (4 October 1861) 4e.
(58) *Liverpool Mercury* (6 September 1862) 4e.
(59) *Liverpool Mercury* (31 January 1862) 3f.
(60) *Liverpool Mercury* (6 September 1862) 4e.
(61) *Liverpool Mercury* (14 February 1862) 1d.
(62) *Liverpool Mercury* (6 September 1862) 4e.
(63) *Liverpool Mercury* (3 December 1861) 3c.
(64) *Liverpool Mercury* (4 March 1862) 5c.
(65) 大沢真理『イギリス社会政策史――救貧法と福祉国家――』東京大学出版会、1986年。
(66) *Liverpool Mercury* (6 September 1862) 4e.
(67) *Liverpool Mercury* (6 September 1862) 4e.
(68) *Liverpool Mercury* (25 February 1863) 5f.
(69) *Liverpool Mercury* (28 August 1863) 8d.
(70) *Liverpool Mercury* (28 April 1863) 6e-g.
(71) *Liverpool Mercury* (28 April 1863) 6f.
(72) *Liverpool Mercury* (29 April 1863) 5de.
(73) Walker, 'Religious Changes in Liverpool in the Nineteenth Century',p.200.
(74) *Liverpool Mercury* (29 April 1863) 5e.
(75) *Liverpool Mercury* (5 May 1863) 6e.
(76) *Liverpool Mercury* (5 March 1863) 1c.
(77) *Liverpool Mercury* (12 March 1863) 5h.
(78) *Liverpool Mercury* (5 March 1863) 1c.
(79) *Liverpool Mercury* (5 May 1863) 6e.
(80) *Liverpool Mercury* (2 May 1863) 1c.
(81) *Liverpool Mercury* (28 August 1863) 8d.
(82) *Liverpool Mercury* (7 September 1859) 4h.

第2章

(1) *Oxford Dictionary of National Biography* (Oxford, 2004);『ビルダー』とジョージ・ゴドウィンについては以下が詳しい。Robert Thorne, 'Building Bridges; George Godwin and Architectural Journalism', in Gordon Marsden, ed., *Victorian Values: Personalities and Pespectives in Nineteenth Century* (New York, 1998, 1st edn 1990)
(2) 久保洋一「ヴィクトリア期イギリスにおけるアヘン――医学・薬学雑誌に見るアヘン認

識の変遷――」『西洋史学』211号、2003年、第二章。

（3） James Stevens Curl, *The Victorian Celebration of Death*（Stroud, Rep.2001, 1st edn 2000）p.286.

（4） Ruth Richardson and Robert Thorne, *The Builder Illustrations Index 1843-1883*（London, 1994）

（5） Richardson and Thorne, *The Builder Illustrations Index 1843-1883,* Intro., pp.2-3.

（6） 正式な副題は以下。'An Illustrated Weekley Magazine, for the Drawing-Room, the Studio, the Office, the Workshop, and the Cottage', *The Builder*, vol.1, 1843, title page.

（7） Richardson and Thorne, *The Builder Illustrations Index 1843-1883*, Intro., p.8.

（8） *British Parliamentary Papers*, 1876［C.1447］L Ⅷ .531, Return of London Burial-Grounds Partially Open and Closed by Orders in Council, 1853-75.

（9） *BPP*, 1876［C.1448］L Ⅷ . 533, Return of Burial-Grounds Partially Open and Closed by Orders in Council 1854-75.

（10） *BPP,* 1854（481）LXI. 89 List of Applications to the Secretary of Sate for the Closing of Burial-grounds within the Metropolis（All of Which Have Been Closed）; and for Approval of Sites for New Burial-grounds.

（11） *The Builder*, vol.41, 1881, p.128; 以下の記事も聖職者の積極的な関与を伝えた。*The Builder,* vol.33, 1880, p.329.

（12） *The Builder,* vol.33, 1875, p.803.

（13） *The Builder,* vol.33, 1875, p.845.

（14） *The Builder,* vol.33, 1880, p.329.

（15） *The Builder,* vol.41, 1881, p.255; イズリントンの埋葬委員会の長を務めたのも牧師補であった。*The Times*（31 December 1853）8f.

（16） Bryan Keith-Lucas and Kenneth P. Poole, *Parish Government 1894-1994*（n.p., 1994）ch.1〔ブライアン・キース＝ルーカス、K・P・プール著、竹下譲、丸山康人訳『パリッシュ政府百年史　1894～1994』（財）自治体国際化協会、1996年。〕

（17） Keith-Lucas and Poole, *Parish Government 1894-1994*, ch.1; 19世紀に進展した中央集権化に対して、教区会を中心とした教区の自治を擁護する動きがあった。特にこの動きの代表例として、ツールミン・スミスの活動が挙げられる。*Oxford Dictionary of National Biography*（Oxford, 2004）; Toulmin Smith, *The Parish*（London, 1857, 1st edn 1851）

（18） *The Times*（25 March 1857）12d; 以下の記事でも土地の購入が伝えられた。*The Builder*, vol.25, 1867, p.334.

（19） *The Builder,* vol.43, 1882, p.128.

（20） 土地に加えて、墓地に必要な、木々、配水設備、建物までも寄贈が予定された。*The Builder,* vol.32, 1874, p.356; *The Times*（9 April 1874）12c; ウェスト・サセックスのアランデルでも土地が寄贈された。*The Builder,* vol.45, 1883, p.303.

（21） *The Times*（28 July 1856）10d.

（22） ハムステッドは以下。*The Builder,* vol.31, 1873, p.663; vol.32, 1874, p.272; クロイドンは以下。*The Builder,* vol.31, 1873, p.770.

（23） イーリー島の自治体共同墓地のデザインは、埋葬委員会の委員でもあった建築家が作成した。*The Builder,* vol.25, 1867, p.661.

（24） 2位まで賞金を与えたのは以下。*The Builder,* vol.13, 1855, p.261; 3位まで賞金を予定したのは以下。*The Times*（1 September 1859）9f.

（25） *The Times*（3 April 1860）12e; ただし前章で記したように、実際は約14万ポンドの建設費用がかかった。

（26） *The Builder,* vol.12, 1854, p.325. 以下も同様の記事を掲載。*The Builder,* vol.34, 1876, p.1057.

(27) *The Builder,* vol.17, 1859, p.765.
(28) *The Builder,* vol.13, 1855, p.261.
(29) *The Builder,* vol.13, 1855, p.261.
(30) バーミンガムでは敷地と建物のデザインを別々に公募した。*The Builder,* vol.19, 1861, p.484.
(31) *The Builder,* vol.33, 1875, pp.1,089-1,090.
(32) *The Builder,* vol.19, 1861, p.484; vol.25, 1867, p.735.
(33) *The Builder,* vol.25, 1867, p.735.
(34) *The Builder,* vol.19, 1861, p.484.
(35) *The Builder,* vol.18, 1860, p.402.
(36) バーミンガムの事例は以下。*The Builder,* vol.20, 1862, p.13; ダーリントンの事例は以下。*The Builder,* vol.32, 1874, p.356; *The Times*（9 April 1874）12c.
(37) *The Times*（11 November 1876）10e.
(38) *The Times*（15 March 1855）6e.
(39) Smith, *The Parish,* pp.623-625; ラグは聖別式の導入と普及に寄与した者として国教会の主教チャールズ・ジェームズ・ブロムフィールドを挙げている。1824年から28年までチェスター主教だったブロムフィールドは、開設が予定されたリヴァプールの民間共同墓地セント・ジェームズ共同墓地で聖別式の実施を求め、ブロムフィールドの後任のチェスター主教が聖別式を司式した。チェスター主教からロンドン主教に転じたブロムフィールドはロンドンでも共同墓地での聖別式の普及に尽力した。Julie Rugg, *Churchyard and Cemetery: Tradition and Modernity in Rural North Yorkshire*（Manchester, 2013）pp.39-42.
(40) *The Builder,* vol.29, 1871, p.482.
(41) *The Times*（11 November 1876）10e; *The Builder,* vol.34, 1876, p.1149.
(42) *The Builder,* vol.13, 1855, p.546.
(43) *The Times*（25 March 1857）12d.
(44) *The Times*（30 September 1857）12a.
(45) *The Times*（25 March 1857）12d.
(46) 以下でも囲いは道であった。*The Builder,* vol.13, 1855, p.546; vol.32, 1874, p.508; vol.34, 1876, p.1,149; vol.37, 1879, p.463.
(47) 6 &7 Will. IV c.86; Edwards Higgs, ‘A Cuckoo in the Nest ? The Origins of Civil Registration and State Medical Statistics in England Wales’, *Continuity and Change,* vol.11, no.1（1996）
(48) しかし出産、結婚、死亡の登録における国教会の聖職者の役割は1850年代になってもほとんど低下していない。とりわけ結婚の登録は1850年代のロンドンで9割以上が国教会の聖職者によってなされた。B.I.Coleman, *Anglican Church Extension and Related Movements c.1800-1860 with Special Reference to London*（University of Cambridge, Ph.D., 1968）pp.364-365.
(49) Laqueur, ‘Cemeteries, Religion and the Culture of Capitalism’, in Jane Garnett and Colin Matthew, eds, *Revival and Religion since 1700*（London, 1994）pp.183-200.
(50) 除幕式が実施された数少ない事例であるシェフィールド町区の自治体共同墓地であっても、1881年5月26日の除幕式に先だって聖別式が3月28日に挙行された。*Sheffield and Rotherham Independent*（26 May 1881）8b; 民間共同墓地のグラスゴー・ネクロポリスでは除幕式が実施されなかったようだ。 Ronald David Scot, *The Cemetery and the City: The Origins of the Glasgow Necropolis, 1825-1857*（University of Glasgow, Ph.D., 2005）p.121.
(51) 例えば、自治体ではなく、民間による共同墓地ではあるが、西ヨークシァのブラッド

フォードに新設された墓地では、聖別式が1854年7月25日であったのに対して、非聖別地における最初の埋葬は同年の3月10日であった。Colin Clark & Reuben Davison, *In Loving Memory: The Story of Undercliffe Cemetery*（Stroud, 2004）p.6.

(52)　その内訳は、メソディストが約157万、独立派が約79万、バプテストが約59万、長老派が約6万、プロテスタント諸派が約15万である。浜林正夫『イギリス宗教史』大月書店、1987年、223頁。

(53)　浜林『イギリス宗教史』223頁。

(54)　*BPP,* 1860（560）L X I 505, Return of Number of Burials on Cemeteries Povided under the Burial Acts from 1855-1859.

(55)　*The Builder,* vol.12, 1854, p.222.

(56)　Kenneth Clark, *The Gothic Revival: an Essay in the History of Taste*（London, 2nd edn, 1950）chs 5 and 8〔ケネス・クラーク著、近藤存志訳『ゴシック・リヴァイヴァル』白水社、2005年〕; 19世紀の建造物としての教会に関しては以下も参照。久保洋一「19世紀イギリスにおける教会建設――チャーチとチャペル――」『歴史文化社会論講座紀要』第5号、2008年。

(57)　Chris Wakeling, 'The Nonconformist Traditions:Chapels, Changes and Continuity', in Chris Brooks and Andrew Saint, eds, *The Victorian Church: Architecture and Society*（Manchester, 1995）pp.94-95.

(58)　*The Builder,* vol.12, 1854, p.222.

(59)　*The Builder,* vol.20, 1862, p.13.

(60)　*The Builder,* vol.13, 1855, p.402.

(61)　同型の二つのチャペルは例えば以下にも見られる。*The Builder,* vol.14, 1856, p.30; vol.32, 1874, p.923; vol.33, 1875, p.537; vol.33, 1875, pp.1,089-1,090; vol.34, 1876, p.1,149.

(62)　*The Times*（11 November 1872）5d.

(63)　*The Builder,* vol.32, 1874, p.356.

(64)　Norman Sykes, *The English Religious Tradition*（London, 1953）ch.19; 村岡健次「第三章改革の時代（1830～50年）」「第四章　繁栄の時代（1851～73年）」所収、村岡健次、木畑洋一編『イギリス史　3』山川出版社、1991年。

第3章

（1）　A.D.H.Crook, 'Population and Boundary Changes,1801-1981', in Clyde Binfield et al. eds, *The History of the City of Sheffield, 1843-1993, Volume II: Society*（Sheffield, 1993）pp.482-483.

（2）　Brain Barber, 'Sheffield Borough Council 1843-1893', in Clyde Binfield et al. eds, *The History of the City of Sheffield, 1843-1993, Volume I: Politics*（Sheffield,1993）p.29.

（3）　*Sheffield and Rotherham Independent*（7 May 1900）6b.

（4）　*SRI*（22 June 1862）6ab;（26 May 1881）8b.

（5）　*SRI*（22 December 1876）3f;（27 March 1877）7d.

（6）　*SRI*（9 April 1878）2a-c.

（7）　*SRI*（10 April 1879）6b.

（8）　国教徒と非国教徒の自治体共同墓地における平等性については第2章を参照。

（9）　*SRI*（10 April 1879）6ab;（11 April 1879）3c-f.

(10)　ウォードは、前年度4月の町区会で任期を一年残すも転居のために埋葬委員を辞任したブラッドリーの後任として選出されたため、就任一年での退任となったようだ。

(11)　*SRI*（20 April 1880）2b.

(12)　W.A.Holdsworth, *The Handy Book of Parish Law*（London, 3rd edn 1872, 1st edn

1859) pp.45-46.

(13) 「課税台帳」は同時に開催されていた救貧法施行委員（guardian of the poor）の選挙で使用中のため会場内に用意されなかったことを、一年後に埋葬委員を選出する町区会で、貧民監督官補佐ブランメルは打ち明けた。*SRI*（20 April 1880）2b.

(14) *SRI*（14 April 1879）3c.

(15) *SRI*（17 April 1879）5d.

(16) *SRI*（18 April 1879）3g.

(17) *SRI*（7 May 1879）2b;（10 May 1879）11e.

(18) *SRI*（10 May 1879）2c.

(19) *SRI*（21 May 1879）3e.

(20) *SRI*（17 May 1879）3e; テンペランス・ホールは1856年に開設されたシェフィールドにおける禁酒運動の拠点であった。

(21) *SRI*（20 May 1879）2bc. イギリス節酒同盟（British Temperance League）が全国本部を1880年に置いたシェフィールドは禁酒運動が盛んな都市であった。

(22) カトリック用埋葬地にもチャペルの建設が予定された。しかしながら、チャペルを含むカトリック用埋葬地の経費を支出するノーフォーク公がチャペル建設費の支払を遅らせたため、その完成は1900年となった。Denis Evinson, T*he Lord's House: A History of Sheffield's Roman Catholic Buildings 1570-1990*（Sheffield, 1991）p.62.

(23) John Theodore Doddは1881年には埋葬料に関する法の解説書を著すため、埋葬事情にも詳しかったようだ。ただしそこでは共同墓地での埋葬料に関する記載はない。John Theodore Dodd, *Burial and Other Church Fees and the Burial Act, 1880*（London, 1881）p. Ⅲ.

(24) *SRI*（20 May 1879）2d.

(25) *SRI*（21 May 1879）3e.

(26) *SRI*（24 May 1879）2b.

(27) *SRI*（24 May 1879）6ab; *SRI*が自由党系列の新聞であるため取材源に限界があるのかもしれない。

(28) *SRI*（27 May 1879）2bc.

(29) *SRI*（10 May 1879）6g; ウィルソンはブライトサイド町区の埋葬委員として、埋葬料を有利に設定しようとした国教徒の聖職者との対立に勝利し、埋葬料の値下げに成功した。J.H.Stainton, *The Making of Sheffield 1865-1914*（Sheffield, 1924）p.283.

(30) 聖別式は主教が行うのが通例であった。第2章参照。ただしシェフィールド教区はヨーク主教区に含まれるため、ヨーク主教を兼ねるヨーク大主教が聖別式を1881年3月28日に司式した。*SRI*（26 May 1879）8b.

(31) 松永俊男『ダーウィンの時代——科学と宗教——』名古屋大学出版会、1996年、23頁、59頁。

(32) リヴァプール教区でも、キャンベル教区牧師は、埋葬委員として自身が候補者となった投票が、要求されたその日に実施され、日を改めて実施されなかったことに不満を表明した。第1章第1節を参照。

(33) Henry John Hodgson, *Steer's Parish Law; Being A Digest of the Law Relating to the Civil and Ecclesiastical Government of Parishes; Friendly Societies, Etc., Etc.*（London, 3rd edn 1857, 1st edn 1830）pp.287-288; 同様の指摘は以下の文献にも記された。Holdsworth, *The Handy Book of Parish Law*, p.46, note ＊.

(34) 未見の『治安判事』（C.J.B.Hertslet, J.Patterson and J.Thompson, *Justice of the Peace*（1876））は、刊行年違いつまり1878年刊行版の投票に関する見解が地元新聞に引用されたため権威ある法律書であったと予想できる。*SRI*（22 May 1879）5c.

(35) *SRI*（30 May 1879）3c.

(36) *SRI*（20 April 1880）2ab.

(37) *SRI* (11 April 1879) 3e.
(38) ブライトサイド町区では投票を終えた有権者は、退室に際して署名を求められることで有権者として確認された。*SRI* (20 April 1880) 2b.
(39) ブランメルが引用した文は以下にも掲載された。Hodgson, *Steer's Parish Law*, p.288.
(40) William Christopher Lengは保守党系列の地元新聞*Sheffield Telegraph*の共同所有者で編集者であった。Stainton, *The Making of Sheffield*, pp.324-327.
(41) *SRI* (21 April 1880) 3a-c.
(42) David Hey, *A History of Sheffield* (Lancaster, 3rd edn 2010, 1st edn 1998) p.137.
(43) *SRI* (23 April 1880) 3c.
(44) *SRI* (22 April 1880) 3b.
(45) *SRI* (20 April 1880) 2c; (22 May 1879) 5c
(46) リヴァプールでもヴェストリーでの投票で納税者は税額に応じて6票まで付与された。*Liverpool Mercury* (5 September 1856) 6a.
(47) *SRI* (24 April 1880) 2g.
(48) 「1867年の統計で、熟練労働者の最高の賃金が週35シリング、これは年にして約90ポンドである」。川島昭夫「工業化時代の生活と文化」村岡健次・川北稔編著『イギリス近代史［改訂版］』ミネルヴァ書房、2003年（初版1986年）、186-187頁。熟練労働者の中で一年に約90ポンドの最高の賃金を得ている者であっても、複数投票制のもとでは、90ポンドの全額を課税評価額としても、2票を所持するに留まった。つまり納税している多くの労働者は、課税評価額が年に50ポンドに満たない1票を付与される者に相当したであろう。
(49) *SRI* (23 April 1880) 3b.
(50) 「国教会の非国教化と基本財産没収（the Disestablishment and Disendowment of the Church of England）」を19世紀中葉から一部の好戦的なプロテスタント非国教徒が国教会に対して要求し、組織的な活動を行った。とりわけ著名な組織が解放協会（Liberation Society）であった。David M.Thompson, 'The Liberation Society 1844-1868', in Patricia Hollis, ed., *Pressure from Without* (London, 1974) p.211.
(51) Alian Simon, 'Church Disestablishment as a Factor in the General Election of 1885', *The Historical Journal*, vol.18, no.4 (1975)
(52) *SRI* (20 April 1880) 2a.
(53) *SRI* (24 May 1879) 2b.
(54) *SRI* (24 May 1879) 6b.
(55) 毎年4月の埋葬委員の入れ替えに関して、81年4月の入れ替えは聖別式を経て聖別地が既に確定していたため、争点とならなかった。78年にチャーチ・パーティーが支持し、今回任期が満了する三人のうち、81年4月の入れ替えでは一人が再任され、他の二人には新人が就任した。新人二人もチャーチ・パーティーないし保守党の支持で就任したのであろう。*SRI* (26 May 1881) 8b.
(56) *SRI* (26 May 1881) 8b; 5月27日には最初の埋葬が実施された。*SRI* (28 May 1881) 6f.
(57) *SRI* (7 May 1900) 6b.
(58) *SRI* (18 April 1882) 8e; (17 April 1882) 4a.
(59) *SRI* (19 April 1883) 2d.
(60) *SRI* (20 April 1883) 4b.
(61) *SRI* (15 April 1890) 3b.
(62) *SRI* (19 April 1886) 4a.
(63) *SRI* (24 April 1888) 8f.
(64) *Liverpool Mercury* (27 August 1856) 2e.
(65) *Liverpool Mercury* (5 September 1861) 2g.
(66) *SRI* (22 May 1879) 5c.

(67) 58 Geo. Ⅲ c.69 Sect.3; Hodgson, *Steer's Parish Law*, p.286.
(68) 大沢真理『イギリス社会政策史：救貧法と福祉国家』東京大学出版会、1986 年、44 頁。
(69) Derek Fraser, *Urban Politics in Victorian England* (London, 1979, 1st edn 1976) pp.26-29.
(70) ブライアン・キース＝ルーカス、K・P・プール著、竹下譲、丸山康人訳『パリッシュ政府 100 年史　1894-1994』（財）自治体国際化協会、1996 年、6 頁。
(71) 56 & 57 Vict.c.73 Second Schedule; ヴィクトリア期の都市政治史を論じたフレーザーによると教区会は、ヴィクトリア期の都市政治を捉える四つのレベルのうちの一つであった。教区会以外の三つは、自治体、庶民院議員選挙、政治的アジテーションであった。Fraser, *Urban Politics in Victorian England*; 近代イギリス都市社会史研究に関しては以下も参照。長谷川貴彦「階級・文化・言語――近代イギリス都市社会史研究から――」『思想』828 号、1993 年。
(72) Barber, 'Sheffield Borough Council 1843-1893', pp.37-43.
(73) Barber, 'Sheffield Borough Council 1843-1893', p.41.
(74) *SRI* (18 April 1882) 8ef; (19 April 1882) 1a; (19 April 1882) 2ab; (19 April 1882) 3d; (20 April 1882) 5a.
(75) *SRI* (19 April 1882) 3d.
(76) *SRI* (4 May 1882) 5b.
(77) 話し合いによる選出は 83 年、84 年、86 年、88 年、89 年、90 年であった。そのうち 84 年、86 年、88 年、90 年は再任であった。*SRI* (20 April 1883) 4b; (26 April 1884) 10e; (20 April 1886) 8d; (25 April 1888) 2f; (16 April 1889) 2g; (15 April 1890) 3b.
(78) 92 年度の埋葬委員は再任であった。*SRI* (22 April 1892) 5d.
(79) *SRI* (7 April 1900) 6b.
(80) *SRI* (7 May 1886) 4a.
(81) *SRI* (9 April 1900) 7c.

第 4 章

(1) James Stevens Curl, *The Victorian Celebration of Death* (Stroud, Rep.2001, 1st edn 2000) p.166; Sarah Rutherford, *The Victorian Cemetery* (Oxford, 2008) p.31.
(2) *British Parliamentary Papers* 1852-53 [1632] LXXXVI, Census of Great Britain, 1851 Population Tables pt. I, vol. Ⅱ pp.70-71; *Derby Mercury* (24 July 1872) 2a; 2 教区の人口がセンサスと新聞で数十人単位で異なったため前者で統一した。
(3) *Derby Mercury* (2 May 1855) 8a.
(4) *BPP,* 1860 (560) L X I 505, Return of Number of Burials on Cemeteries Provided under the Burial Acts from 1855-1859, p.3; 1855 年 5 月の埋葬委員会では墓地の面積は 32 エーカーと報告された。*Derby Mercury* (2 May 1855) 8a.
(5) *Derby Mercury* (14 March 1855) 8a.
(6) Hugh Meller and Brian Parsons, eds, *London Cemeteries: An Illustrated Guide & Gazetter* (Stroud, 4th edn 2008, 1st edn 1981) pp.49-50.
(7) Rutherford, *The Victorian Cemetery*, pp.22-23.
(8) 埋葬期間を 16 年以上と内務大臣は埋葬法で定めた。しかし、ダービーの埋葬委員会は 30 年は可能と見積もった。*Derby Mercury* (14 March 1855) 8a.
(9) Harry Butterton, *Deby: From Regency to Golden Jubilee* (Derby, 1993) p.18.
(10) *Derby Mercury* (5 May 1869) 5d.
(11) 4 級と 5 級に限るが、同様の傾向を、1869 年 9 月 30 日時点での埋葬数は示していた。表 4 参照。

(12)　*Derby Mercury* (15 September 1869) 2ab.

(13)　埋葬期間を、内務大臣は16年以上と定め、埋葬委員会は30年以上は可能と墓地開設時には認識していたと前述した。*Derby Mercury* (14 March 1855) 8a; この埋葬期間と、追加埋葬が許可される期間とがどのような関係にあったのかは不明である。

(14)　Thomas W.Laqueur, 'Bodies, Death,and Pauper Funerals', *Representation*, vol. Ⅰ, no.1 (1983) pp.121-125; Julie Rugg, 'From Reason to Regulation:1760-1850', in Peter C.Jupp and Clare Gittings, eds, *Death in England: An Illustrated History* (New Jersey, 2000) pp.224-225.

(15)　*Derby Mercury* (15 September 1869) 2c.

(16)　*Derby Mercury* (27 October 1869) 2e.

(17)　*Derby Mercury* (27 October 1869) 2e.

(18)　*Derby Mercury* (15 December 1869) 2cd.

(19)　*Derby Mercury* (15 December 1869) 2d.

(20)　*Derby Mercury* (26 January 1870) 2e.

(21)　整備案がその後にどうなったのかは不明である。

(22)　*Derby Mercury* (9 March 1870) 8a.

(23)　既に引用したように、「遺体の3分の1は5才以下の子供のものである」と9月の会合でコランベルは発言した。この発言とホランドによる発言とのいずれが正確かは不明である。

(24)　Susan Buckham, 'Commemoration as an Expression of Personal Relationships and Group Identities: A Case Study of York Cemetery', *Mortality*, vol.8, no.2 (2003)

(25)　*Derby Mercury* (17 March 1880) 2a.

第5章

(1)　*Northern Echo* (24 September 1873) 4a; (26 September 1873) 1f; (22 October 1873) 4a; (25 March 1874) 4a; (16 May 1879) 5e.

(2)　*Hampshire Telegraph and Sussex Chronicle* (27 March 1875) 8f; *Trewman's Exeter Flying Post or Plymouth and Cornish Advertiser* (31 March 1875) 3d.

(3)　*Newcastle Courant* (10 January 1879) 5b.

(4)　*Derby Mercury* (27 June 1855) 5a; (25 July 1855) 8a; (24 January 1872) 2f; (13 March 1872) 2f; (20 March 1872) 2ab; (18 September 1872) 2ab; (16 October 1872) 5c; (2 February 1887) 5d; (2 March 1887) 2d; (2 March 1887) 6d; (2 March 1887) 5c; (9 March 1887) 8a; (16 March 1887) 5f; (23 March 1887) 2c; (13 April 1887) 5d; (13 April 1887) 5e; (13 April 1887) 5f; (20 April 1887) 2ab; (25 May 1887) 25e; (19 October 1887) 2bc; (26 October 1887) 5d; (9 November 1887) 3a.

(5)　*Northern Echo* (21 November 1873) 3f; (15 April 1874) 4a; (4 June 1875) 4a; (21 June 1875) 4bc; (26 June 1875) 3e; (28 June 1875) 4bc; (29 June 1875) 3ef; (30 June 1875) 4b; (30 June 1875) 4c; (2 July 1875) 3f-4a; (5 July 1875) 4c; (3 August 1875) 4bc; (6 August 1875) 3de; (7 August 1875) 7e; (13 October 1875) 4a.

(6)　*Preston Guardian* (27 October 1866) 7b; (31 October 1867) 8a.

(7)　*Newcastle Courant* (12 July 1872) 5e; (23 January 1885) 4d.

(8)　*Birmingham Daily Post* (6 July 1870) 7ab; (21 September 1870) 6bc; (8 February 1872) 7c.

(9)　*Birmingham Daily Post* (17 January 1877) 7e; (22 February 1877) 7b; (8 March 1877) 8bc; (31 March 1877) 8de.

(10)　*Northern Echo* (8 August 1884) 4b; *Reynolds's Newspaper* (28 August 1892) 1e.

(11) *Hampshire Telegraph and Sussex Chronicle* (20 July 1872) 6f; *Lloyd's Weekly Newspaper* (21 July 1872) 11e.

(12) *Bristol Mercury and Daily Post* (8 November 1882) 3b; (11 November 1882) 5c.

(13) *Preston Guardian* (7 July 1866) 5a; (14 July 1866) 5d; (21 July 1866) 6de; (21 July 1866) 6a; Leeds Mercury (19 September 1866) 3d; *Manchester Times* (21 July 1866) 6c; *Newcastle Courant* (27 July 1866) 6e.

(14) *Hampshire Telegraph and Sussex Chronicle* (16 December 1868) 3f; (26 December 1868) 5f; (30 January 1869) 5c; (13 February 1869) 6ab; (6 March 1869) 5e; (13 March 1869) 5a; (17 March 1869) 4e; (5 May 1870) 5e; (4 June 1881) 5a; (4 June 1881) 8b; (9 July 1881) 5b; (9 July 1881) 7gh; (16 July 1881) 8b; (30 August 1884) 2fg; (30 August 1884) 4f; (30 August 1884) 5a.

(15) *Liverpool Mercury* (13 March 1857) 6a; (5 June 1863) 7g; (5 May 1865) 6h; (9 November 1865) 5g; (9 November 1865) 6a; (10 November 1865) 6cd; (11 November 1865) 7d; (11 November 1865) 7f; (16 November 1865) 7g; (20 November 1865) 7g; (23 November 1865) 7g; (24 November 1865) 7h; (13 December 1865) 3e; (13 December 1865) 3e; (2 March 1866) 6d; (28 February 1866) 7g; (27 April 1866) 6d; (27 April 1866) 6a; (1 May 1866) 6a; (7 May 1866) 5bc; (9 May 1866) 7g; (21 May 1866) 7f; (23 May 1866) 7g; (29 June 1866) 6d; (3 July 1866) 6f; (3 July 1866) 6a; (7 July 1866) 6f; (5 July 1866) 6d; (12 July 1866) 1d; (31 July 1866) 5fg; (31 July 1866) 6a; (6 August 1866) 7f; (13 September 1867) 6c; (20 September 1867) 7d; (6 January 1871) 6d; (10 November 1871) 8cd; (9 October 1896) 6d.

(16) *Birmingham Daily Post* (4 July 1873) 8c; (22 January 1878) 5d.

(17) *Lloyd's Weekly Newspaper* (24 April 1853) 9d; *Morning Chronicle* (7 March 1860) 7e; (29 May 1861) 3d; *Reynold's Newspaper* (2 June 1861) 14b; *Lloyd's Weekly Newspaper* (9 June 1861) 6d; *Daily News* (5 May 1873) 2g; (17 October 1873) 2b; (17 December 1873) 6d; (27 November 1875) 4f; *Pall Mall Gazette* (27 November 1875) 9a; *Liverpool Mercury* (29 November 1875) 7d; *Reynold's Newspaper* (11 October 1891) 2c.

(18) 日曜日に関する法を網羅的に収集した以下の著作でも自治体共同墓地に関する法令は記載されていない。Philip F.Skottowe, *The Law Relating to Sunday* (London, 1936)

(19) 1852年の改正首都埋葬法の38条が定めていた。15 & 16 Vict. c.85; 同法は翌年の法で全国に拡大適用された。 16 & 17 Vict. c.134.

(20) Chris Cook, *The Routledge Companion to Britain in the Nineteenth Century* (London, 2005) p.105.

(21) 松浦京子「生活のうるおい――「余暇文化」――」井野瀬久美惠編『イギリス文化史入門』昭和堂、1994年、155頁。

(22) 川島昭夫「イギリス人の日曜日」『経済評論』1983年、10月号、60頁。

(23) Ian Bradley, 'The English Sunday', *History Today,* vol.22 (1972)

(24) 法律の一覧については以下を参照。John Wigley, *The Rise and Fall of the Victorian Sunday* (Manchester, 1980) pp.204-208; Skottowe, *The Law Relating to Sunday.*

(25) 川島「イギリス人の日曜日」56-57頁。

(26) *Liverpool Mercury* (28 August 1863) 8d.

(27) *Liverpool Mercury* (27 April 1866) 6d.

(28) *Liverpool Mercury* (6 January 1871) 6d.

(29) 景観を重視した共同墓地、特に19世紀前半の民間の共同墓地では墓地を観られる対象として設計し、そこを訪問者が散策することが推奨された。James Stevens Curl, *The Victorian Celebration of Death* (Stroud, Rep.2001, 1st edn 2000); この慣行がリヴァプール教区の自治体共同墓地でも実践されていたようだ。

(30) *Liverpool Mercury* (5 June 1863) 7g.
(31) *Liverpool Mercury* (5 May 1865) 6h.
(32) *Liverpool Mercury* (11 November 1865) 7f.
(33) ダンカンについては以下を参照。W.M.Fraser, *Duncan of Liverpool* (Preston, Rep., 1997, 1st edn 1947) ; Geary Kearns, 'Town Hall and White Hall: Sanitary Intelligence in Liverpool,1840-63', in Salley Sheard and Helen Power, eds, *Body and City: Histories of Urban Public Health* (Aldershot, 2000) ; Paul Laxton, 'Fighting for Public Health: Dr Duncan and his Adversaries, 1847-1863', in Sheard and Power, eds, *Body and City.*
(34) *Lancet,*vol.1 (1865) p.661; *The Builder,* vol.23, pp.825-826.
(35) *British Medical Journal,* vol.2 (1865) p.535; *Liverpool Mercury* (9 November 1865) 5g; (9 November 1865) 6a.
(36) R.B.Walker, 'Religious Changes in Liverpool in the Nineteenth Century', *Journal of Ecclesiastical History,*vol. XIX , no.2 (1968) pp.199-200.
(37) *Liverpool Mercury* (9 November 1865) 5g.
(38) *Liverpool Mercury* (10 November 1865) 6cd.
(39) *Liverpool Mercury* (11 December 1865) 6f
(40) *Liverpool Mercury* (11 November 1865) 7f.
(41) 『ビルダー』に掲載されたある記事も、ジャクソンと同様に遺体安置所の設置を求めた。*The Builder,* vol.18, 1860, pp.605-606.
(42) Pam Fisher, 'House for the Dead: The Provision of Mortuaries in London, 1843-1889', *London Journal,* Vol.34, no.1 (2009) p.3.
(43) 『ビルダー』のある記事も、近くの墓地が埋葬を停止し、加えて共同墓地が遠方で不便な地域では、遺体を埋葬まで一時保管するために遺体安置所の設置を勧めた。*The Builder,* vol.14, 1856, p.166.
(44) *Lancet,* vol.2 (1864) p.534.
(45) *Liverpool Mercury* (16 November 1865) 7g.
(46) *Liverpool Mercury* (15 November 1864) 1c.
(47) *Liverpool Mercury* (20 November 1865) 7g.
(48) *Liverpool Mercury* (23 November 1865) 7g.
(49) *Liverpool Mercury* (24 November 1865) 7h.
(50) Brian D.White, *A History of the Corporation of Liverpool* (Liverpool, 1951) pp.50-51.
(51) *Liverpool Mercury* (13 December 1865) 3ef
(52) トレンチを含む衛生医務官、ないしはその配下の衛生査察官は、貧しき者の家を訪問し、衛生改善の方策を提言した。Tom Crook, 'Sanitary Inspection and the Public Sphere in Late Victorian and Edwardian Britain: A Case Study in Liberal Governance', *Social History,* vol.32, no.4 (2007) p.373; 衛生改善を目的とした住宅規制は、リヴァプールでは1840年代からイギリスで先駆的に始まっていた。M.J.Daunton, 'Health and Housing in Victorian London', *Medical History,* Supplement, no.11, 1991, p.128.
(53) *Liverpool Mercury* (27 April 1866) 6d.
(54) *Liverpool Mercury* (28 February 1866) 7g; ジャクソンが伝え聞いた事例は以下に再録された。*Liverpool Mercury* (7 May 1866) 5d.
(55) *Liverpool Mercury* (27 April 1866) 6d.
(56) 報告書は以下に再録された。*Liverpool Mercury* (7 May 1866) 5bc.
(57) *Daily News* (23 May 1871) 3e; 中野保男「いざというときに備えて」角山榮・川北稔編『路地裏の大英帝国』山川出版社、1982年、145頁。
(58) *Liverpool Mercury* (7 May 1866) 5bc.
(59) *Liverpool Mercury* (9 May 1866) 7g; (21 May 1866) 7f; (21 May 1866) 7f.

(60)　*Liverpool Mercury* (29 June 1866) 6d.
(61)　*Liverpool Mercury* (3 July 1866) 6f: (3 July 1866) 6a; *Glasgow Herald* (6 July 1866) 6b.
(62)　Matthew L.Newsom Kerr, '"Perambulating Fever Nests of Our London Streets": Cabs, Omnibus, Ambulances, and Other "Pest-Vehicles" in the Victorian Metropolis', *Journal of British Studies,* vol.49, no.2 (2010) p.291.
(63)　貧しき者が入院した病院には、任意寄付制病院、コテージ病院、救貧院付属病院の三種類があった。救貧院付属病院には、他の二つに経済的に入れない貧しき者が入院した。Lindsay Granshaw, 'The Rise of the Modern Hospital in Britain', in A.Wear ed., *Medicine in Society* (Cambridge, 1992) p.208; 以下の文献は病院を19世紀の医療、慈善、国家の展開の中に位置付けている。Keir Waddington, 'Health and Medicine', in Chris Williams,ed., *A Companion to Nineteenth-Century Britain* (Oxford, 2004)
(64)　この時期のリヴァプールにおける流行病対策については以下を参照。White, *A History of the Corporation of Liverpool*, ch. X .
(65)　疾病予防法によって、コレラ、チフスといったこの時期の代表的な流行病の患者は隔離措置が執られた。しかし、これらの流行病の拡大は、急速かつ広域に及び、その対策は効果的ではなかった。White, *A History of the Corporation of Liverpool,* pp.119-120.
(66)　*Birmingham Daily Post* (3 July 1866) 8b; *Caledonian Mercury* (4 July 1866) 4d; *Hull Packet and East Riding Times* (6 July 1866) 8d; *Belfast News-Letter* (6 July 1866) 4e; *Glasgow Herald* (6 July 1866) 6b; *Manchester Times* (7 July 1866) 6f; *Preston Guardian* (7 July 1866) 6f.
(67)　Wigley, *Victorian Sunday* p.99; *Leeds Mercury* (26 July 1866) 3e.
(68)　*Liverpool Mercury* (5 July 1866) 6d.
(69)　*Liverpool Mercury* (31 July 1866) 6a.
(70)　*Liverpool Mercury* (6 August 1866) 7f.
(71)　*Liverpool Mercury* (10 September 1861) 6d.
(72)　http://www.liverpoolhistoryprojects.co.uk/liverpoolcrburials/ (3/2/2018)
(73)　*Liverpool Mercury* (12 July 1866) 1d; (20 September 1867) 7d.
(74)　*Liverpool Mercury* (13 September 1867) 1d.
(75)　*Liverpool Mercury* (6 January 1871) 6d.
(76)　*Liverpool Mercury* (31 July 1866) 5f.
(77)　*Liverpool Mercury* (6 January 1871) 6d; (10 November 1871) 8d.
(78)　*Liverpool Mercury* (10 November 1871) 8d.
(79)　*Liverpool Mercury* (9 November 1896) 6d.

第6章

(1)　B.R.Mitchell; collaboration of Phyllis Deane, *Abstracts of British Historical Statistics* (London, 1962) pp.24-25.
(2)　*Sheffield and Rotherham Independent* (15 May 1879) 5d.
(3)　*Derby Mercury* (2 February 1887) 5d.
(4)　*Derby Mercury* (2 March 1887) 2d.
(5)　*Derby Mercury* (18 September 1872) 2a.
(6)　*Derby Mercury* (27 June 1855) 5a; (25 July 1855) 8a.
(7)　*Liverpool Mercury* (7 May 1866) 5b; 埋葬数が週のうち土曜日に最も少なかった理由は、埋葬数を算出した調査が提出された1866年には、土曜半休制が十分に普及していなかったためである。土曜半休制の法制化は1867年であった。川島昭夫「イギリス人の日

曜日」『経済評論』1983年、10月号、60頁。
(8) *Liverpool Mercury* (6 January 1871) 6d.
(9) *Liverpool Mercury* (13 September 1867) 1d.
(10) *Derby Mercury* (2 March 1887) 2d.
(11) *Derby Mercury* (2 March 1887) 2de.
(12) 中野保男「いざというときに備えて」角山榮・川北稔編『路地裏の大英帝国』山川出版社, 1982年。
(13) *Northern Echo* (6 August 1875) 3d.
(14) 中野「いざというときに備えて」120-121頁。
(15) *Derby Mercury* (2 March 1887) 6de.
(16) *Derby Mercury* (18 September 1872) 2a.
(17) Jeremy A.Crang, 'The Abolition of Compulsory Church Parades in the British Army', *Journal of Ecclesiastical History,* vol.56, no.1, (2005)
(18) *Derby Mercury* (2 March 1887) 6de.
(19) *Derby Mercury* (2 March 1887) 6d.
(20) Daily News (23 May 1871) 3e.
(21) 中野「いざというときに備えて」145頁。
(22) 過去300年程度の葬儀業の概略は以下の文献で得られる。Glemmys Howarth, 'Professionalising the Funeral Industry in England 1700-1960', in Peter C.Jupp, ed.,*The Changing Face of Death: Historical Accounts of Death and Disposal* (Basingstoke, 1997)
(23) *Derby Mercury* (2 March 1887) 6d.
(24) *Liverpool Mercury* (21 May 1866) 7f.
(25) 同様の指摘は、1870年代に日曜埋葬が問題となったダーリントン市でもその禁止を求めた聖職者によってなされた。*Northern Echo* (26 June 1875) 3e.
(26) Julie Rugg, 'From Reason to Regulation:1760-1850', in Peter C.Jupp and Clare Gittings, eds, *Death in England: An Illustrated History* (New Jersey, 2000) p.225.
(27) *Derby Mercury* (20 April 1887) 2a.
(28) *Derby Mercury* (2 March 1887) 5c.
(29) Pat Jalland, 'Victorian Death and Its Decline:1850-1918', in Jupp and Gittings, eds, *Death in England,* pp.244-255.
(30) *Derby Mercury* (9 March 1887) 8a.
(31) *Liverpool Mercury* (7 May 1866) 5d.
(32) *Northern Echo* (28 June 1875) 4c.
(33) *Daily News* (17 October 1873) 2b.
(34) *Derby Mercury* (2 March 1887) 2d.
(35) *Derby Mercury* (16 March 1887) 5f.
(36) *Derby Mercury* (16 March 1887) 5f.
(37) *Derby Mercury* (23 March 1887) 2c.
(38) ダービーにおける鉄道は以下を参照。George Revill, "Railway Derby': Occupational Community, Paternalism and Corporate Culture 1850-90', *Urban History,* vol.28, no.3 (2001) ; George Revill, 'Liberalism and Paternalism: Politics and Corporate Culture in 'Railway Derby', 1865-75', *Social History,* vol.24, no.2 (1999)
(39) Revill, "Railway Derby", p.384; Butterton, *Derby,* p.18.
(40) この時期の聖職者に対する反発、反聖職者主義 (Anticlericalism) が多様な形態をとったことについては以下を参照。Hugh McLeod, 'Varieties of Anticlericalism in Later Victorian and Edwardian England', in Nigel Aston and Matthew Cragoe, eds, *Anticlericalism in Britain* c.1500-1914 (Stroud, 2000)

(41) *Derby Mercury* (23 March 1887) 2c.
(42) *Derby Mercury* (13 April 1887) 5f.
(43) Rugg, 'From Reason to Regulation:1760-1850', pp.212-213.
(44) *Derby Mercury* (13 April 1887) 5d.
(45) *Derby Mercury* (20 April 1887) 2ab.
(46) ダービー協同組合については以下を参照。George Jacob Holyoake and Amos Scotton, *Jubilee History of the Derby Cooperative Provident Society Ltd.* (Manchester, 1900)
(47) 「土曜半休休日制」は、1867年の法制化を契機に、19世紀後半から20世紀初頭にかけて確立していった。川島「イギリス人の日曜日」60頁；松浦京子「生活のうるおい――「余暇文化」――」井野瀬久美惠編『イギリス文化史入門』昭和堂、1994年、155-158頁。
(48) George Revill, 'Railway Labour and the Geography of Collective Bargaining: the Midland Railway Strikes of 1879 and 1889', *Journal for Historical Geography*, vol.31 (2005) pp.18,22.
(49) John Wigley, *The Rise and Fall of the Victorian Sunday* (Manchester, 1980) pp.47-48; Harry Butterton, *Victorian Derby* (Derby, 2006) pp.80-81.
(50) *Derby Mercury* (19 October 1887) 2b.
(51) *Derby Mercury* (19 October 1887) 2b.
(52) ミッドランド鉄道会社では労働者を丸一日拘束する長時間労働に代わって、「トリップ・システム」が1870年代末には導入された。それは会社が支出の削減を目的として、従業員の仕事を長時間労働にならないよう細かく分け、各仕事を単位として労働者に給金を支払う制度であった。Revill, 'Railway Labour', p.22; この「トリップ・システム」をベーカーは「時間単位で給金を受け取っている」制度と認識していたようだ。
(53) *Derby Mercury* (19 October 1887) 2b.
(54) *Derby Mercury* (19 October 1887) 2c.
(55) *Derby Mercury* (19 October 1887) 2c.
(56) *Derby Mercury* (26 October 1887) 5d.
(57) *Derby Mercury* (26 October 1887) 5d.
(58) *Derby Mercury* (9 November 1887) 3a.

結論

(1) Julie Rugg, *The Rise of Cemetery Companies in Britain, 1820-53* (University of Stirling, Ph.D., 1992).
(2) 久保洋一「19世紀イギリスにおける墓地――ロンドンのバンヒル・フィールズ埋葬地を事例として――」『人間・環境学』第17巻、2008年、76-77頁。
(3) *Liverpool Mercury* (4 February 1825) 8c; (1 April 1825) 6a-c.
(4) Taylor, William, "A Contribution for Life': The Garden Cemetery and the Cultivation of National Enterprise and Individual Sentiment as Aspects of British Character', *National Identities,* vol.1, no.1 (1999).
(5) *British Parliamentary Papers,* 1860 (560) LXI 505, Return of Number of Burials on Cemeteries Povided under the Burial Acts from 1855-1859.
(6) 31&32 Vict. c.31.
(7) Deborah Wiggins, *The Burial Acts: Cemetery Reform in Great Britain, 1815-1914.* (Texas Tech University, Ph.D., 1991) p.184.
(8) 63&64 Vict. c.14.

参考文献

一次文献

1 British Parliamentary Papers

House of Commons Parliamentary Papers.

1852-53（1632）LXXXVI Census of Great Britain, 1851 Population Tables.

1854（481）LXI 89, List of Applications to the Secretary of Sate for the Closing of Burial-Grounds within the Metropolis（All of Which Have Been Closed）; and for Approval of Sites for New Burial-grounds.

1860（560）LXI505, Return of Number of Burials on Cemeteries Provided under the Burial Acts from 1855-1859.

1876（C.1447）LVIII 531, Return of London Burial-Grounds Partially Open and Closed by Orders in Council 1853-75.

1876（C.1448）LVIII 533, Return of Burial-Grounds Partially Open and Closed by Orders in Council,1854-75.

1876（60）LVIII 535, Population and Burial Places（England and Wales）.

2 Statute at Large

58 Geo. Ⅲ c. 69.
7 Geo. IV c. cla.
5&6 Vict. c. ciii.
6&7 Vict. c. lxvii.
7&8 Vict. c. lxxvi.
10&11 Vict. c. 65.
11 Vict. c. ixxvi.
13&14 Vict. c. 52.
15&16 Vict. c. 85.
6&7 Will. IV c. 86.
15&16 Vict. c. 85.
16&17 Vict. c. 134.
20&21 Vict. c. 81.
31&32 Vict. c. 31.
56&57 Vict. c. 73.
63&64 Vict. c. 14.

3 Newspapers

Belfast News-Letter.
Birmingham Daily Post.
Bristol Mercury and Daily Post.
Caledonian Mercury.
Daily News.
Derby Mercury.
Glasgow Herald.
Hampshire Telegraph and Sussex Chronicle.

Hull Packet and East Riding Times.
Illustrated London News.
Leeds Mercury.
Liverpool Mercury.
Lloyd's Weekly Newspaper.
Manchester Times.
Morning Chronicle.
Newcastle Courant.
Northern Echo.
Pall Mall Gazette.
Preston Guardian.
Reynold's Newspaper.
Sheffield & Rotherham Independent.
The Times.
Trewman's Exeter Flying Post or Plymouth and Cornish Advertiser.

4 Periodicals

British Medical Journal.
The Builder.
Lancet.
The Statutes of the United Kingdom of Great Britain and Ireland.

5 Books

Dodd, John Theodore, *Burial and other Church Fees and the Burial Act, 1880* (London, 1881)
Holdsworth, W. A., *The Handy Book of Parish Law* (London, 3rd edn 1872, 1st edn 1859)
Hodgson, Henry John, *Steer's Parish Law; Being A Digest of the Law Relating to the Civil and Ecclesiastical Government of Parishes; Friendly Societies, Etc., Etc.* (London, 3rd edn 1857, 1st edn 1830)
Holmes, Basil Isabella, *London Burial Grounds.Notes on Their History from the Earliest Times to the Present Day* (London, 1896)
Holyoake, George Jacob and Scotton, Amos, *Jubilee History of the Derby Cooperative Provident Society Ltd.* (Manchester, 1900)
Smith, Toulmin, *The Parish* (London, 1857, 1st edn 1851)
Williams, Frederick S., *The Midland Railway* (London, 1876)

二次文献

1 Books

Barnard, Sylvia M., *To Prove I'm Not Forgot: Living and Dying in a Victorian City* (Stroud, Revised edn 2009, lst edn 1990)
Beach, Darren, *London Cemeteries* (London, 2006)
Belchem, John, ed., *Liverpool 800 : Culture, Character and History* (Liverpool, 2006)
Bills, Mark, *Frank Holl: Emerging from the Shadows* (London, 2013)
Brundage, Anthony, *England's "Prussian Minister": Edwin Chadwick and the Politics of Government Growth, 1832-1854* (University Park, 1988)〔アンソニー・ブランデイジ著、廣重準四郎・藤井透訳『エドウィン・チャドウィック：福祉国家の開拓者』ナカニシヤ出

版、2002 年〕
Butterton, Harry, *Victorian Derby* (Derby, 2006)
Butterton, Harry, *Deby: From Regency to Golden Jubilee* (Derby, 1993)
Clark, Colin and Davison, Reuben, *In Loving Memory: the Story of Undercliffe Cemetery* (Stroud, 2004)
Clark, Kenneth, *The Gothic Revival: An Essay in the History of Taste* (London, 2nd edn 1950)〔ケネス・クラーク著、近藤存志訳『ゴシック・リヴァイヴァル』白水社、2005 年〕
Clarke, John M., *London's Necropolis: A Guide to Brookwood Cemetery* (Stroud, 2004)
Clarke, John M., *The Brookwood Necropolis Railway* (Oxford, 3rd edn 1995,1st edn 1983)
Coleman, B.I., *Anglican Church Extension and Related Movements c.1800-1860 with Special Reference to London* (University of Cambridge, Ph.D., 1968)
Cook, Chris, *The Routledge Companion to Britain in the Nineteenth Century* (London, 2005)
Curl, James Stevens, *The Egyptian Revival: Ancient Egypt as the Inspiration for Design Motifs in the West* (Abingdon, 2005)
Curl, James Stevens, *Death and Architecture* (Stroud, Rev.edn 2002)
Curl, James Stevens, ed., *Kensal Green Cemetery: The Origins & Development of the General Cemetery of All Souls, Kensal Green, London, 1824-2001* (Chichester, 2001)
Curl, James Stevens, *The Victorian Celebration of Death* (Detroit, 1972)
Curl, James Stevens, *The Victorian Celebration of Death* (Stroud, Rep.2001, 1st edn 2000)
Doyle, Peter, ed., *The Correspondence of Alexander Goss, Bishop of Liverpool 1856-1872* (Woodbridge, 2014)
Evinson, Denis, *The Lord's House: A History of Sheffield' s Roman Catholic Buildings 1570-1990* (Sheffield, 1991)
Fraser, Derek, *Urban Politics in Victorian England* (London,1979, 1st edn 1976)
Fraser, W.M., *Duncan of Liverpool* (Preston, Rep.1997, 1st edn 1947)
Gorer, Geoffrey, *Death,Grief and Mourning in Contemporary Britain* (London, 1965)〔G・ゴーラー著、宇都宮輝夫訳『死と悲しみの社会学』ヨルダン社、1986 年〕
Hey, David, *A History of Sheffield* (Lancaster, 3rd rev.edn 2010, 1st edn 1998)
Hurren, Elizabeth T., *Protesting about Pauperism: Poverty, Politics and Poor Relief in Late-Victorian England,1870-1900* (Suffolk, 2007)
Jalland, Pat, *Death in the Victorian Family* (Oxford, 1996)
Keith-Lucas, Bryan and Poole, Keneth P., *Parish Government 1894-1994* (n.p., 1994)〔ブライアン・キース＝ルーカス、K・P・プール著、竹下護、丸山康人訳『パリッシュ政府 100 年史 1894-1994』(財) 自治体国際化協会、1996 年〕
Meller, Hugh and Parsons, Brian, *London Cemeteries: An Illustrated Guide & Gazetter* (Stroud, 4th edn 2008, 1st edn 1981)
Menuge, Adam, *Ordinary Landscapes, Special Places : Anfield, Breckfield and the Growth; of Liverpool's Suburbs* (Swindon, 2008)
Mitchell, B.R.; collaboration of Deane, Phyllis, *Abstract of British Historical Statistics* (London, 1962)
Prest, John, *Liberty and Locality: Parliament, Permissive Legislation and Ratepayers', Democracies in the Nineteenth Century* (Oxford, 1990)
Richardson, Ruth, *Death, Dissection and the Destitude* (Chicago, 2nd edn 2000, 1st edn 1987)
Richardson, Ruth and Thorne, Robert, *The Builder Illustrations Index 1843-1883* (London, 1994)

Rugg, Julie, *Churchyard and Cemetery: Tradition and Modernity in Rural Yorkshire* (Manchester, 2013)
Rugg, Julie, *The Rise of Cemetery Companies in Britain, 1820-53* (University of Stirling, Ph.D., 1992)
Rutherford, Sarah, *The Victorian Cemetery* (Oxford, 2008)
Scot, Ronald David, *The Cemetery and the City: The Origins of the Glasgow Necropolis, 1825-1857* (University of Glasgow, Ph.D., 2005)
Skottowe, Philip F., *The Law Relating to Sunday* (London, 1936)
Stainton, J.H., *The Making of Sheffield 1865-1914* (Sheffield, 1924)
Strange, Julie-Marie, *This Mortal Coil: Death and Bereavement in Working-Class Culture, c.1880-1914* (University of Liverpool, Ph.D., 2000)
Strange, Julie-Marie, *Death, Grief and Poverty in Britain, 1870-1914 (Cambridge, 2005)*
Sykes, Norman, *The English Religious Tradition* (London, Rev.edn 1961, 1st edn 1953)〔ノーマン・サイクス著、野谷啓示訳『イングランド文化と宗教伝統――近代文化形成の原動力となったキリスト教――』開文社出版、2000 年〕
Turpin, John and Knight, Derrik, *The Magnificent Seven: London's First Landscape Cemeteries* (Amberley, 2011)
White, Brian D., *A History of the Corporation of Liverpool 1835-1914* (Liverpool, 1951)
Wiggins, Deborah, *The Burial Acts:Cemetery Reform in Great Britain, 1815-1914* (Texas Tech University, Ph.D., 1991)
Wigley, John, *The Rise and Fall of the Victorian Sunday* (Manchester, 1980)

2 Articles

Ansari, Humayun,"Burying the Dead': Making Muslim Space in Britain', *Historical Research*, vol.80,no.2 (2007)
Arnold, A.J.and Bidmead, J.M.,'Going'to Paradise by Way of Kensal Green': A Most Unfit Subject for Trading Profit?', *Business History*, vol.50, no.3 (2008)
Baigent, Elizabeth,"God's Earth Will Be Sacred ': Religion, Theology, and the Open Space Movement in Victorian England', *Rural History*, vol.22, no.1 (2011)
Barber, Brain,'Sheffield Borough Council 1843-1893', in Clyde Binfield et al. eds, *The History of the City of Sheffield, 1843-1993, Volume I: Politics* (Sheffield,1993)
Bradley, Ian,'The English Sunday', *History Today*, vol.22 (1972)
Buckham, Susan,"The Men That Worked for England They Have Their Graves at Home' Consumerist Issues within the Production and Purchase of Gravestones in Victorian York', in Sarah Tarlow and Susie West, eds, *The Familiar Past?: Archaeologies of Later Historical Britain* (London, 1999)
Buckham, Susan,'Commemoration as an Expression of Personal Relationships and Group Identities: A Case Study of York Cemetery', *Mortality,* vol.8, no.2 (2003)
Cannadine, David,'War and Death, Grief and Mourning in Modern Britain', in Joachim Whaley, ed., *Mirrors of Mortality: Studies in the Social History of Death* (London, 1981)
Crang, Jeremy A.,'The Abolition of Compulsory Church Parades in the British Army', *Journal of Ecclesiastical History*, vol.56, no.1 (2005)
Crook,A.D.H.,'Population and Boundary Changes,1801-1981', in Clyde Binfield et al., eds, *The History of the City of Sheffield, 1843-1993, Volume* Ⅱ *: Society* (Sheffield, 1993)
Crook, Tom,'Sanitary Inspection and the Public Sphere in Late Victorian and Edwardian Britain: A Case Study in Liberal Governance', *Social History*, vol.32, no.4 (2007)
Daunton, M.J.,'Health and Housing in Victorian London', *Medical History*, Supplement,

no.11 (1991)
Delves, Anthony,'Popular Recreation and Social Conflict in Derby, 1800-1850',in Eileen Yeo and Stephen Yeo eds, *Popular Culture and Class Conflict 1590-1914: Explorations in the History of Labour and Leisure* (Sussex, 1981)
Doyle, Barry M.,'The Changing Functions of Urban Government: Councillors, Officials and Pressure Groups', in Martin Daunton,ed., *The Cambridge Urban History of Britain, Volume III 1840-1950* (Cambridge,2000)
Fisher, Pam,'House for the Dead: The Provision of Mortuaries in London, 1843-1889', *London Journal,* vol.34, no.1 (2009)
Gaskell, S.Martin,'Gardens for the Working Class: Victorian Practical Pleasure', *Victorian Studies,* vol.23, no.4 (1980)
Gilam, Abraham,'The Burial Grounds Controversy between Anglo-Jewery and the Victorian Board of Health,1850', *Jewish Social Studies,* vol.45, Iss.2 (1983)
Giggings, Clare,'Eccentric or Enlightened ? Unusual Burial and Commemoration in England 1689-1823', *Mortality,* vol.12, pt.4 (2007)
Granshaw, Lindsay,'The Rise of the Modern Hospital in Britain', in A.Wear ed., *Medicine in Society* (Cambridge, 1992)
Gunn, Simon,'Urbanization',in Chris Williams,ed., *A Companion to Nineteenth-Century Britain* (Oxford, 2004)
Hamlin, C.,'James Newlands and the Bounds of Public Health', *Transactions of the Historic Society of Lancashire and Cheshire,* vol.143 (1993)
Herman, Agatha,'Death Has a Touch of Class: Society and Space in Brookwood Cemetery 1853-1903', *Journal of Historical Geography,* vol.36 (2010)
Higgs, Edwards,'A Cuckoo in the Nest ? The Origins of Civil Registration and State Medical Statistics in England Wales', *Continuity and Change,* vol.11, no.1 (1996)
Howarth, Glemmys,'Professionalising the Funeral Industry in England 1700-1960', in Peter C.Jupp,ed.,*The Changing Face of Death: Historical Accounts of Death and Disposal* (Basingstoke, 1997)
Hussein, Ian and Rugg, Julie,'Managing London's Dead: A Case of Strategic Policy Failure, *Mortality,* vol.8, no.2 (2003)
Jalland, Pat,'Victorian Death and Its Decline:1850-1918', in Peter C. Jupp and Clare Gittings,eds, *Death in England: An Illustrated History* (New Jersey, 2000)
Jenner, Mark,'Death,Decomposition and Dechristianisation? Public Health and Church Burial in Eighteenth-Century England', *English Historical Review,* vol.CXX, no.487 (2005)
Kearns, Geary,'Town Hall and White Hall: Sanitary Intelligence in Liverpool, 1840-63', in Salley Sheard and Helen Power,eds, Body and City: *Histories of Urban Public Health* (Aldershot, 2000)
Kerr, Matthew L.Newsom,'"Perambulating Fever Nests of Our London Streets" :Cabs, Omnibus, Ambulances, and Other"Pest-Vehicles" in the Victorian Metropolis', *Journal of British Studies,* vol.49, no.2 (2010)
Laqueur, Thomas W.,'The Place of the Dead in Modernity', in Colin Jones and Dror Wahrman,eds,*The Age of Cultural Revolutions: Britain and France, 1750-1820* (Berkley, 2002)
Laqueur, Thomas W.,'Cemeteries, Religion and the Culture of Capitalism', in Jane Garnett and Colin Matthew, eds, *Revival and Religion since 1700* (London, 1994)
Laqueur, Thomas W.,'Bodies, Death,and Pauper Funerals', *Representation,* vol.I, no.1 (1983)

Laxton, Paul,'Fighting for Public Health: Dr Duncan and His Adversaries, 1847-1863', in Sally Sheard and Helen Power, eds, *Body and City: Histories of Urban Public Health* (Aldershot, 2000)

Mcfarland, Elaine,'Researching Death, Mourning and Commemoration in Modern Scotland', *Journal of Scottish Historical Studies,* vol.24, no.1 (2004)

McLeod, Hugh,'Varieties of Anticlericalism in Later Victorian and Edwardian England', in Nigel Aston and Matthew Cragoe, eds, *Anticlericalism in Britain c. 1500-1914* (Stroud, 2000)

Miller, Ian,'Representations of Suicide in Urban North-West England c.1870-1910:The Formative Role of Respectability, Class, Gender and Morality', *Mortality,* vol.15, no.3 (2010)

Millward, Robert,'The Political Economy of Urban Utilities', in Martin Daunton, ed., *The Cambridge Urban History of Britain, volume* Ⅲ *1840-1950* (Cambridge, 2000)

Rawnsley, Stuart and Reynolds, Jack,'Undercliffe Cemetery, Bradford', *History Workshop,* vol. Ⅳ (1977)

Revill, George,'Railway Labour and the Geography of Collective Bargaining: the Midland Railway Strikes of 1879 and 1889', *Journal for Historical Geography,* vol.31 (2005)

Revill, George,''Railway Derby': Occupational Community, Paternalism and Corporate Culture 1850-90', *Urban History,* vol.28, no.3 (2001)

Revill, George,'Liberalism and Paternalism: Politics and Corporate Culture in 'Railway Derby',1865-75', *Social History,* vol.24, no.2 (1999)

Rodger, Richard,'The Scottish Cities', in T.M.Devine and Jenny Wormald, eds, *The Oxford Handbook of Modern Scottish History* (Oxford, 2012)

Rugg, Julie,'Ownership of the Place of Burial: A Study of Early Nineteenth- century Urban Conflict in Britain', in Robert J.Morris and Richard H. Trainor, eds, *Urban Governance Britain and Beyond since 1750* (Aldershot, 2000)

Rugg, Julie,'Defining the Place of Burial: What Makes a Cemetery a Cemetery', *Mortality,* vol.5, no.3 (2000)

Rugg, Julie,'From Reason to Regulation:1760-1850', in Peter C.Jupp and Clare Gittings, eds, *Death in England: An Illustrated History* (New Jersey, 2000)

Rugg, Julie,'James Stevens Curl, *The Victtorian Celebration of Death*', *Mortality,* vol.6, no.2 (2001)

Rugg, Julie, 'Radical Departures? Changing Landscapes of Death in Leiceser', Richard Rodger and Rebecca Madgin, eds., *Leicester: A Modern History* (Lancaster, 2016)

Sayer, Duncan,'Death and the Dissenter: Grooup Identity and Stylistic Simplicity as Witnessed in Nineteenth-Century Nonconformist Gravestones', *Historical Archaeology* (2011) vol.45, no.4.

Simon, Alian,'Church Disestablishment as a Factor in the General Election of 1885', T*he Historical Journal,* vol.18, no.4 (1975)

Smith, Mitchael,'The Church of Scotland and the Funeral Industry in Nineteenth-Century Edinburgh', *The Scottish Historical Review,* vol.L X X X Ⅷ, no.1 (2009)

Snell, K.D.M.,'Gravestones, Belonging and Local Attachment in England 1700-2000', *Past and Present,* no.179 (2003)

Snell, K.D.M.,'Churchyard Closures, Rural Cemeteries and the Village Community in Leicestershire and Rutland, 1800-2010', *Journal of Ecclesiastical History,* vol.63, no.4 (2012)

Taylor, William,''A Contribution for Life': The Garden Cemetery and the Cultivation of

National Enterprise and Individual Sentiment as Aspects of British Character', *National Identities,* vol.1, no.1 (1999)
Thompson, David M.,'The Liberation Society 1844-1868', in Patricia Hollis,ed., *Pressure from Without* (London, 1974)
Thorne, Robert,'Building Bridges; George Godwin and Architectural Journalism', in Gordon Marsden, ed., *Victorian Values: Personalities and Pespectives in Nineteenth-Century* (New York, 1998, 1st edn 1990)
Waddington, Keir,'Health and Medicine', in Chris Williams, ed., *A Companion to Nineteenth-Century Britain* (Oxford, 2004)
Wakeling, Chris,'The Nonconformist Traditions: Chapels, Changes and Continuity', in Chris Brooks and Andrew Saint, eds, *The Victorian Church: Architecture and Society,* (Manchester, 1995)
Walker, R.B.,'Religious Changes in Liverpool in the Nineteenth Century', *Journal of Ecclesiastical History,* vol. XⅨ, no.2 (1968)
Walvin James,'Dust to Dust: Celebration of Death in Victorian England', *Historical Reflections,* vol.9, no.3 (1982)
Wiggins, Deborah,'The Burial Act of 1880, The Liberation Society and George Osbourne Morgan', *Parliamentary History,* vol.15, pt.2 (1996)

3 Dictionaries.

Dictionary of National Biography: from the Eariest Times to 1900 (London, 1917)
Oxford Dictionary of National Biography (Oxford, 2004)
Mitchell,Sally,ed.,*Victorian Britain:An Encyclopedia* (New York, 1988)

4 研究書

大沢真理『イギリス社会政策史――救貧法と福祉国家――』東京大学出版会、1986年。

浜林正夫『イギリス宗教史』大月書店、1987年。

松永俊男『ダーウィンの時代――科学と宗教――』名古屋大学出版会、1996年。

村岡健次・川北稔編『イギリス近代史［改訂版］』ミネルヴァ書房、2003年。

村岡健次・木畑洋一編『イギリス史　3』山川出版社、1991年。

5 論文

川島昭夫「イギリス人の日曜日」『経済評論』1983年、10月号。

久保洋一「ヴィクトリア期イギリスにおけるアヘン――医学・薬学雑誌に見るアヘン認識の変遷――」『西洋史学』211号、2003年。

久保洋一「19世紀後半イギリスにおける墓地――自治体立共同墓地新設について――」『人間・環境学』第16巻、2007年。

久保洋一「19世紀イギリスにおける墓地――ロンドンのバンヒル・フィールズ埋葬地を事例として――」『人間・環境学』第17巻、2008年。

久保洋一「19世紀イギリスにおける教会建設――チャーチとチャペル――」『歴史文化社会論講座紀要』第5号、2008年。

久保洋一「19世紀イギリスにおける墓地――リヴァプールにおける自治体立共同墓地の建設――」『歴史文化社会論講座紀要』第6号、2009年。

久保洋一「19世紀後半イギリスの墓地――ダービー市の自治体共同墓地における墓の利用――」『歴史文化社会論講座紀要』第7号、2010年。

久保洋一「1860年代リヴァプールにおける日曜埋葬問題――19世紀後半イギリスの自治体

共同墓地の運営――」『歴史文化社会論講座紀要』第 8 号、2011 年。

久保洋一「1877-80 年シェフィールドの埋葬委員の選出――19 世紀後半イギリスの自治体共同墓地の運営――」『歴史文化社会論講座紀要』第 9 号、2012 年。

久保洋一「1887 年ダービー市の日曜埋葬問題――19 世紀後半イギリスの自治体共同墓地――」『社会科学（同志社大学人文科学研究所）』第 42 巻、第 2・3 号、2012 年。

久保洋一「19 世紀イギリスの墓地――共同墓地を中心とした研究動向の整理――」『歴史文化社会論講座紀要』第 10 号、2013 年。

久保洋一「ハダズフィールドの二つのチャペル――19 世紀イギリスの共同墓地――」『歴史文化社会論講座紀要』第 12 号、2015 年。

久保洋一「ハダズフィールドのチャプレン――19 世紀イギリスの共同墓地――」『歴史文化社会論講座紀要』第 13 号、2016 年。

久保洋一「都市の共同墓地――19 世紀における三種類の墓地の継承関係――」志村真幸編『異端者たちのイギリス』共和国、2016 年。

小関隆「プリムローズの記憶――コメモレイトされるディズレイリ――」『人文学報（京都大学人文科学研究所）』第 89 号、2003 年。

中野保男「いざというときに備えて」角山榮・川北稔編『路地裏の大英帝国』山川出版社, 1982 年。

中村民雄「イギリス法」北村一郎編『アクセスガイド外国法』東京大学出版会、2004 年。

長谷川貴彦「階級・文化・言語――近代イギリス都市社会史研究から――」『思想』828 号、1993 年。

松浦京子「生活のうるおい――「余暇文化」――」井野瀬久美惠編『イギリス文化史入門』昭和堂、1994 年。

見市雅俊「死者の管理学――エドウィン・チャドウィックと 19 世紀ロンドンの埋葬問題――」『中央大学文学部紀要・史学科』第 31 号、1986 年。

見市雅俊「生者のための都市空間の誕生」松村昌家他編『英国文化の世紀 2 帝国社会の諸相』研究社出版、1996 年。

6 Online

http://www.liverpoolhistoryprojects.co.uk/liverpoolcrburials/（03/02/2018）

■著者紹介

久保洋一（くぼ よういち）
静岡大学人文学部卒業、名古屋大学大学院文学研究科博士前期課程修了、京都大学大学院人間・環境学研究科博士後期課程修了〔京都大学博士（人間・環境学)〕。

死が映す近代——19世紀後半イギリスの自治体共同墓地

2018年3月30日　初版第1刷発行

著 者　久 保 洋 一

発行者　杉 田 啓 三

〒607-8494　京都市山科区日ノ岡堤谷町3-1

発行所　株式会社　昭和堂

振替口座　01060-5-9347

ＴＥＬ（075）502-7500/ ＦＡＸ（075）502-7501

印刷　亜細亜印刷

ISBN978-4-8122-1727-6

＊落丁本・乱丁本はお取り替えいたします

Printed in Japan